山海大战

山海经里的神话世界 1

梦入紫川 著
懒语 绘

四川教育出版社

前言

当前的语文新课标和教材内容不再局限于语言表达，而是拓展到文学、历史、哲学、艺术等方面。对孩子语文学习的要求也不再局限于能记会背，而是拓宽眼界，激发创造力，建立起一套超越单门学科的完整认知体系。

这套《山海经里的神话世界》在《山海经》原著的基础上，结合《史记》《尚书》《吕氏春秋》《淮南子》《逸周书》《楚辞》《黄帝内经》等古籍，以及神话学家袁珂的《山海经》研究成果，对《山海经》中零散的故事进行梳理、填补，将一部《山海经》整合成一个完整的故事，系统呈现出整个中国上古神话史。

这套书用生动的语言、充满想象力的故事、跌宕起伏的情节，将中国上古时代的神话传说串联成一条故事线，并搭配震撼高清大图，生动展现了传说中人类与神、兽共存的神话世界。书中的每个角色都塑造得个性鲜明、有血有肉。

本套书让孩子置身于波澜壮阔的神话世界里，和夸父一起跨过山川河流，追逐太阳；与黄帝一起敲着夔牛皮做成的鼓，大战蚩尤大军；和陆吾一起攀登昆仑虚；和西王母一起见证不死药的威力；跟着颛顼一起大战水神共工；和帝俊一起见证太阳、月亮的诞生；跟着大禹一起周游列国，对抗淹没世界的洪水……通过阅读这些故事，孩子们不仅可以见识到一个瑰丽的神话世界，还能了解众多经典古籍中记载的、我国源远流长的神话，培养文言文阅读能力。

《山海经》原文较为枯燥、深奥，缺乏有趣的情节和吸引人的故事，孩子往往很难坚持读下去，更别说读懂书中的内容。这套《山海经里的神话世界》以《山海经》原著为基础，提取其中的重要形象和故事，以一种新颖、类似小说的形式将《山海经》中记载的神话经典、历史故事娓娓道来，真正做到了集“有趣”和“有料”为一体，让孩子既能受到历史文化的熏陶，又能开阔眼界，还能感受文学的魅力。

通过阅读这套《山海经里的神话世界》，孩子们会发现学过的知识不是一个一个的“点”，而是一条一条的“线”。孩子们会进一步认识到历史、文学、神话并不是单一存在的知识门类，而是相互关联的知识网。这套书不仅能增长孩子们的知识、见闻，还能从历史、文学、神话三个维度，帮助孩子们从小建立起超越单门学科的完整认知体系。

《山海经》是一部记载了上古神话的奇幻巨著，而神话是世界范围内的集体记忆，是激发人们想象力的源头。刑天舞干戚、大禹治水、精卫填海、夸父逐日、后羿射日……这些《山海经》中记载的上古神话激发着一代又一代人的想象力，滋养了一代又一代人的身心。《山海经里的神话世界》汲取了《山海经》的精华，是对这一经典著作的全新演绎。来吧，让我们打开这套书，一起畅游山海，开启一场美妙的神话之旅吧！

目录

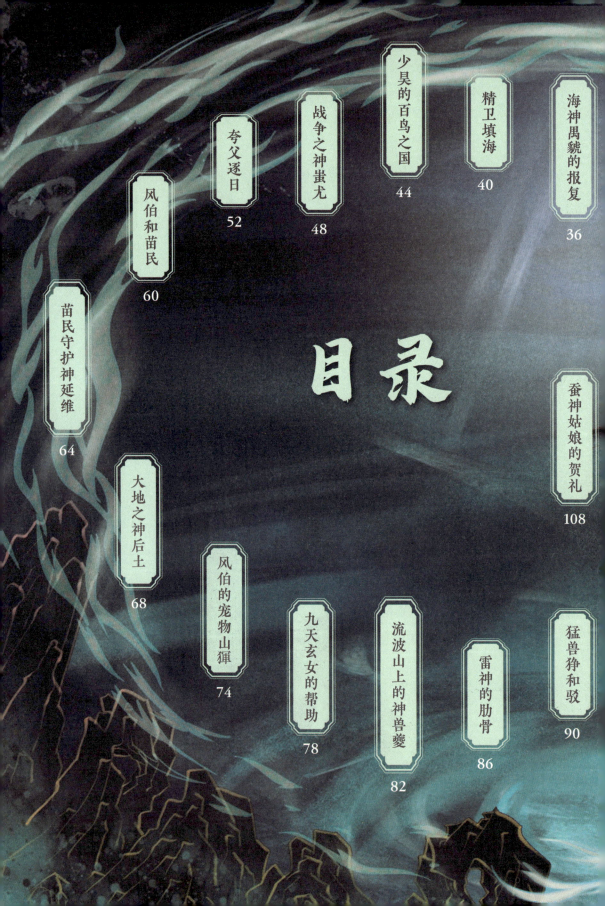

击石取火的祝融

山海档案

zhù róng
祝融

族　类：神

身　份：火神，赤帝，炎帝的辅佐官

特　征：野兽的身子，人的面孔，身边有两条龙，能控制火

所在地：南方

远古时代是人类与神怪共存的时代。那时的人类为了摆脱被妖怪魔兽吞噬（shì）的命运，纷纷追随强大的神明或部落首领，组成了许多大大小小的部落。其中有一个强大的部落是以炎帝为首的炎帝部落。

作为部落首领，炎帝不仅掌管耕种，还掌管药材，工作十分繁忙。每天一大早，炎帝就要去农田里教人们种植五谷，下午又要带族人外出采摘药草。

为了给族人治病，炎帝经常爬到高山上去采摘药草。为了辨别不同药草的性质，炎帝经常亲自尝药草。炎帝尝遍了附近山上的药草，其中有的药草本身有毒性，炎帝经常因为尝药草而中毒，甚至有一天中了十二次毒。在那段艰难的岁月里，所幸还有一批神明追随炎帝，而祝融便是其中一位。

祝融是炎帝的后代，长着野兽的身子、人的面孔。从出生起，就有两条

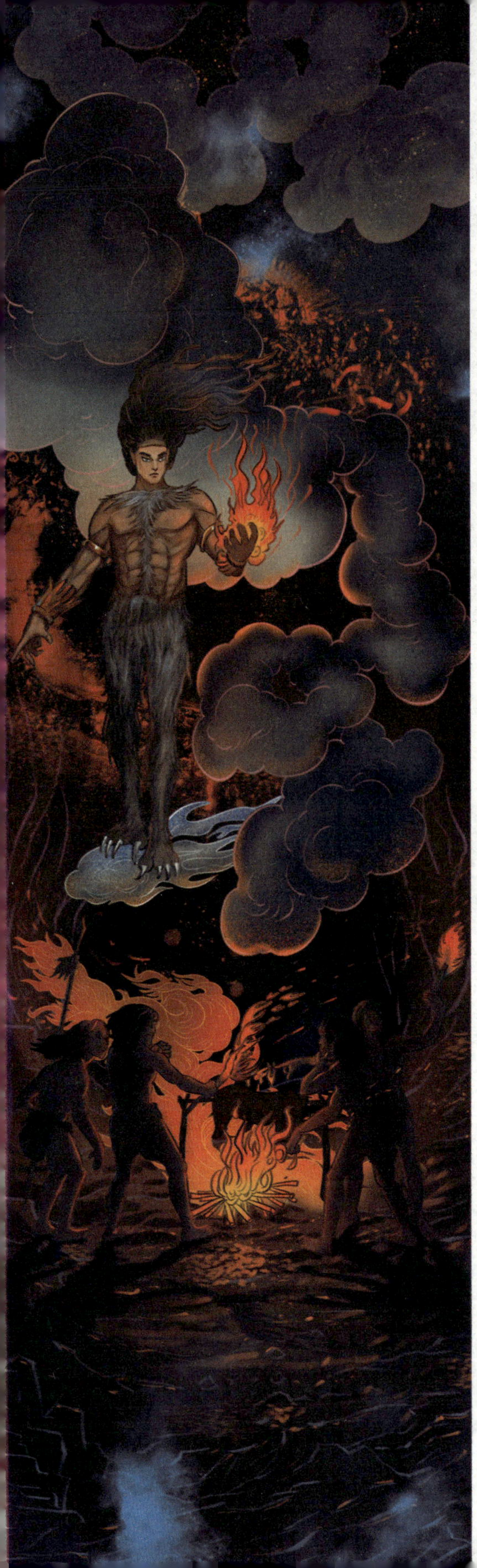

龙陪伴在祝融身边，而他常常乘着这两条龙出去玩耍。

当时，人们对火仍很陌生，没人知道该怎么长时间保存火以及怎么使用火。往往好不容易才生起来的火苗，来阵风就吹灭了。还总会有人被火烧伤，人们对火虽然很重视但也很害怕。

只有祝融不怕火。小时候的祝融就特别喜欢火，他总是央求炎帝给他生火玩儿。时间一长，祝融成了整个部落最擅长御火的人，火在他手里，能比在别人手里保存的时间更长。

有一年秋天，炎帝带着整个部落迁徙，他们想在冬季来临之前，到温暖的地方躲避寒冷。然而，突然袭来的暴雨不仅拦住了众人的去路，还浇灭了他们随身携带的火种。炎帝带着族人躲在山洞里避雨，气温骤降，众人冷得瑟瑟发抖。祝融想要重燃火焰给大家取暖。可怎样才能重燃火焰呢？祝融灵光一闪，想起制作石器时迸发出的火花，于是决定用石头试一试。他找来两块尖石头，用其中的一块击打另一块。可是因为空气潮湿，尖石头也被雨淋湿了，无论怎么用力，祝融也弄不出火星儿。

看着众人期待的眼神，焦急的祝融气得把手里的尖石头狠狠扔了出去。不料碰到石壁的尖石头瞬间产生了火花。也就在这一刻，祝融找到了办法。他找来一些干燥的枯草放在尖石头下面，然后用其他石头击打尖石头。击出的零星的火星儿掉落到枯草上，渐渐点燃了枯草。随着火焰的出现，人们欢呼起来。

这就是祝融发明的新的生火方式——击石取火。人们发现击石取火很方便，因为再也不用担心没办法长时间保存火种了。为了感谢祝融，人们尊称他为“赤帝”，因为火焰是红色的。

成为赤帝的祝融更加卖力，他教会人们怎么用火烤肉、烧饭。寒冷的冬天里，他带领大家点燃篝（gōu）火取暖；漆黑的夜晚里，他教人们用火把照明。人们渐渐发现，野兽、妖怪也害怕燃烧的火，火可以保护人们免受野兽、妖怪的袭击。

祝融总是有创造火、保存火的方法，渐渐地，他拥有了随心所欲地召唤、使用火的能力。敬重他的人越来越多，人们尊称他为“火神”。火神祝融的名声开始在部落间传开。

原文

《山海经·海外南经》：南方祝融，兽身人面，乘两龙。

《山海经·海内经》：炎帝之妻，赤水之子听訞（yāo）生炎居，炎居生节并，节并生戏器，戏器生祝融。

预示战争的怪鸟

山海档案

fú xī
凫徯

族　类：鸟

身　份：能唤起对手内心恐惧的怪鸟

特　征：人的面孔，公鸡的身体，能预示战争

所在地：鹿台山

一天，炎帝部落里有人抓到了一只长相怪异的鸟，他们不知道该怎么办，忙去找炎帝。可是炎帝此刻不在族中，因为他的女儿瑶姬生病了，他带着部下外出寻找药草去了。

人们只好跑去找祝融。此刻正在教族人烤肉的祝融，远远地看着两个大汉抬着一只奇怪的鸟走了过来。

“赤帝你快看看，我们抓到的是什么？”为首的大汉一脸的不知所措。

祝融细细打量起这只怪鸟。它的外形和普通公鸡差不多，却偏偏长着一张人脸。那怪鸟瞪着眼睛，愤怒地盯着大家，发出“凫徯凫徯”的叫声。要

不是被绳子捆着，它随时都可能扑上来。

祝融暗自想着：妖怪？但看着似乎不像。不一会儿，他像是忽然想到了什么，脸色变得苍白。他眉头紧皱地说道："先把这只鸟捆好。这件事谁都不要说出去，等炎帝回来再说。"接着，他马上派人将消息报知炎帝。

接到祝融的消息，炎帝急匆匆地赶回部落，他一眼就看见了那只被捆着的怪鸟。炎帝不可思议地说道："这是凫徯！"

有族人在一旁好奇地问："凫徯是什么？"

"凫徯是生长在鹿台山上的一种鸟。传说鹿台山上盛产白玉，山下盛产银矿，但是从来没人敢靠近这座山，你们知道这是为什么吗？"祝融意味深长地看向族人。

看见族人摇头，祝融解释道："因为那座山中有许多凶猛的怪兽，比如牪（zuó）牛、羬（qián）羊、白豪。听附近的村民说，凡是进山寻宝的人，就没有能活着出来的，而在这些凶猛的怪兽中，有一种凶恶的怪鸟。"

说到这里，祝融顿了一下，直直地看向被捆着的怪鸟，继续说："据说那怪鸟有着公鸡的身体，却长着一张人的面孔。因为它一直发出'凫徯凫徯'的叫声，人们都叫它凫徯。别看凫徯相比其他动物个头儿不大，却是整座山上最厉害的。它凶猛好斗，经常向比它强壮的野兽发起挑战，还每次都能胜利。据说凫徯的眼神可以唤起对手心中的恐惧，对手只要和它对视，就会陷入恐慌之中。"

炎帝说："不仅仅是这样，凫徯的可怕还在于它出现在哪里，哪里就会爆发战争。现在凫徯出现在咱们部落里，也许我们很快就要面临战争了。因此，从现在开始我们要做好迎接战争的准备！"

炎帝的预料没有错。这些年来，随着其他部落的不断壮大，许多部落早就因垂涎炎帝部落的财富而蠢蠢欲动。赶走几个前来挑衅（xìn）的小部落后，炎帝准备先动手。他打算通过大战向天下显示自己部落的实力，以此震慑住那些想要前来抢夺财富的野心部落。

炎帝选择了黄帝部落作为对手，虽然他知道黄帝部落很无辜，他们从来不伤害任何人。可是这天下，除了炎帝部落以外，最强大的就是黄帝部落了，炎帝打算用战胜黄帝部落的方式来显示自己部落的实力。

原文

《山海经·西山经》：又西二百里，曰鹿台之山，其上多白玉，其下多银，其兽多㸲牛、羬羊、白豪。有鸟焉，其状如雄鸡而人面，名曰凫徯，其鸣自叫也①，见则有兵②。

注释

①其鸣自叫也：它的鸣声是自呼其名。②见则有兵：只要它一出现就会有战争。

小次山的怪兽朱厌

山海档案

朱(zhū)厌(yàn)

族　类：兽

身　份：擅长投掷的怪兽

特　征：长得像猿猴，有白色的脑袋、红色的脚，能预示天下大乱

所在地：小次山

在靠近穷山的地方，有个轩辕丘，黄帝便出生在这里。不同于其他部落的首领，黄帝不仅精通农耕，还喜欢发明创造。

黄帝靠着他的发明创造，制作了很多工具，给族人带来了富足繁荣的生活，也使得黄帝部落不断壮大，逐渐成为当时最强大的部落之一。黄帝的美名远扬，其名声甚至超越了炎帝。

一天晚上，黄帝部落里冲进来许多奇怪的猴子。它们长得像猿猴，但长着白色的脑袋和红色的脚。它们上蹿下跳，在部落里到处捣乱，还不时地向人们扔石头，有好几个族人都被击伤了。最后还是黄帝带着部下，费了好大的力气才把这些奇怪的猴子制服。

人们看着散落满地的食物和衣服十分生气，忽然有人惊叫道："这里怎么会有白玉？"人们这才发现，散落满地的食物和衣服之间夹杂着亮晶晶的白玉和泛着金属光泽的红铜。被捆住的怪猴附近，白玉和红铜更多。有个被砸伤的族人叫道："我刚刚看见了，这些白玉和红铜是这些怪猴扔出来砸人的。"

黄帝说道："这不是怪猴，是朱厌，是长得像猿猴的一种怪兽。"看着众人满脸疑惑，黄帝解释道："朱厌是生长在小次山上的一种怪兽，那里盛产白玉和红铜。朱厌喜欢捉弄人，据说曾经有山民在追赶朱厌时，偶然发现了它们丢下的白玉和红铜，便推测小次山中藏着财

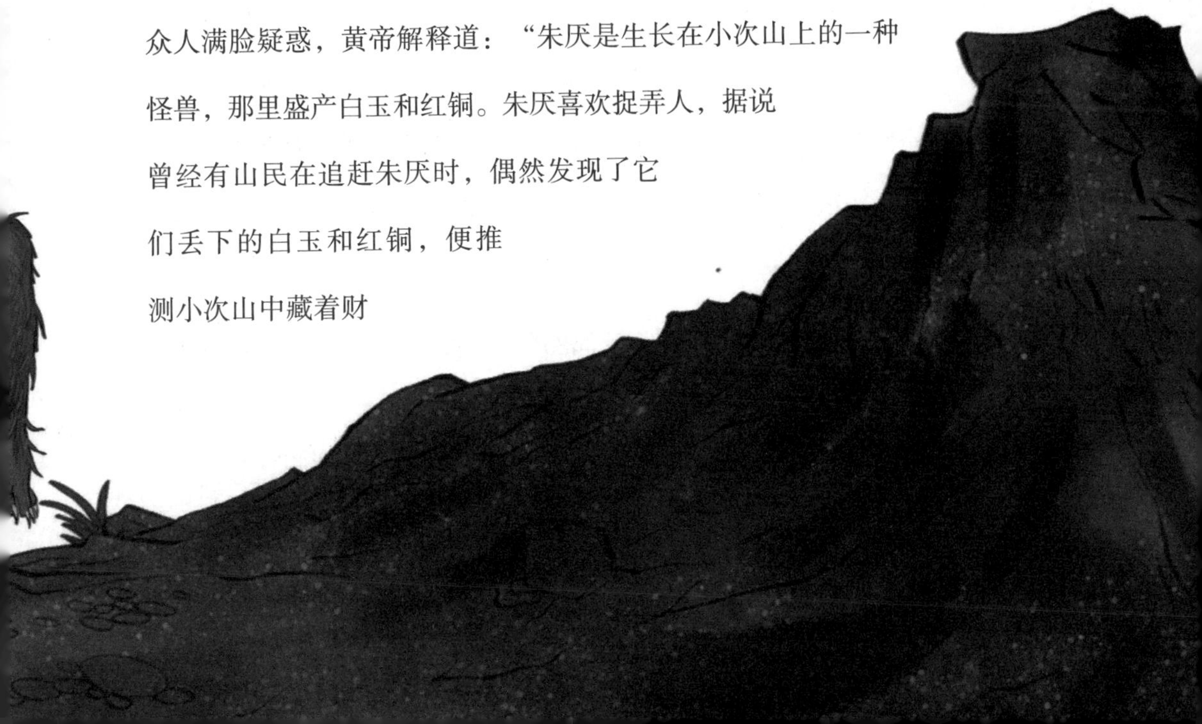

宝。一时间这个秘密传遍了天下，许多人进山寻宝，并因抢夺财宝而爆发了血腥的争斗。”

黄帝看向朱厌，无奈地叹口气，继续说：“据说朱厌会在争斗中获得能量，所以有人猜测朱厌是故意扔这些财宝迷惑人们，让人们为了抢夺财宝而互相打斗。不管真相如何，有一点可以确定，只要朱厌出现，天下就会爆发战争。如今小次山的朱厌出现在我们部落里，大家要做好战斗的准备，战争可能很快就会爆发！”

果然，没过多久，黄帝收到了炎帝部落送来的战书。一场战争一触即发。

原文

《山海经·西山经》：又西四百里，曰小次之山，其上多白玉，其下多赤铜。有

兽焉，其状如猿，而白首赤足[1]，名曰朱厌，见则大兵。

注释

①有兽焉，其状如猿，而白首赤足：有一种兽，形状像猿猴，却是白脑袋、红脚掌。

巫咸的占卜

山海档案

巫（wū）咸（xián）

族　类：人

身　份：十巫之首

特　征：右手有青蛇，左手有红蛇，会占卜，能预知未来

所在地：登葆（bǎo）山

炎帝部落向黄帝部落宣战了。大战前夕，炎帝请来巫咸为自己的部落占卜。巫咸是来自登葆山的巫师。登葆山上一共住着十位巫师，巫咸是十巫的首领，他最厉害的本事是预知未来。

巫师这群人很神秘，他们知道大自然的运转法则，了解草药知识，擅长医术，又会占卜，能够预测吉凶。没人知道他们的来历，他们不归属任何部落，也很少与世人交流。他们常年生活在登葆山上，为上山寻求帮助的有缘人指点迷津。

炎帝与巫咸在采摘药草时相识，他们很佩服对方那渊博的知识，于是结为好友。

炎帝在部落里等待了许久，只见巫咸右手缠着青蛇，左手握着红蛇，走了过来。他看上去很阴森，实际上却很友善。

“巫咸，我想知道这次大战的结果。”炎帝严肃地看着巫咸说。

巫咸坐下，看向炎帝说：“跟我说说情况，比如你的对手是谁，你准备派谁出战。”

炎帝思索着说道：“我向黄帝部落宣战了，我准备派刑天出战。”

巫咸抚摸着手里的蛇，闭上了眼睛。一阵推算之后，巫咸皱起了眉头，说：“你们之间确实会有一战，这一战会推动天下的发展，对于天下来说是好事。”

炎帝欢喜地说道：“这很好哇！我要让天下所有人看看我炎帝部落的实力。”

巫咸继续说：“可是对你而言，要承担一些灾祸。”

炎帝笑了笑说：“战争中，谁还不经历一点儿流血和牺牲呢？结果是好的就行。”

巫咸欲言又止，因为作为巫师，他不能直接告诉炎帝大战的结果——这场大战确实推动了天下的发展、部落的融合，只是对于炎帝而言，这场大战并不是十分有利，甚至这场大战的结果也不是炎帝现在想象的那样。虽然炎帝会因此成为人们心中的英雄，但是……

看着炎帝眼中的希望与期盼，巫咸还是忍不住开口提醒炎帝说：“老朋友，你可以再想想，这场大战对你来说是个很大的挑战，有时候珍惜眼前的生活也是很好的选择。”

“别担心了。”炎帝拍了拍巫咸，送他离开。

炎帝紧接着叫来了刑天、祝融和蚩（chī）尤。在三个人中，炎帝一眼就看见了高大魁梧的刑天。遇见炎帝之前，刑天只是个没有名字的巨人，是炎帝欣赏刑天的力大无穷，收留了他。为了报答炎帝，刑天在战场上总是异常勇猛，永远冲在第一线，几乎无人能抵挡刑天巨大的破坏力。就这样，总是能打败对手的刑天逐渐成为炎帝手下的一员猛将。

炎帝欣慰地看着壮硕的刑天，说道：“这第一战由你来打头阵，我们要彰显我们部落的实力。”

刑天拍拍胸脯说道：“您放心。”

炎帝看向蚩尤说道：“你负责支援刑天。”随即又看向祝融说：“你和我一起守好最后一道防线。”

原文

《山海经·海外西经》：巫咸国在女丑北，右手操青蛇，左手操赤蛇。在登葆山，群巫所从上下也①。

注释

①在登葆山，群巫所从上下也：地方是在登葆山，这里便是巫师们来往于天上人间的地方。

无头的勇士刑天

山海档案

xíng tiān
刑天

族　类：神

身　份：炎帝的大将

特　征：无头巨人，力大无穷，使用巨大的战斧和盾牌

所在地：炎帝部落，死后被葬于常羊山

黄帝部落派出了大将军应龙。应龙是一条长着翅膀的神龙，住在大荒东北角，凶犁土丘山的最南端。传说一条龙需要修炼千年才有机会进化为应龙。起初，黄帝以为应龙这种级别的神龙只是传说，直到他带着族人迁徙并在途中看见正在呼风唤雨的应龙。

他邀请应龙离开深山，加入他的部落，一起去看看外面的世界。从此，应龙成了黄帝部落最强战力之一。

战场上，黄帝突然感到脚下的土地开始震动，紧接着整个大地都随之震动起来，而造成这一切的正是炎帝部落的刑天。刑天率先向黄帝大军发起冲锋，而黄帝的猛兽大军在巨人刑天面前，脆弱得像一群玩偶。只见刑天大斧一挥，冲在最前面的猛兽连闪躲的机会都没有，就被斩成两段。

炎帝欣慰地看着刑天，谁能想到，当初连名字都没有的巨人会成为炎帝部落最勇猛的战士之一。

眼见刑天飞速冲了过来，应龙立刻飞出去挡在黄帝身前。她是守护这个部落的神龙，也是擅长战斗的大将。只见她召唤出无数野兽、猛禽。她信心十足，笃定就算再厉害的对手也别想避开她的攻击。只是她还没来得及得意，天空中就飞出一员大将——蚩尤。蚩尤也召唤出无数凶猛的野兽，迎面冲了上来。

一时间，无数的野兽、神怪、人类厮打在一起，卷起滚滚尘土，战场瞬间变成了人间炼狱。

刑天趁机越过应龙，直接冲向了黄帝。被黄色的尘土包裹着的刑天一手举着盾牌，一手拿着战斧，向黄帝冲去。刑天的目标很明确，他要打败黄帝。

刑天一路过关斩将，见人杀人，见兽杀兽，发疯般攻向黄帝，卷起的尘土使人几乎睁不开眼睛。黄帝不得不举起剑挡住刑天劈来的战斧。战斧与剑碰撞发出刺耳的嗡鸣声。

刑天巨大的身躯压了过来，与黄帝展开激战。躲在远处的人紧张得不敢呼吸，这个巨人越来越强了，面对这么厉害的巨人刑天，他们的首领黄帝能赢吗？

这时黄帝一脚将刑天踹开，人群中爆发出阵阵欢呼声。但是黄帝敏锐地察觉到，事情没这么简单，这场大战如果不能快速结束，论体力，自己不是刑天的对手。

黄帝且战且退，双方一路打到了常羊山旁。黄帝猛地发力，又一脚踹开刑天。巨大的刑天被黄帝踹出去，足足滑行了百米，在地面留下一道深沟。刑天暴怒地喊道："我不会认输！"说完再次冲向黄帝。

黄帝敏捷地躲开冲过来的刑天，反手按住了他。电光火石之间，地面卷起滚滚尘土。突然，黄帝猛地将刑天摔了出去，毫不犹豫地拔出宝剑，飞身向前。趁刑天起身时，黄帝用尽全力砍向他。伴随着一声巨响，只见刑天巨大的头颅滚出去老远。失去了头颅的刑天并没有死，他跪在草地上，双手一阵乱摸。

黄帝看出了刑天想寻找头颅的意图，筋疲力尽的他再次挥舞宝剑，劈开了常羊山，将刑天巨大的头颅扔了进去。望着消失在深渊中的刑天的头颅，黄帝认为再也找不到头颅的刑天已经无法战斗了。却没想到刑天仍不肯认输，他直接挥舞着盾牌和战斧，在胡挥乱砍之中寻找黄帝。黄帝只好小心地躲避着。

突然，可怕的事情发生了。只见刑天的两个乳头变成了眼睛，肚脐张开变成了嘴，上半身竟然变成了一张新脸。“黄帝，你以为这样就能打败我吗？这天下不会属于你！”说着，刑天再一次向黄帝冲去。

面对刑天的猛烈冲击，黄帝举起宝剑，用尽全力向刑天砍去。这一剑，连大地与山河都为之震颤，只听嗡的一声，原本平坦的地面被打出一个深坑。硬接下黄帝一剑的刑天躺在深坑中，没了呼吸。刑天作为英勇的战士，战斗到了最后一刻。

原文

《山海经·海外西经》：刑天与帝至此争神，帝断其首，葬之常羊之山。乃以乳为目，以脐为口，操干戚①以舞。

注释

①干戚：干指盾，戚指斧。

刑天的女儿黄姖

山海档案

huáng jù zhī shī
黄姖之尸

族　类：神

身　份：刑天的女儿

特　征：体型巨大，力大无穷

所在地：金门山

山海档案

tiān quǎn
天犬

族　类：兽

身　份：凶猛好斗的狗

特　征：全身红色，能预示战争爆发

所在地：金门山

山海档案

bǐ yì niǎo
比翼鸟

族　类：鸟

身　份：象征爱情的鸟

外　貌：毛色青中带红，有一翅一眼，能预示洪水暴发

所在地：金门山

刑天之女黄姖赶到战场，看见了这样的景象：自己的父亲刑天躺在深坑里，一动不动，黄帝飞在空中，俯瞰着这一切。她美丽的脸上满是愤怒与悲伤，她拿起父亲的盾牌和战斧，冲向了黄帝，嘴里喊着要整个黄帝部落的人给她的父亲刑天陪葬。

继承了父亲力量的女巨人黄姖，疯了似的攻击黄帝，一点儿也不给黄帝喘息的机会。精疲力竭的黄帝只能再次发动神力，一剑劈向黄姖。黄姖抵挡不住，身受重伤，她的身体被震飞，不知落在了哪里。

至此大战结束，炎帝部落战败。黄帝归还了刑天的尸体，炎帝带人将刑天葬在了自己诞生的地方——常羊山，炎帝希望以此来纪念这位战士。

据说自从埋葬了刑天，常羊山就被阴云笼罩，再也看不见太阳。人们还总能听见阵阵雷声在山谷中回响，有人说，那是刑天不甘的灵魂在咆哮。刑天虽然战败，但他那永不服输的精神一直激励着后人。

至于在那场战斗中身受重伤又失踪的黄姖，炎黄二帝曾派人找寻过很多次，却没有找到。直到许多年后，人们才在金门山上发现了黄姖的尸体，附近的村民将其称作黄姖之尸。

黄姖之尸一直被生长在金门山上的比翼鸟和天犬等鸟兽守护着。比翼鸟负责察看是否有别的野兽靠近黄姖之尸。它性格温顺，身型有野鸭子那么大，浑身的羽毛青中带红。和其他鸟类不同，比翼鸟不能独自飞行，只能成对出现，因为每只比翼鸟只长着一只翅膀、一只眼、一只脚，想要飞翔必须要雌雄两只鸟合起来并翼而飞，因此，比翼鸟被看作爱情的象征。

天犬是一种全身红色的恶犬，长相凶恶，攻击性强。天犬身上经常发出闪电一样的亮光，它跑起来像旋风一样迅猛，当它从天上疾驰而过时，就像飞逝的流星一样。传说天犬经过或降临的地方会发生战乱。天犬负责攻击，配合比翼鸟赶跑接近黄姖之尸的其他野兽。

随着时间的变迁，黄姖之尸渐渐失去了维护躯体的神力，浑身上下开始长出植物。没过几年，那些植物茁壮成长起来，形成一片郁郁葱葱的青草地。黄姖之尸渐渐化作一座大山，名为黄姖山，永远屹立在金门山旁边。

原文

《山海经·大荒西经》：有金门之山。有人名曰黄姖之尸。有比翼之鸟。有白鸟，青翼、黄尾、玄喙（huì）①。有赤犬，名曰天犬，其所下者有兵。

《山海经·海外南经》：比翼鸟在其东，其为鸟青、赤，两鸟比翼。一曰在南山东。

注释

①玄喙：黑的的嘴。

炎黄部落

山海档案

yán dì
炎帝

族类：神

身份：部落首领，后为五方天帝之一

特征：曾尝百草，发明农具

所在地：炎帝部落

山海档案

huáng dì
黄帝

族类：神

身份：部落首领，后为五方天帝之一

特征：擅长发明创造

所在地：黄帝部落

刑天战死，炎帝部落战败，炎帝等人被俘。黄帝部落的战士们兴奋地对黄帝说道：“首领，战俘都在这里了。”

黄帝的儿子禺虢（yú hào）看着跪在一旁的战俘，想到那些战死的族人，恨恨地对着黄帝说道：“父亲，杀了他们，为死去的族人报仇！”

他这话一出，得到了部落里很多人的附和，这些人都在炎黄两个部落的对战中失去了亲人、朋友。

黄帝大手一挥，拒绝道：“不行。”

禺虢不解地追问道：“为什么不行？！”

黄帝长叹一口气，说道：“你们想想，当年如果不是炎帝冒着生命危险去尝百草，找出能吃的粮食、能治病的药草，会有今天的我们吗？如果没有炎帝的牺牲，我们到现在都还要饿肚子，得了病也只能等死呀。”

黄帝这话一出，众人都沉默了。黄帝缓缓说道：“所以，我们不能伤害炎帝的族人。”

一听黄帝这么说，禺虢不甘地反问道：“可是，我们也有很多族人死在了炎帝族人的手上啊，难道他们都白死了吗？”

听到禺虢这么问，有人附和道：“对呀，我们的族人不能白死，我们不能宽恕那些伤害他们的人！”禺虢再次说道：“杀了他们，为我们死去的族人报仇！”

黄帝刚想开口阻止，就听见有人用苍老而急促的声音喊道：“不要！”

循声望去，只见炎帝走了过来，他身后跟着火神祝融、大地之神后土。

炎帝看向黄帝，诚恳地说道：“这场大战，我们败了。我是炎帝部落的首领，你杀了我，炎帝部落没有首领，就再也没有与你们对抗的能力了。我愿用我的命换我的族人的命，请放了他们吧。”

黄帝被惊得说不出话来，他没想到这位伟大的英雄，会为了族人的性命低声下气地求他，甚至愿意放弃自己的生命。

这一幕让炎黄两个部落的人都惊呆了。炎帝部落的人担心黄帝真的会处死炎帝，纷纷焦急地喊道：“首领！”

黄帝沉默了一会儿，命令道：“放人。”他看向炎帝，诚恳地说：“炎帝大哥，其实我们两个部落原本是一家人哪。我并不想战斗，我们应该团结在一起呀。”

炎帝叹了口气，伤感地说道：“如今，我的影响力逐渐变小，各地大大小小的部落都开始争夺天下，人们在战争中饱受苦难。你们部落是这些部落里最强大的，我原本想通过打败你们震慑其他小部落，使他们都不敢再发动战争，还天下人一个太平。”

黄帝苦笑着说道：“还天下人一个太平也是我带着部落征战的原因，我们竟然自家人打了自家人。”

话说到这里，他忽然想到了什么，郑重地看向炎帝，双眼明亮，激动地说道：“炎帝大哥，我忽然有个想法，你看我的部落擅长发明创造，而你的部落拥有先进的农耕技术，我们都为着天下太平的梦想而战斗，要不我们联合在一起吧？反正，原本我们也是一家人，你觉得呢？”

炎帝被黄帝说得一愣，但是细想又真的如此，仿佛这是埋藏在他心里的答案一样。他不由激动地看向黄帝，回答道：“好！从今天起，我炎帝部落就与黄帝部落结成联盟，成为一家人！”

黄帝激动地拉起炎帝的手，点头道：“对，我们是一家人，以后我们就叫炎黄部落！”

黄帝和炎帝紧紧拉着彼此的手，几乎同时宣布道：“从今往后，我们是一家人，我们是炎黄部落！”

此刻的炎黄二帝还不知道，正是他们的这个决定，开启了此后延续几千年的灿烂文明。从此以后，华夏民族诞生了，这里的人都有一个共同的身份——炎黄子孙。

海神禺猇的报复

山海档案

禺(yú)猇(hào)

族　类：神

身　份：东海海神，黄帝的儿子，白帝少昊的弟弟

特　征：人面鸟身，耳挂两条黄蛇，脚踩两条黄蛇

所在地：东海

山海档案

女(nǚ)尸(shī)

族　类：神

身　份：炎帝的女儿

特　征：聪明可爱，死后化为䔄(yáo)草

所在地：姑媱(yáo)山

炎黄部落结成联盟以后，为了表达诚意，炎帝派出自己的后代大地之神后土担任黄帝的辅佐官，又派自己最看重的火神祝融教黄帝部落使用火，还把登葆山的十巫介绍给了黄帝。

然而，炎帝还没来得及享受这安稳的生活，一场噩耗就降临到了他的身上——女儿瑶姬病死。瑶姬从小聪明可爱，是炎帝的宝贝女儿，不幸的是，她得了一种怪病，炎帝找遍了全天下，也没找到能够救治女儿的药草。

最终，瑶姬在花一样的年纪病死于父母面前。为了表示哀悼，人们后来称死去的瑶姬为女尸。炎帝一辈子都在找寻药草，他治愈了天下人，却唯独救不了自己最珍爱的女儿，这是多么无奈呀。

悲伤的炎帝含泪将女儿的魂魄送到了姑媱山。在这里，女尸化作一株䔄草。䔄草长出来的叶子层层叠叠的，像漂亮的小裙子；开出的花儿是瑶姬生前最喜欢的淡黄色的；结出来的果实像菟（tù）丝一样，而且带着仙气，只要女孩子吃下䔄草的果实，就可以被人宠爱。

炎黄部落结盟后的平静日子没过几天，又有人掀起了一场风波。自从黄帝与炎帝握手言和后，作为胜利者的黄帝开始掌管天下，而失去了女儿和部下的炎帝回到了南方，把更多的精力用在教百姓播种五谷上，想要以此忘记痛苦。

偏偏东海海神禺虢不愿放下对炎帝部落的仇恨。他是黄帝的儿子，当初黄帝部落战胜后，就是他主张杀了炎帝部落的俘虏。

他总想着要为那些死去的战士报仇，即便如今炎黄两个部落已经结盟，他还是无法放下仇恨。

他常常问黄帝：“难道我们的族人都白死了吗？难道就这么算了吗？”

黄帝总是语重心长地对禺虢说道：“孩子，在那场炎黄之间的大战中，两个部落都死了很多人，我们都做出了牺牲和让步。为了更远大的理想，你也该放下仇恨。”

深知禺虢性格的黄帝怕禺虢闯出什么祸来，于是找了个理由分散禺虢的注意力。他说道："听说东海里总是有妖怪出来扰乱渔民们的生活，作为东海海神，你应该多花些心思在保护东海子民上。"

就这样，禺虢被黄帝送回了东海。后来每次禺虢想劝说黄帝攻打炎帝时，黄帝总是躲着不见他，久而久之，禺虢渐渐觉得，自己被父亲厌弃了。

禺虢感到自己不被理解，很委屈。他更加憎恨炎帝，觉得自己被父亲疏远是炎帝造成的。

禺虢的脾气变得阴晴不定，而他一发脾气，就会掀起狂风巨浪，搅得大海不得安宁。东海里的海怪经常躲在水底，偷偷观察禺虢。

禺虢长着人的面孔、鸟的身子，他的耳朵上挂着两条黄蛇，脚下踩着两条黄蛇。海怪们发现，每次禺虢发脾气，他身上的蛇就会变色，由原本的黄色变成青色。而每到这时候，就预示着东海又要掀起狂风巨浪了，海怪们便会以最快的速度躲到海底。

原文

《山海经·中山经》：又东二百里，曰姑媱之山。帝女死焉，其名曰女尸，化为䔄草，其叶胥成，其华黄，其实如菟丘，服之媚于人①。

《山海经·大荒东经》：东海之渚②中，有神，人面鸟身，珥（ěr）③两黄蛇，践④两黄蛇，名曰禺虢。黄帝生禺虢，禺虢生禺京。禺京处北海，禺虢处东海，是为海神。

注释

①其叶胥成，其华黄，其实如菟丘，服之媚于人：它的叶子互相重叠，它的花是黄的，它的果实像菟丝的果实，吃了它可以被人宠爱。②渚：岛。③珥：珠玉做的耳饰，这里指佩戴、悬挂。④践：踩。

精卫填海

山海档案

jīng wèi
精卫

族　类：神

身　份：炎帝的小女儿

特　征：长着花脑袋、白嘴壳、红脚爪，一生都在填海

所在地：发鸠山

这天，正准备发脾气的禺虢突然停住了，只见他露出了诡异的笑容。原来不远处漂来一艘小船，而驾船的正是炎帝的小女儿女娃。禺虢得意地想：真是天赐良机，让我在这里碰见你。可恶的炎帝，看我怎么吓你的女儿！

女娃是炎帝的小女儿。失去了瑶姬与部下的炎帝受到了沉重的打击，他用忙于工作的方式让自己没有时间去想这些。缺少父亲陪伴的女娃只能独自在家里玩耍。她很希望父亲能多陪陪她，然而这却成了奢望。父亲掌管着整个部落，作为部落首领的女儿，女娃知道父亲是属于部落的，自己不能任性地把父亲留在身边。

很久以前，女娃就听说东海的日出很美，想去看看，却又听说东海的海浪凶猛，很危险，小孩儿不能独自去那里玩耍。女娃想求父亲带她去，可是父亲一直很忙碌，根本没时间带她去，但是她又真的想去看东海的日出。这种渴望催促着她，使她最后决定瞒着父亲和族人自己去东海。

女娃趁炎帝带族人外出的时候，一个人悄悄溜出了家门，找来了准备好的船，独自驾着船向东海划去。她心想：东海不会天天都有凶猛的海浪，总有风平浪静的时候，一次就好，让我看看美丽的海上日出吧，看完我就立刻回家。

女娃划了很久，终于到了东海。这天的海面很平静，女娃将船停在了离岸边不远的海面上。看着一轮红日从广阔的海平面上缓缓升起，那光芒将深蓝的海水染成了红色，女娃忍不住感叹道：“真美呀！”她想起小时候族人说过，他们这一族的生命和力量都来自太阳。

从没见过海上日出的女娃被深深地震撼了，平静的海面一点儿也不像族人们说的那样危险。女娃得意地笑道：“他们肯定是吓唬小孩儿的，再说就算有海浪，太阳也会保护我的。”于是女娃划着船向海中央驶去。她想离日出的位置更近一点儿。她不知道的是，海洋深处有一双危险的眼睛在紧紧地盯着她，那是东海海神禺虢的眼睛。

禺虢笑了起来，暗暗地想：傻女孩再划得离海岸远一点儿，来我这里吧。女娃刚刚划到东海中央，还没来得及高兴，就感到一阵剧烈的摇晃。那是禺虢召唤的海浪造成的，女娃吓得死死趴在船里，生怕被晃下去。此刻她有些后悔，后悔自己没听父亲和族人的话，只想等海面平静后就快快回家。摇晃停止后，以为危险过去的女娃爬起来，就看见了迎面而来的百米海浪，那海浪像巨大的猛兽一样咆哮着向她拍打过来。

禺虢躲在海浪后面，他要吓哭这个小女孩。女娃吓得慌忙拿起船桨，拼命地划水，想要逃离海浪的吞噬。然而弱小的女娃怎么会是海浪的对手？就算她用尽全力逃跑，还是被咆哮的海浪连船带人吞没了。女娃就这样葬身东海。

女娃死后化作一只小鸟，长得很像乌鸦，花脑袋，白嘴壳，红脚爪，总是发出“精卫”的叫声，因此被人们称为精卫。精卫痛恨东海夺走女娃的生命，便不停地从发鸠（jiū）山衔小石子、小树枝投入东海，想把东海填平。

东海凶恶地嘲笑道：“傻小鸟，你这么渺小，就算花一万年也休想把我填平。”

精卫却不愿放弃，她在高空坚定地说道：“没关系，只要我坚持，总有一天，这无情的东海会被我填平。”

海燕被精卫这种勇敢而坚韧的精神打动，与精卫结为夫妻，他们生了很多小鸟，雌的像精卫，雄的像海燕。小精卫也像妈妈一样，日复一日地填海。

原文

《山海经·北山经》：又北二百里，曰发鸠之山，其上多柘（zhè）木。有鸟焉，其状如乌，文首、白喙、赤足，名曰精卫，其鸣自詨（xiào）①。是炎帝之少女，名曰女娃，女娃游于东海，溺（nì）而不返，故为精卫。常衔西山之木石以堙（yīn）②于东海。漳（zhāng）水出焉，东流注于河。

注释

①詨：呼唤，大叫。②堙：填、塞。

少昊的百鸟之国

山海档案

shào hào 少昊

族　类：神

身　份：黄帝之子，五方天帝之一

特　征：能号令百鸟，掌管西方大陆

所在地：长留山、百鸟王国

山海档案

chī yóu 蚩尤

族　类：神

身　份：炎帝的后代，九黎部落的首领

特　征：战争之神，能制作兵器并操控野兽

所在地：炎帝部落、九黎部落

生气的黄帝命令禺虢从此再也不能离开东海，好好反省自己的过错。炎帝宽恕了禺虢，但是接二连三地失去部下和亲人让炎帝憔悴了很多。

此时，一直不愿这样认输的战争之神蚩尤找到了炎帝。在几次劝说炎帝争夺天下失败后，蚩尤决定彻底离开炎帝的部落，建立属于自己的新部落，他要与黄帝争天下。于是他带着他的八十一个兄弟，以及炎帝部落中那些不愿臣服于黄帝的族人离开了炎帝，建立了新的部落——九黎部落。

炎帝派人送信给黄帝，告诉他蚩尤建立了新的部落，让黄帝小心蚩尤将来的反击。黄帝听从了炎帝的意见，令少昊在蚩尤的九黎部落附近建立了新部落，以便监视蚩尤。

少昊是黄帝最得意的儿子。传说他出生的那一天，黄帝曾看见太白金星从天上飞过，院子里还飞来了五只凤凰（huáng）庆祝少昊的诞生。那些凤凰一直跟随在少昊的身边，而少昊儿时也喜欢跟它们一起玩耍。在父亲黄帝和母亲嫘（léi）祖的精心培养下，少昊逐渐长成一个本领超凡的勇敢少年。

后来少昊在东海之外的大壑（hè）建立了百鸟王国。

在少昊的百鸟王国中，每个人都养着属于自己的鸟儿。这里是人类与鸟儿共同居住的地方，少昊的文武百官都是鸟儿。在这里，燕子掌管着春天，负责唤醒冬眠的万物；不怕热的伯劳掌管夏天，在炎热的夏天巡逻整个百鸟王国；鹦（yīng）雀则掌管秋天，提醒大家收获果实；羽毛最厚的锦鸡掌管冬天，负责在严寒中保护大家的安全。除此之外，少昊还派了五种鸟儿来管理日常事务：孝顺的鹁鸪（bó gū）掌管教育，凶猛的鸷（zhì）鸟掌管军事，勤劳的布谷鸟掌管城市的建造，威严的雄鹰掌管法律，喜欢唱歌的斑鸠掌管音乐。

少昊还派出九种扈（hù）鸟掌管农业，帮助人们播种耕地，使人们安居乐业。整个王国在少昊的管理下越来越强大，人们很感谢少昊，尊称他为“白帝”。

后来少昊将宫殿建在长留山上，那里到处都是有彩色花纹的玉石，漫山遍野都是神鸟。那些神鸟总跟着少昊在百鸟王国与长留山之间往返，景象十分壮观。

原文

《山海经·西山经》：又西二百里，曰长留之山，其神白帝少昊居之。其兽皆文尾，其鸟皆文首。是多文玉石①。

《山海经·大荒东经》：东海之外大壑，少昊之国。

注释

①是多文玉石：山上出产大量有彩色花纹的玉石。

战争之神蚩尤

山海档案

mèi
祙

族类：鬼

身份：以恐惧为食的恶鬼

特征：人身黑首，竖瞳，无嘴无鼻，能够控制人的心智

所在地：山泽

蚩尤一直都想洗刷上一次战败的耻辱，他无法忍受作为战争之神的自己竟然输给了黄帝部落。可惜，炎帝不愿意再战，不仅如此，炎帝还反过来劝蚩尤放弃。

不愿臣服黄帝的蚩尤带着他的兄弟和一些族人离开了炎帝部落。蚩尤的八十一个兄弟和炎帝部落中那些不愿臣服的族人在新的土地上建立了九个部落，这九个部落合称九黎部落。蚩尤成了九黎部落的首领。

九黎部落借助优越的地理条件，不断开垦农田。擅长制作兵器的蚩尤教导族人制作武器，没过多久，蚩尤带领整个九黎部落一跃成为最强大的半兽人部落。

蚩尤还召唤出袜来帮助他。袜长着人的身子、黑色的脑袋，脸上只有一双竖着的眼睛，没有鼻子和嘴。它是生活在山泽里的恶鬼，以人类的恐惧为食。

蚩尤号称自己是新炎帝，率领着他的大军向黄帝发起挑战。

虽然黄帝对蚩尤会向他发动战争早有预料，但他还是不希望天下陷入战乱。他想用仁义感化蚩尤，可惜蚩尤执迷不悟。看着自己日

见强大的部落，蚩尤坚定了用武力击败黄帝部落的想法。

蚩尤带领准备充分的大军杀来时，黄帝就知道会有一场艰难的大战。黄帝深知战争之神蚩尤的厉害，光是说出蚩尤的名字，就能让还在哭泣的小孩儿停止哭闹。

黄帝的军队和蚩尤的军队在战场上对垒。无数手拿兵器的半兽人冲向黄帝大军，他们身上都有战争之神蚩尤的祝福。黄帝咬紧牙关，为即将到来的大战感到忧心。漫天大雾伴随着半兽人军队扑面而来，所有人都被笼罩在这片迷雾之中。黄帝的军队看不到几米之外是什么情况，只能听见不断逼近的喊杀声。

黄帝大叫道："大家做好战斗的准备！"只见迷雾中突然蹿出数十道鬼影，他们似人非人，更像是人形怪物。黄帝还没来得及看清楚，最前面的战士就已经被怪物吞噬。黄帝大喊道："是袜！这怪物以恐惧为食，大家小心！"

黄帝提醒的话还没说完，只见迷雾中源源不断地冒出袜来。放眼望去，黑压压一片。黄帝紧张地吞咽了一下口水，说道："大家别怕，这些恶鬼要靠我们心中的勇气来战胜，只要我们不畏惧，它们就伤害不了我们。"

说着，他率先冲了上去，可是想要战胜内心的恐惧谈何容易。黄帝内心深处的恐惧不断被身边的袜唤起：他看见整个部落被蚩尤消灭，族人在战火中哀嚎，哭泣，他还看见自己的妻子、孩子也在战火中不断地死去……黄帝几乎迷失在这样的恐惧之中，但他默默地告诉自己：我不能倒下，我希望天下人都过上好日子的理想还没实现。

从恐惧中挣脱出来的黄帝，反手杀死了包围在他身边的袜，但是，与自己的恐惧斗争使他精疲力竭。他环顾四周，触目所及皆是一片惨烈的景象：

到处都是被袜困住的没能战胜内心恐惧的战士。

战士们在魅的蛊惑下失去意识，陷入噩梦之中，有的痛苦尖叫，有的痛哭求饶，有的直接放弃抵抗……一个个都被袜所吞噬。

黄帝急忙大声喊道：“撤退！大家撤退！”

原文

《山海经·海内北经》：袜①，其为物人身、黑首、从②目。

注释

①袜：通“魅”。②从：通“纵”，竖立。

夸父逐日

山海档案

kuā fù
夸父

族类：神

身份：炎帝后代，水神共工的曾孙

特征：力大无穷的巨人，耳挂两黄蛇，手拿两黄蛇

所在地：北方大荒

损失惨重的黄帝撤回大营，苦恼地问道：“这袜太难对付了，我们该怎么办？”

有人提议说：“听说河神雄伯能吃袜，我们去把他找来吧。”

另一个人说：“那么多袜，一个河神雄伯恐怕应付不来。我发现那些袜一听到应龙的声音，它们的妖术就会失效，只是如今情况紧急，袜的数量太大，光有应龙恐怕也不够。”

黄帝沉思片刻道：“我们可以用牛羊角做一些军号，模仿应龙的声音用军号吹出来。”

没多久，蚩尤带着他的大军再次来袭，黄帝就命人模仿应龙的声音吹响号角。霎时，震耳欲聋的声音响彻战场，无数袜在龙吟声中瑟瑟发抖。黄帝趁机带着战士杀向蚩尤，打得蚩尤的半兽人大军措手不及。蚩尤无奈，只能暂时撤兵。

蚩尤决定改变策略，向炎帝进军，击败炎帝扩充实力。他需要新的帮手，他首先想到的就是巨人部落。巨人部落的首领夸父曾是炎帝众多子孙后代中最有潜力的一个。夸父像他的曾祖父水神共工一样高大魁梧，又像他的祖母大地之神后土一样勇敢坚强。

夸父和他的巨人部落常年生活在高山上。据说那座山是整个北方大荒中最高的，因此被人们称为“成都载天”，一般人根本爬不上去。

北方大荒中猛兽四处横行，那里的人们不仅粮食短缺，还要躲避猛兽的攻击，生活得很艰苦。夸父每天率领他的巨人部落和猛兽搏斗，从猛兽的嘴

里抢夺食物。

夸父常常将自己捉到的最凶猛的黄蛇挂在耳朵上当耳饰，还抓两只放手里玩耍，可见夸父的勇猛。

尽管巨人部落的巨人看起来凶狠，但实际上他们十分善良，喜欢保护比自己弱小的人，也喜欢到处打抱不平。

有一年，发生了一场可怕的旱灾，天空中的太阳像个大火炉，炙烤着大地，成片成片的庄稼被烤死，郁郁葱葱的森林被晒死。不久，江河断流，每天都有人在干渴难耐中死去。

夸父看到这种情景很难过，他不理解为什么高高在上的太阳会如此傲慢，它让整个大地生灵涂炭，却从未为自己犯下的过错感到羞愧。

他望着太阳，做了个危险的决定。他说：“我要追上太阳，抓住它，让它听我们的指挥。”

他不顾他人的劝阻，在太阳升起时，离开了部落，沿着太阳的方向，迈开大步追了上去。

太阳在空中移动，夸父就在地上拼命地追赶。他穿过一座座大山，跨过一条条河流，大地被他的脚步震得轰轰作响，飞禽走兽见了他都远远地躲开。

为了不踩到人，夸父尽量避开人们聚集的村庄、部落。那一年，各地的人都看见了一个追逐太阳的巨人。

他很少停下来休息，生怕一不小心放跑太阳。没有人知道他到底跑了多远，人们只知道他跑时带起来的土竟然可以堆成一座大山。

追逐太阳的日子很艰苦，夸父不仅要忍受太阳的炙烤，还要忍受身体的疲惫，而最难熬的是他要忍受内心的质疑与恐惧。他其实不确定自己能不能追上太阳，很担心自己会失败，可是如果现在放弃，他就真的失败了。

支撑他不断前行的是他心中的梦想，他梦想用自己的力量追上太阳，让它听指挥，从而拯救人们。当他追到禺谷的时候，太阳都跑累了，准备落下。此时的太阳就像一团红亮的火球，显现在他的眼前。

夸父伸开双臂，想要用力捉住太阳，可是越接近太阳，可怕的高温就让夸父越发渴得厉害，他已经很多天没喝水了。

他只好停下来，跑到黄河边去喝水。又累又渴的夸父一口气就喝光了

黄河水，他又跑到不远处的渭河边，一口气喝光了渭河水。然而夸父仍然口渴。他又向北跑，他记得那里有大泽，那里的水足够让他解渴。可惜夸父还没跑到大泽就在半路上渴死了。

他像一座高山一样倒下，临死前，夸父心里充满遗憾。他将自己手中的木杖扔了出去，木杖落地的地方，顿时长出郁郁葱葱的桃林。

后来，这片桃林成为往来过客的遮阴之所，桃林结出的鲜桃可供勤劳的人们解渴，让人们消除疲劳，精力充沛地踏上旅程。

这就是夸父逐日的故事。他的族人也像他一样，虽然生活在北方寒冷的高山上，却有着这世界上最热的心肠。蚩尤相信只要他派人去向巨人部落哭诉自己的烦恼，巨人部落就会同他一起对付黄帝部落。

当蚩尤派人来向巨人部落求援时，巨人部落中的大多数人觉得应该帮助弱者，于是决定帮助蚩尤，参加反对黄帝的战争。

原文

《山海经·大荒北经》：大荒①之中，有山名曰成都载天。有人珥两黄蛇，把两黄蛇，名曰夸父……夸父不量力，欲追日景②，逮之于禺谷。将饮河而不足也，将走大泽，未至，死于此。

《山海经·海外北经》：夸父与日逐走③，入日④。渴欲得饮，饮于河渭，河渭不足，北饮大泽。未至，道渴而死。弃其杖，化为邓林⑤。

注释

①大荒：荒凉的地方。②景：通“影”，影子。③逐走：赛跑。④入日：走进太阳炎热的光轮里。⑤邓林：古代神话传说中的桃林。

风伯和苗民

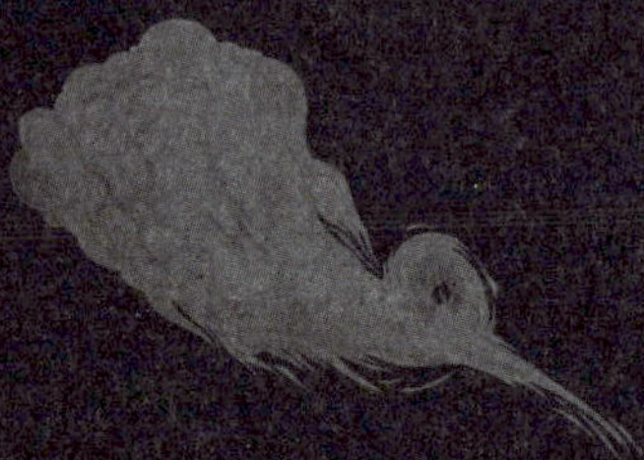

山海档案

fēng bó
风伯

族　类：神

身　份：风神，炎帝的后代，蚩尤的兄弟

特　征：头像孔雀，头上有角，鹿身蛇尾，身上多豹纹，能操纵风

所在地：九黎部落

得到巨人部落的支持，蚩尤还觉得不够，于是他找来风伯商量。风伯是蚩尤的兄弟之一，却长得和蚩尤一点儿也不像。他相貌奇特，头像孔雀，头上长着古怪的角，有着鹿一样的身体和蛇一样的尾巴，身上长满了豹子一样的花纹。

风伯能召唤风，经常配合雷神和雨师，辅助万物生长。春天，风伯会配合雨师吹出柔柔的春风，唤醒万物；夏天，风伯很少出现，偶尔会卷着热浪吹一吹暖风；秋天，风伯会配合雷神吹出阵阵凉风；冬天，风伯会使出最大的力气，吹出冷风，卷起白雪。

一直以来，风伯被人们视为吉神，但是偶尔风伯也会生气，生气的风伯会招来铺天盖地的狂风。那狂风咆哮着毁坏屋舍，伤人性命。人们只能虔诚地祈祷风伯不要变成凶神。

风伯还有一只叫山猑（huī）的宠物，那是一只长着人脸、身体像狗的怪兽，常年生活在狱法山上，行走起来像风一样快。山猑喜欢人类，总是见人就笑。

蚩尤对风伯说："虽然巨人部落加入了我们，但是我们的人手还是不够，还不足以与黄帝、炎帝抗衡。"

风伯拍了拍山猑的脑袋，示意它跑去找部落里的其他人玩，然后建议道："大哥你可曾听说过苗民？我听说苗民很厉害，为什么我们不请苗民也加入我们呢？"

风伯看见蚩尤犹豫，又说："还有苗民的守护神延维，据说请到他可以称霸天下。"

蚩尤听从了风伯的建议，邀请苗民加入战争。起初延维不同意，可惜他没办法拒绝，因为蚩尤鞭打、逼迫苗民，延维抵抗不了，只能带着苗民参战。

另一边，炎帝部落里飞来了不少凫徯，这种长着人脸的怪鸟几乎成了炎帝部落的常客，这并不是好兆头。炎帝忧心忡忡地看着凫徯，毕竟上一次，部落里抓到这种怪鸟之后不久，就爆发了和黄帝部落的大战，刑天等也不幸战死。

而这次迎接他们的又会是什么呢？

原文

《山海经·大荒北经》：蚩尤请风伯、雨师，纵大风雨。

苗民守护神延维

山海档案

yán wéi
延维

族类：神

身份：苗民的守护神

特征：人首蛇身，有两个头，身子长如车辕，传说向他献祭食物的人可以称霸天下

所在地：南方

山海档案

miáo mín
苗民

族类：人

身份：颛顼的后代

特征：长着翅膀

所在地：南方

一开始，听到蚩尤带着大军逼近，炎帝是不信的。他想不通曾经忠诚的部下怎么转眼就背叛了自己，并带着大军杀了过来。

炎帝部落里每个人的心情都很复杂，他们之中很多人的亲人、朋友因为不愿臣服黄帝部落，选择追随战争之神蚩尤一起离开。如今要他们把利剑对准这些曾经一起并肩战斗过的亲人、朋友，没人能够接受。直到蚩尤带着黑压压的大军出现在地平线上，炎帝才艰难地下令，命整个部落进入备战状态。

炎帝理解蚩尤的不甘，但是他更明白爱好和平的黄帝才是天下苍生的希望。黄帝会带领大家走向更美好的未来，而好战的蚩尤只会让天下陷入战乱。这不是炎帝想看见的。为了天下苍生的未来，炎帝要阻止蚩尤。

与此同时，炎帝派人向黄帝求援。他深知蚩尤的能力，知道此时的自己根本打不过蚩尤。

看着送信的人走远，炎帝带着火神祝融和其他将士出来迎战。远处走来的蚩尤身后密密麻麻地飞满了鬼怪，而巨人部落、苗民，还有蚩尤的八十一个兄弟站在他的身旁，蓄势待发。

长翅膀的苗民生活在南方。苗民的守护神延维长着人的脑袋、蛇的身子。他有两个脑袋，身子有车辕那么长。他喜欢穿紫色的衣服，戴红色的帽子。传说谁要是请到延维并用厚礼祭祀他，谁就可以称霸天下。

炎帝扫了一眼蚩尤的大军，那里有太多熟悉的面孔，他不想和曾经的战友开战，便开口问道："蚩尤，你真的要和我刀剑相向吗？"

蚩尤看着他，缓缓吐出几句话："我不服！凭什么打了一场仗，这天下就是黄帝的了！难道刑天白死了吗？难道那些族人的死就这么算了吗？"

炎帝劝道："并不是你想的那样，我愿意归顺黄帝，是因为我相信黄帝会成为伟大的首领，他能带给天下苍生更美好的未来。"

蚩尤笑了，说："是吗？那您的女儿女娃的死又是怎么回事？"

炎帝停顿了一下，说："那是一场意外。"

蚩尤质问道："您觉得那是一场意外？您还没看清楚吗？我们已经被当成战败者了。"蚩尤指了指自己身后的战士，说道："我不想让我们的后代出生在一个受人歧视的环境中。别再劝我了，开战吧！"

原文

《山海经·海内经》：有人曰苗民。有神焉，人首蛇身，长如辕，左右有首①，衣紫衣，冠旃（zhān）②冠，名曰延维，人主得而飨（xiǎng）食之，伯天下③。

注释

①左右有首：左右各长了一个脑袋。②旃：红色的曲柄旗。这里指红色。③人主得而飨食之，伯天下：君主得到他后用厚礼祭祀，就可以称霸天下。

大地之神后土

山海档案

hòu tǔ
后土

族　类：神

身　份：炎帝的后代，共工的女儿，大地之神

特　征：能号令百鬼

所在地：炎黄部落幽都

蚩尤的声音刚落，他的八十一个身披战甲、头戴牛角的兄弟一起发出怒吼，齐刷刷地从嘴里喷出迷雾。

火神祝融望着迎面席卷而来的迷雾，立即凝聚出一团火球，那火球带着热浪冲向迷雾，将迷雾烧出一个窟窿（kū long）。但紧接着，更浓郁的迷雾扑上来，迷雾中飞出许多鬼怪。祝融不得不召唤自己的两条神龙，跟着自己一起放出熊熊火焰，阻挡鬼怪的袭击和迷雾的弥漫。

蚩尤的攻击更可怕，只见他召唤出无数道利剑对准火神祝融，利剑如狂风暴雨般射向祝融。蚩尤的利剑实在是太快了，快到根本不给祝融反应的时间。两条龙只能靠身体硬挡下利剑的攻击，护住它们的主人。不多时，只见两条龙的龙鳞上到处都是被利剑划破的伤口，温热的龙血不断地冒出。

迷雾之中，巨人部落同苗民跟炎帝的手下缠斗在一起。眼看着队伍节节败退，炎帝有些绝望地想：为何黄帝的援军还没到？难道今天他们全都要葬身于此吗？

就在炎帝急得不行的时候，军帐外传来黄帝的军号声，那声音仿佛天籁一般。黄帝来不及和炎帝打招呼，就带领战士们冲杀到战场上。此时炎帝的手下，死的死，伤的伤。冲在最前面的应龙直接化作一条巨大的神龙向蚩尤飞去。

就在这时，延维出现在苗民的身后，他那紫色的衣服和巨大的蛇尾在战场上异常显眼。在他的神力加持下，苗民瞬间变得力大无穷，勇猛无比，数不尽的苗民接连冲向应龙。

风伯带着疯跑的山猩，召唤出铺天盖地的狂风，导致迷雾快速扩散，最后笼罩住了整个战场。四周流动着的层层叠叠的迷雾仿佛有生命一样，掩护

着蚩尤的军队。巨人部落率先从迷雾中冲了出来，大地随着他们的奔跑而颤动，想要阻挡他们的战士在他们面前像蚂蚁一样渺小。

匆匆赶来的大地之神后土一眼就看见了自己那些愚蠢的后代。生气的她变得高大无比，并召唤出一座高山。巨人们没想到自己那慈祥的老祖宗会直接召唤高山来砸自己，只能抡紧拳头，绷紧浑身的肌肉冲上去。后土一抬手，空中的高山化为碎石砸向巨人们。伴随着一阵阵刺耳的碎裂声，遮天的碎石飞速地砸了下来，很多巨人来不及躲避就被巨大的碎石砸倒在地。后土吼道："巨人部落的小辈们，现在投降还来得及！"困在碎石中的巨人们眼神复杂地看向后土，犹豫片刻之后才说："不，老祖宗，这一次我们站在战争之神蚩尤这一边！"

后土皱眉问道："蚩尤想用鲜血和战争制造的新世界是好的未来吗？"巨人部落的年轻首领用低低的声音说："别劝我们了，下次在战场上再见，我们就是敌人了！"说完，他带着巨人部落转头消失在迷雾之中。

后土苦恼极了，巨人部落天真地将希望寄托在以暴制暴的蚩尤身上，怎么可能有好结果呢？

原文

《山海经·大荒北经》：后土生信，信生夸父。

风伯的宠物山𤟤

山海档案

shān 山 huī 𤟤

族类：兽

身份：风伯的宠物

技能：长着人的脸，狗的身子，会召唤狂风

所在地：狱法山

袜与苗民配合着不断从迷雾中涌出。恐惧使黄帝、炎帝部落的战士们失去了理智，他们望着被迷雾包裹着的四周，只能紧紧握住手里的武器。没有人知道下一刻从迷雾中蹿出来的会是什么。

应龙率先杀入迷雾，风伯却带着山狎挡住了她的去路。应龙唤出一道天雷，向着风伯冲了过去。

只见山狎的那张人脸上满是愤怒的表情，它龇着牙挡在风伯的前面，飞速地奔跑起来，召唤出数道狂风。应龙轻笑，只见她唤出一道天雷对着山狎就劈了过去。那道天雷的速度太快，只听山狎发出呜呜的惨叫声，瞬间就被天雷击飞出去。

而山狎身后的风伯没来得及闪躲就被应龙接连召唤的天雷击穿了身体。应龙以为打败了风伯，这场迷雾就会消散，然而迷雾仍然包裹着四周，让人看不清前方。而被击穿了身体的风伯却诡异地笑起来，他的身体像狂风一样呼啸着消失了，猝不及防的应龙被突如其来的狂风掀翻在地。

应龙这才意识到，刚刚被天雷击败的是风伯和山獾的分身，风伯的真身带着他的宠物山獾正躲在这片迷雾之中，随时准备发起攻击。

迷雾持续了三天三夜，躲在迷雾后面的蚩尤军队占尽优势，苗民们高举着附有战争之神蚩尤神力的刀剑，借着迷雾时不时地发起偷袭。而炎黄部落这边的情况却很不好，战士们被困在迷雾里断水断粮，几乎到了极限。

许多战士失去了最后的理智，扛着武器四处逃跑，没一会儿就消失在迷雾之中。黄帝意识到再这么下去可不行，不想点办法，他们迟早会被耗死。他想，如果能制作出一种可以在迷雾中为大家指明方向的工具就好了。

他叫来善于制作工具的风后，向风后描述了自己的想法。风后立刻回答道："这确实是个好办法，只是以我这么多年制作工具的经验，想要做出为大家指明方向的工具，用普通材料是不行的，需要用天然磁石。但是此刻我们在战场上，要去哪里找天然磁石呢？"

"你说的应该是这个吧？"黄帝掏出一块纯黑色的石头，这是他偶然发现的能吸铁的怪石。

风后看见怪石，惊喜地说："对对对，就是这个。"黄帝在风后的配合下现场做出了一台能够指明方向的工具，并将这个新发明取名为指南车。

黄帝用指南车找到了走出迷雾的方向，他一人驱使着指南车，所有战士都跟在他的后面。众人跟着指南车，且战且退，在迷雾中走了足足一天才终于脱离了蚩尤等人创造出来的迷雾。

原文

《山海经·北山经》：又北二百里，曰狱法之山……有兽焉，其状如犬而人面，善投，见人则笑，其名山𪻐，其行如风，见则天下大风①。

注释

①其行如风，见则天下大风：它行走快如风，一出现就会刮大风。

九天玄女的帮助

山海档案

jiǔ tiān xuán nǚ
九天玄女

族　类：神

身　份：西王母的使者

特　征：爱穿一身黑衣，受命传授黄帝兵法

所在地：西王母的神殿

这场大战让炎黄部落损失惨重，大量的战士在战争中献出了自己年轻的生命。炎帝率先愧疚地开口说：“对不起，都是我的错，是我没有约束住战争之神蚩尤。”

黄帝摇了摇头，安慰炎帝道：“这怎么能是您的错呢？蚩尤执意发动战争，您已经尽力了。”炎帝叹了口气，发愁地说道：“蚩尤是不会善罢甘休的，如果他再带着大军打来，我们又该怎么办呢？”

黄帝也烦恼地开口道：“是呀，在迷雾中，我们看不见人，根本分辨不出冲过来的是敌是友。这场仗，我们该怎么打呢？”

“也许，我们可以用鼓声传递消息，分辨敌友。”说这话的是个穿着一身黑衣的女子，她美丽又有气质。她从人群中走出，却没人认识她，就好像她是突然出现在这里的一样。

黄帝和炎帝仔细回想，却也记不起见过这个女子。那女子笑着对他们点了点头，说：“我是昆仑山西王母派来的使者九天玄女，西王母被两位首领爱惜天下众生的心所感动，特派我来这里协助两位首领。”

西王母是至高无上的女神，常年住在昆仑山上。黄帝、炎帝一听，忙恭敬地将九天玄女请了进来。黄帝率先开口说：“欢迎您的到来。我想请教一下，我们这里有鼓，只是鼓的声音能传播的范围有限，通常我们也就是在特殊日子敲一敲鼓，和着舞蹈庆祝一下。这样的乐器怎么能在方圆百里的战场上传递消息呢？”

九天玄女笑了笑，说：“那是一般的鼓，而我说的是仙鼓。”随即她看向炎黄二帝，问道：“你们可曾听说过神兽夔（kuí）？”看着包括炎黄二帝在内的众人一脸疑惑，九天玄女解释道：“夔是一种能发出打雷般吼声的神兽，传说它张开大嘴发出的吼声像打雷一样，能响彻大地，直贯云霄。”

九天玄女停顿了一下，看向众人说：“夔就是靠着自己能发出雷鸣般的吼声独霸一方，没有哪个猛兽、妖怪敢招惹它。如果我们用它的皮来做鼓，那这鼓声一定能响彻大地，震慑鬼怪。”黄帝问道：“这主意听起来不错，可是我们应该去哪里找夔呢？”

九天玄女说："夔住在东海的流波山上，但人们一直找不到流波山在哪里，所以很少有人见过夔。"

"不过……"她思索着说，"听说夔每次出入大海的时候，海面就会出现狂风暴雨，夔会在此时发出光芒，有时还会发出雷鸣般的吼声。我觉得，或许我们守在东海边等雷雨天，就有机会找到夔。"

应龙点点头，说："这确实是个办法。只是这夔长什么样子呢？"玄女这才意识到，她忘记介绍了，忙笑着说："夔长得和牛很相似，但头上却没有长牛角，它全身都是青色的，只长了一只脚。猛兽妖怪因为害怕它发出的雷鸣般的吼声，一般都会躲着它，所以我们专门挑东海边猛兽、妖怪不敢去的地方找，找到的几率就更大。"

黄帝和炎帝听完相视一笑，说："既然这样，我们这就去把夔抓回来。"就这样，风后和应龙带着整个炎黄部落的希望，向东海进发，寻找夔。

原文

《龙鱼河图》：黄帝摄政时，有蚩尤兄弟八十一人，并兽身人语，铜头铁额，食沙石子，造立兵仗刀戟大弩，威振天下，诛杀无道，不仁不慈。万民欲令黄帝行天子事，黄帝仁义，不能禁止蚩尤，仰天而叹。天遣玄女下授黄帝兵信神符，制伏蚩尤。

流波山上的神兽夔

山海档案

kuí
夔

族　类： 兽

身　份： 两栖类神兽

特　征： 全身青色，长得像牛，只有一只脚，能发出雷鸣般的吼声

所在地： 东海的流波山

此刻，夔正威风凛凛地游荡在东海中，还不时发出雷鸣般的吼声。野兽们一听到夔的吼声，纷纷躲避。夔正惬意地巡视着自己的地盘，只是它不知道，留给它骄傲的时间不多了。

风后和应龙赶到东海的时候，夔已经躲进了深海。虽然它不知道是谁来了东海，但是早在几天前，神兽的本能就让它感到有危险在逼近，一股血脉之中的恐惧充斥全身。直觉告诉它，东海上来了十分强大的神，它只能祈祷他们只是短暂地路过东海，很快就会离开。

这几天风后和应龙带着军队将东海边的各座山上上下下翻了个底朝天，除了抓到几只豺狼虎豹，连夔的影子都没看到。“九天玄女不是说夔住在流波山上吗？这都把周围的山翻遍了，别说夔，就是一头普通的牛我也没见到哇！流波山到底在哪里呀？”风后无奈地向应龙抱怨道。

应龙看着平静的东海，突然想到了什么。他召唤出犯了错的东海海神禺虢，向他询问。禺虢告诉应龙和风后，流波山不在别处，就在深入东海七千里的地方。应龙和风后大惊，随即明白了，流波山竟然在东海中，难怪少有人知道它在哪里。应龙和风后送走禺虢后，在海边商量对策。风后看了看天，发愁道：“我们是要在岸上等它出海吗？可是这晴空万里的，没看出来这只夔想出海呀，难道我们要一直等下去吗？”应龙摇了摇头，说：“不了，蚩尤随时会带着军队打过来，我们等不起。就今天吧，风后你去掀起海浪，我们把夔逼出来。”

风后召唤狂风吹起海浪，深蓝的大海上瞬间卷起数十米高的海浪，海中的流波山也随之剧烈地震动起来。在这种情况下，夔根本站不稳，只能向远离海浪的地方游去。就在这时，它身后传来扑通一声。夔回过头，只见远处

迅速游来一团巨大的暗影，那暗影不断逼近，夔吓得瞪大了眼睛——那是一条浑身闪光、硕大无比的龙！

眼看着那条巨龙向自己游了过来，受到惊吓的夔拼命摆动着自己唯一的牛蹄子加速逃跑。它只是个几百岁的孩子，不想这么快变成巨龙的食物。可惜，夔这辈子干过最失败的一件事就是和海洋霸主应龙比游泳，夔使出了全身的力气，但还是被越来越近的应龙一个翻身缠住了。

应龙用力一甩，夔直接被甩出了海平面。夔刚想发出雷鸣般的吼声，就被埋伏在海面上的风后用狂风卷起的海浪拍进了海里。应龙在海里接应风后，迅速绑住了夔。这一个来回下来，夔早就被拍晕过去，再无一点儿还手的力气。威风凛凛的一代神兽，就在流波山众野兽的目送之下，被五花大绑着带走了。

黄帝和九天玄女见到风后和应龙带着夔回来，也不敢耽搁，立刻命人剥下夔的一部分皮，制成一面战鼓。

黄帝命几名战士认真照料夔，并告诉夔，这是为了天下苍生，不得已才用它的皮制成战鼓，等它恢复精力，会派人将它送回流波山。夔知道黄帝是仁慈的首领，便答应他回流波山后不再威吓山上的野兽。

用夔的皮制成的战鼓被送到黄帝面前，然而黄帝望着这带着神兽气息的战鼓，新的难题又出现了：谁能敲响这战鼓呢？

原文

《山海经·大荒东经》：东海中有流波山，入海七千里①。其上有兽，状如牛，苍身而无角，一足，出入水则必风雨，其光如日月，其声如雷，其名曰夔。黄帝得之，以其皮为鼓，橛（jué）②以雷兽之骨，声闻五百里，以威天下。

注释

①入海七千里：（流波山）在深入东海七千里的地方。②橛：敲打。

雷神的肋骨

山海档案

léi shén
雷神

族　类：神

身　份：雷电之神

特　征：长着人的脑袋、龙的身子，主宰雷电，掌管风雨

所在地：雷泽

山海档案

huá xū guó rén
华胥国人

族　类：人

身　份：太昊、女娲的后代

特　征：长着人的面孔、蛇的身体，继承了一些神力

所在地：华胥国

做好的战鼓刚被送上来，黄帝就迫不及待地拿着鼓槌，要试试效果。可奇怪的事情发生了，只见黄帝敲了半天，鼓槌都敲断了，战鼓也没发出任何声音。在场的战士都没办法敲响这面用神兽夔的皮做成的战鼓。

黄帝不知所措地看向九天玄女，说："玄女，这可怎么办？战鼓是做成了，可是敲不响它。"

九天玄女思考了片刻，才说："或许因为这面战鼓是用神兽夔的皮做成的，与普通的鼓不同，不能用一般的鼓槌敲响它。"

应龙问道："那我们还能怎么办呢？"

九天玄女沉思了一会儿，说："或许雷泽里的雷神可以。"

她看到众人一脸不解，缓缓说道："你们可能不知道，吴地西面的雷泽中住着一位雷神，他能够召唤雷电。没人知道他是怎么出现的，也没人知道他活了多久，人们只知道他可能是远古的神明，也可能是一只还没进化完全的龙，因为他长着人的脑袋、龙的身子。他召唤雷电的方式很特别，每当他拍打自己的肚皮，天空中就会迅速汇集乌云，响起轰隆隆的雷声。

“雷泽两岸住着华胥国人，他们说雷神的性格很古怪，当雷神心情不好时，就会召唤雷电袭击人类。

“华胥国有个勇敢的姑娘，曾经来到雷泽找雷神，她要求雷神不许再乱发脾气，随意操纵雷电，干扰附近人们的生活。从来都是接受人们跪拜的雷神一向不受约束，也从来没被这么要求过。雷神被姑娘的勇敢所吸引，想把她一直留在自己身边。于是雷神表示如果姑娘愿意留下来嫁给他，他就保证以后不再乱发脾气，随意操纵雷电，干扰附近人们的生活。他还答应会守护华胥国。为了保护华胥国的人们，姑娘选择嫁给雷神。

“雷神非常高兴，他遵守承诺，从此只在农时节气召唤雷电，行云布雨。华胥国也因此风调雨顺，物产丰富。”

听九天玄女说完，黄帝道：“既然他神通广大，或许他能敲响这战鼓。”

黄帝连忙派应龙去请雷神。雷神原本过着安稳的日子，偶尔还会跑去华胥国巡视。这天，见应龙来请他，他虽然不知道发生了什么事，但是早就听说黄帝是个仁爱善良的首领，因此听到黄帝有求于自己，从来没离开过雷泽的他决定跟着应龙走一趟。

黄帝看见雷神，忙说：“我想请您帮个忙。”黄帝指了指战鼓继续说：“这面战鼓是用神兽夔的皮制成的，我们都敲不响它，不知道雷神您有没有办法？”

雷神轻轻敲了两下战鼓，战鼓果然发出清脆的雷鸣声，整个营地也跟着颤动起来。黄帝欣喜地说道：“既然您能敲响这面战鼓，请您加入我们，一同对抗蚩尤的军队，守护天下的和平。”

雷神皱起眉头，为难地回答：“不是我不想帮忙，只是我答应了我的妻子要守护华胥国，如果我上了战场，谁来守护华胥国呢？”

看着发愁的众神，雷神说：“这样吧，我知道战争之神蚩尤不好对付，我把我身上最大的肋骨送给你们，你们用它制作成鼓槌，一样可以敲响战鼓。”

说着，雷神忍受着剧痛，取出自己身上最大的一根肋骨交给黄帝。黄帝颤抖地接过雷神的肋骨，哽咽地问道：“为什么您要亲手取下自己的肋骨，这该有多痛啊！”

雷神虚弱地笑了笑，说：“很多年前，我的妻子为我生了个儿子，孩子如今就生活在华胥国，为了我的子孙后代，这点痛不算什么。我虽然不能跟你们一起上战场，但是请带着我的肋骨和希望，去守护天下的和平吧。”

原文

《山海经·海内东经》：雷泽中有雷神，龙身而人头，鼓其腹①。在吴西。

注释

①鼓其腹：鼓即鼓动，敲打。据传雷神鼓动自己的肚子就会打雷。

猛兽狰和驳

山海档案

zhēng
狰

族　类：兽

身　份：凶猛好斗的上古神兽

特　征：全身赤红，身形似豹，头上有角，长有五条尾巴，吼声如巨石相互撞击之声

所在地：章é莪山

山海档案

bó
驳

族　类：兽

身　份：以虎豹为食的猛兽

特　征：长得像马，头上有角，有白色的身体、黑色的尾巴

所在地：中曲山

在战争之神蚩尤带着军队再次攻过来的时候，天空中飞满了长着人脸的凫徯。黄帝和炎帝知道，这将会是一场史无前例的大战。

涿鹿平原上尘土飞扬。蚩尤带着铜头铁臂的兄弟和骁勇善战的苗民组成的大军，驱赶着豺狼虎豹冲了过来。

黄帝看向应龙，应龙立马对着天空发出一阵龙吟，霎时，大地震颤起来，伴随着震颤，成群的猛兽从山林中冲出来，直奔蚩尤的军队。

冲在最前面的猛兽头上长角，身形似豹。只见它浑身赤红色，有着五条尾巴，那五条尾巴像团燃烧的火焰。它发出的吼声仿佛巨石相互撞击之声。

只见它迅猛地冲入豺狼群中，猛扑上去，一口咬断了领头狼的脖子。“那竟然是猛兽狰，章莪山上的霸主！”人群中有人惊呼。据说狰是上古神兽，是由钟山山神烛阴的鼻息幻化而成的。因为行踪不定，很少有人亲眼见过它，都只是听说过。

传说西山山脉之中的章莪山寸草不生，却盛产珍贵的玉石，山中常常有

瑰丽奇异的东西。然而这样一座宝山却没人敢轻易上去，因为山中常有猛兽出没，其中最凶猛的就是狰。

看着数条豺狼将狰团团围住，想要将其扑杀，人们紧张地屏住呼吸。只见狰又快又猛，一个冲刺，咬断了冲上来的豺狼的脖子，并将它甩出去很远。眨眼间，数十条豺狼还没来得及还手，就接连被咬断了脖子。剩余的豺狼被狰的凶猛所震慑，都夹着尾巴不敢上前。

紧跟在狰身后的猛兽像只巨型的白马，它有白色的身子、黑色的尾巴，头上长着一只角，有着老虎一样锋利的牙齿和爪子，发出的吼声像击鼓声。

那猛兽在狰的身后一口吞下冲上来的老虎。其他的老虎、豹子似乎认识它，看见它便吓得夹起了尾巴，瑟瑟发抖地向后缩去。

“竟然是猛兽驳！”听到有人惊呼，人们才意识到，那是中曲山上的猛兽驳，传说它常年生活在中曲山上，以老虎、豹子为食。它长得像马，却凶猛好斗。

蚩尤一看自己的阵营落了下风，忙拍了拍自己兄弟的肩膀。他的兄弟立刻张开大嘴，喷出阵阵迷雾。迷雾迅速扩散开并逐渐淹没猛兽的身影，覆盖住了整个战场。

“延维，轮到你的苗民登场了！”蚩尤在迷雾中吼道。

身穿一身紫色衣服的延维晃动着巨大的蛇尾，爬了过来。他身后的苗民手拿蚩尤制作的兵器，个个勇猛无比地冲进迷雾之中。

不同于猛兽，手拿武器的苗民更灵活敏捷，他们几人配合，在豺狼虎豹的掩护下，偷袭狰和驳。很快狰和驳就被苗民困住，陷入苦斗之中。

应龙听到了狰和驳的求救，回头看向黄帝，说道：“蚩尤派延维和苗民出战了，狰和驳支撑不了太久，我们该怎么办？”

黄帝看向迷雾，听着迷雾之中猛兽的嘶吼，说道：“上战鼓！”

原文

《山海经·西山经》：又西二百八十里，无草木，多瑶碧。所为甚怪[1]。有兽焉，其状如赤豹，五尾一角，其音如击石，其名曰狰。

《山海经·西山经》：又西三百里，曰中曲之山，其阳多玉，其阴多雄黄，白玉及金。有兽焉，其状如马而白身黑尾，一角，虎牙爪，音如鼓音，其名曰驳，是食虎豹，可以御兵[2]。

注释

①所为甚怪：这座山里常常有瑰丽奇异的东西。②可以御兵：可以躲避兵器的伤害。

黄帝的女儿魃

山海档案

bá
魃

族　类：神

身　份：黄帝的女儿，旱神

特　征：所到之处，天下大旱

所在地：钟山

山海档案

yú
颙

族　类：兽

身　份：魃的宠物

特　征：长得像猫头鹰，人面四目而有耳，能预示天下大旱

所在地：令丘山

战鼓被搬到战场上。黄帝抬起双臂，拿着用雷神的肋骨做成的鼓槌，猛地敲打用神兽夔的皮做成的战鼓。只听咚的一声，雷神的神力与神兽夔的神力碰撞在一起，这充满神力的声音在天地间回荡，震得大地随之摇晃。

黄帝连敲了九下，响雷一般的鼓声带着穿透一切的神力响彻大地，震得天地变色，震慑住了正在发力的延维，震散了不断从大雾中冲出来的袜。蚩尤的战士被战鼓震得内心发慌，听到对面的喊杀声，吓得连连后退。

应龙趁机唤出巨大的波涛，向蚩尤袭去。没想到对面的风伯带着山猩突然冲了出来。山猩迅速地奔跑起来，召唤出阵阵狂风。风伯在它身后不断地用神力控制狂风，卷走了应龙的水波。

雨师配合着风伯，对着天空召唤雨水。只见原本万里无云的天空立刻乌云汇聚，没多久就下起了瓢泼大雨。豆粒一般大的雨水打到地上，地上一眨眼的工夫，便爬出了数不清的藤蔓，藤蔓迅速地缠住

了手拿武器的战士。

应龙和风后一跃而起，躲开了藤蔓的攻击。黄帝挥动宝剑，斩断了缠向自己的藤蔓，大喊道：“应龙、风后，你们还在等什么？”

应龙无奈地回答道：“首领，现在我和风后再召唤风雨，只会加速这些藤蔓生长，这样情况只会更糟糕哇！”

看着眼前被藤蔓缠住而不断哀号的战士，黄帝想着：不能就这么耗下去。于是他高喊一声：“小魃！”

只见一身青衣的少女飞了出来，她望着漫天大雨对黄帝说道：“爹爹，别担心，我来对付他们！”

这少女名叫魃，是黄帝的女儿。魃喜欢穿青色的衣服，天生拥有神力，只要是她施展神力的地方，就会风雨消散，出现大旱，人们称她为旱神。

只见魃走入战场，天空中立刻飞来一群怪鸟，那怪鸟很像猫头鹰，却长着人脸，脸上有四只眼睛。其中一只怪鸟落在魃的肩头，发出“颙颙”的叫声。那是常年生活在令丘山上的颙，它飞到哪里，哪里就会出现大旱。据说令丘山上寸草不生，经常发生山火。

颙也是魃的宠物。此刻成群的颙伴随着魃飞入战场，无论风伯、雨师如何用力，都阻挡不了风雨的消散。太阳从云层中探出头来，魃的身上散发出淡淡的红光，天空中乌云散去，狂风停止，大地迅速升温，火辣辣的太阳炙烤着大地，连迷雾都逐渐被烤散了。看着战场中浑身散发着红光的魃以及她身边围绕着的颙，战士们只感到口干舌燥，大汗淋漓，仿佛连身体里的水分都要被烤干了。战场上的气温还在不断地上升，这就是旱神的力量。

原文

《山海经·大荒北经》：有人衣青衣，名曰黄帝女魃。蚩尤作兵伐黄帝，黄帝乃令应龙攻之冀州之野。应龙蓄水，蚩尤请风伯、雨师，纵大风雨。黄帝乃下天女曰魃，雨止，遂杀蚩尤。

《山海经·南山经》：又东四百里，曰令丘之山，无草木，多火。其南有谷焉，曰中谷，条风①自是出。有鸟焉，其状如枭，人面四目而有耳，其名曰颙，其鸣自号也，见则天下大旱。

注释

①条风：东北风。

长着翅膀的神龙

山海档案

应龙（yìng lóng）

族　类：神

身　份：创世神龙

特　征：长着羽翼，能召唤雷电，呼风唤雨

所在地：凶犁土丘山

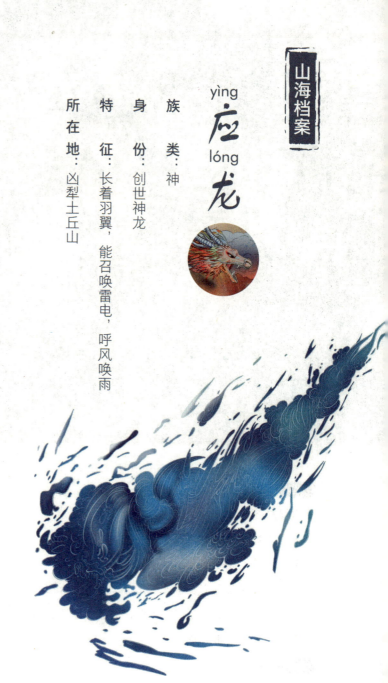

风伯、雨师也在高温的炙烤下失去了力气。很快，遮蔽住整个战场的迷雾逐渐散去。

黄帝一边敲着战鼓，震慑住延维和他手下的苗民，一边看向应龙，说：“应龙，轮到你了！”

黄帝的大将应龙是一只长着翅膀的神龙，是这世上唯一的创世神龙。相传蛟经过千年修行才能长出龙角化为龙，龙经过五百年修行才能化为角龙，角龙经过千年修行才能长出羽翼化为应龙。没人知道应龙在这千百年里经历了什么，才能修炼成今天的形态，人们只知道她住在大荒东北角、凶犁土丘山的最南端。

应龙是这个世界上最古老的神龙，负责守护整个世界。这么多年来，她一次又一次守护着这个世界。战争之神蚩尤是应龙遇到过的最难对付的对手。

听到黄帝的呼唤，应龙发出一声龙吟，现出原形。在人们的惊呼声中，她展开自己巨大的羽翼，冲向云霄。只见她那美丽的龙鳞在阳光的照射下闪烁着刺眼的光芒。天空中不断有天雷响起，大地也随之颤动。

应龙张开巨大的龙嘴，浩浩荡荡的海水被狂风卷向天空。接着，伴随着响彻大地的龙吟，瓢泼大雨倾泻而下。

蚩尤连忙大手一挥，召唤出数不清的盾牌，阻挡倾泻而下的雨水，护住自己的阵营。

应龙再次对着天空发出一声声龙吟，她巨大的身躯放出刺眼的光芒，等光芒散去，所有人都倒吸一口凉气。凤凰、麒麟、鸾鸟、建马……应龙的身后站着数不清的神兽。只听应龙高喊道："孩子们，向敌人展示你们的力量吧！"数不清的神兽冲向蚩尤的军队。

战争之神蚩尤也召唤出成千上万的兵器，冲了上去。

兵器碰撞发出的接连不断的锵锵声震耳欲聋。无数大大小小的神力对抗激起的爆炸，仿佛要将大地炸个窟窿。数不清的神兽将蚩尤团团围住，应龙发出龙吟，带着神力的致命一击将蚩尤吞噬。紧随蚩尤之后的巨人部落首领还没来得及躲避，就随着蚩尤一起被吞噬。

失去了蚩尤的九黎部落大军瞬间陷入慌乱，炎黄二帝趁机带着战士们反击。炎黄部落的战士们见蚩尤被应龙吞噬，顿时倍受鼓舞。他们齐心协力，奋勇杀敌，终于大获全胜。

黄帝看着被绑住的风伯，问道："还打吗？"风伯看着倒在血泊中的战友，知道胜负已分，只能沉默地垂下头。

原文

《山海经·大荒东经》：大荒东北隅中，有山名曰凶犁土丘。应龙处南极，杀蚩尤与夸父，不得复上①。

《山海经·大荒北经》：应龙已杀蚩尤，又杀夸父，乃去南方处之②，故南方多雨。

注释

①不得复上：不能再回到天上。②处之：居住。

章莪山的神鸟

山海档案

bì 毕 fāng 方

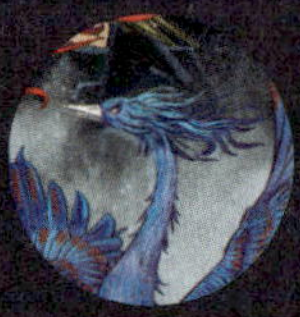

族　类：鸟

身　份：火神的宠物，以火焰为食的鸟

特　征：形如鹤，长着一条腿、青中带红斑纹的羽毛、白色的喙，能预示火灾

所在地：章莪山

蚩尤死后，他的利剑落到了黄帝的手里。蚩尤曾用这把利剑大杀四方，而此刻它却失去光彩，变得锈迹斑斑。

看着自己曾经的部下蚩尤战死，炎帝忍不住叹了一口气。就算蚩尤背叛了他，他还是对蚩尤恨不起来，他始终记得那个曾经扛着剑跟在他身后四处征战的蚩尤。

黄帝感慨道："蚩尤是一位强大的对手。"说完，他将手中的利剑用全力封印在大荒之中。

也许是利剑沾染了蚩尤的不甘，最后落在宋山上的利剑周边生出了一片血红色的枫树林。相传，林中的枫树是蚩尤用过的刑具变化而成。每到夜晚，枫树林会伴着晚风沙沙作响，仿佛在讲述着曾经那场惨烈的大战，以及蚩尤的不甘。

大战之后，黄帝把战争之神蚩尤画在了自己的军旗上，以此来激励炎黄部落的战士：他们连曾经的战争之神蚩尤都能战胜，这天下，还有谁能够阻挡他们？

很快炎黄部落迎来了天下统一，作为拯救天下的英雄，黄帝被众神选为

守护天下的天帝。

黄帝在人们的欢呼中出巡，近距离接受人们的感谢。只见六条长达百米的蛟龙从天空飞来，盘旋在黄帝上方，天上还不时有凤凰飞过。

被黄帝降伏的风神率先放出山狸，召唤清风，为黄帝扫清路上的一切障碍。雷神也从雷泽之中匆匆赶来，走在队伍前面，为黄帝开路。雨师召唤出细雨滋润大地。

毕方像侍卫一样守卫在一旁。说起毕方，它是章莪山上的神鸟，不吃五谷，以火焰为食。它的外形与鹤极为相似，长着白色的嘴巴，一只脚。它浑身长着青色的羽毛，上面有红色的斑纹，总是发出“毕方”的叫声。

毕方以火焰为食，经常会无意间点燃村落，因此人们总是躲着毕方，说毕方出现的地方就会出现怪火。毕方虽然调皮，却并不是凶兽，它还曾保护过黄帝的安全。

此刻，毕方像侍卫一样跟随着黄帝，见证这异常壮观的场面。

后来，黄帝将毕方派给了火神祝融，希望毕方能帮助祝融一起镇守南方。

为了庆祝大战的胜利，黄帝带着众神举办了一场盛大的庆功宴。庆功宴上，黄帝亲自创作了一首乐曲，用来纪念大战的胜利。黄帝伴着乐声敲击着大鼓，乐曲高昂激扬，恢宏豪放，似乎有着能够撼天动地的魔力。乐曲使正在欢庆的战士们想起了战场上的搏杀，令他们情不自禁地跟随着黄帝一边高歌，一边跳起舞来。

原文

《山海经·大荒南经》：有宋山者……有木生山上，名曰枫木。枫木，蚩尤所弃其桎（zhì）梏（gù）①，是为枫木。

《山海经·西山经》：又西二百八十里，曰章莪之山……有鸟焉，其状如鹤，一足，赤文青质而白喙，名曰毕方，其鸣自叫也，见则其邑有讹火②。

注释

①桎梏：刑具。②讹火：怪火。

蚕神姑娘的贺礼

山海档案

léi zǔ
嫘祖

族类：神

身份：黄帝的妻子，西陵氏之女

特征：擅长发明，首创养蚕治丝之法

所在地：炎黄部落

山海档案

cán shén gū niang
蚕神姑娘

族类：神

身份：蚕神

特征：裹着马皮

所在地：欧丝之野

就在大家忙着庆祝的时候，有人说道："为了庆祝大战胜利，我有一件礼物要送给大家。"

人们循声望去，原来是一位漂亮的姑娘，她从人群中缓缓走出，却没人认识她，黄帝也好奇地盯着这位姑娘。

这位姑娘很奇怪，她身上裹着一张马皮，手里拿着黄、白两绞晶莹的丝线。金灿灿的黄丝线像阳光一般，银色的白丝线又像月光一样，黄帝一眼就看出来，这些丝线是珍贵的宝贝。

只见这位姑娘走到大殿中，伸手拉了拉裹在自己身上的马皮，那马皮仿佛有生命一般，眨眼间包裹住姑娘的整个身体。姑娘当着众人的面变成一只虫子，嘴里不断吐出细长、发亮的丝线。

一切发生得太快，原本热闹的大殿立刻安静下来，人们惊讶得合不拢嘴。黄帝的妻子嫘祖走了出来，捡起地上的丝线，捧在手心，说道："这是蚕神给大家的礼物。"

嫘祖对众人解释道："在大踵国的东

边，生长着三棵没有树枝的桑树，这三棵桑树有百丈高。传说有位裹着马皮的漂亮姑娘总是跪在其中一棵桑树上不分昼夜地吐丝，于是那里的人们也称这片荒野为欧丝之野。”

“母亲，那位姑娘好奇怪，为什么一直裹着马皮呢？”问这话的是少昊，他满脸疑惑地看向自己的母亲。

嫘祖轻轻一笑，说：“这就是另一个故事了。传说从前有位漂亮姑娘独自在家里喂马，她的父亲离开家很多天都没有回来，姑娘非常担心，于是向马说：‘马呀，你若能帮我把父亲找回来，我愿意嫁给你。’

“马听懂了姑娘的请求，挣脱缰绳，跑了出去。没过多久，马真的将姑

娘的父亲带了回来。

“父女团聚，姑娘沉浸在喜悦中，却忘记了对马的承诺。马开始不吃不喝，只有见到姑娘时，才会发出嘶鸣。父亲感到非常奇怪，就问女儿原因，姑娘便将自己对马说过的承诺告诉了父亲。

“父亲不能接受将女儿嫁给一匹马，于是处死了马。父亲没想到那马有灵性，马虽死了，可它的马皮带走了自己的女儿。等父亲再次见到女儿时，他的女儿已经成了蚕神。”

嫘祖摇了摇手上的丝线，说：“虽然我有一双巧手，能用兽皮缝制衣服，但是兽皮太难获得了。这下可好了，有了蚕神送给我们的宝贝，我们再也不用为衣服发愁了。”

黄帝见到这美丽的蚕丝也称赞不已，说：“好哇，这下我们又多了一件宝贝！”

从此，嫘祖带领人们精心养蚕，并且教人们怎么用蚕丝织出漂亮的布。采桑、养蚕、织布的技艺就这么流传下来。

原文

《山海经·海内经》：黄帝妻雷祖，生昌意。

《山海经·海外北经》：欧丝之野在反踵东，一女子跪据树欧丝[1]。三桑无枝，在欧丝东，其木长百仞，无枝。

注释

①据树欧丝：据，倚靠。欧，通“呕”，吐出。

图书在版编目（CIP）数据

山海经里的神话世界. 1，山海大战 / 梦入紫川著；懒语绘. — 成都：四川教育出版社，2022.11
ISBN 978-7-5408-8379-9

Ⅰ. ①山… Ⅱ. ①梦… ②懒… Ⅲ. ①历史地理—中国—古代 ②《山海经》—儿童读物 Ⅳ. ①K928.631-49

中国版本图书馆CIP数据核字（2022）第191362号

SHANHAIJING LI DE SHENHUA SHIJIE 1 SHANHAI DAZHAN

山海经里的神话世界 1 山海大战

梦入紫川 著 懒语 绘

出品人 雷 华
图书策划 任 舸
项目统筹 刘 青
责任编辑 刘 青
封面设计 门乃婷工作室 编悦文化
版式设计 许 涵
责任校对 宋笑颖
责任印制 田东洋
出版发行 四川教育出版社
地 址 四川省成都市锦江区三色路238号1栋1单元
邮政编码 610023
网 址 www.chuanjiaoshe.com
制 作 文贤阁 四川看熊猫杂志有限公司
印 刷 三河市九洲财鑫印刷有限公司
版 次 2023年5月第1版
印 次 2023年5月第1次印刷
开 本 710mm×1000mm 1/16
印 张 32
书 号 ISBN 978-7-5408-8379-9
定 价 160.00元（全四册）

山海经里的神话世界 2

昆仑众神

梦入紫川 著
懒语 绘

四川教育出版社

目录

寻找西王母

山海档案

xī wáng mǔ
西王母

族　类：神

身　份：主管人间婚配、生育和刑罚的上古女神

特　征：人面，虎牙，豹尾，头戴玉石王冠，掌管不死药

所在地：昆仑山

山海档案

sān qīng niǎo
三青鸟

族　类：鸟

身　份：西王母的使者

特　征：有着红色的头和黑色的眼睛

所在地：三危山

昆仑山被称为万山始祖，坐落在西海南面、流沙边境，连通天地，是天地间最高的地方。昆仑山前有赤水，后有黑水，山下是弱水汇聚的深渊。

成为天帝的黄帝决定带着大家到昆仑山上定居，他们刚走到昆仑山脚下，就见迎面飞来许多只神鸟。

只见那些神鸟有着五彩的羽毛，体态轻盈，各长着一张人脸，还有漆黑的头发。它们没有在黄帝队伍这儿停留，而是径直飞向远方。

少昊说："这是玄丹山的神鸟，似乎是西王母派出的，我们快去找西王母吧！"

有侍从问道："我们应该去哪里找西王母呢？"

少昊说："这昆仑山一共分为三层，西王母住在昆仑山第一层的洞穴里。"

于是黄帝带着大家继续赶路，走了一段山路后，又见天空中飞过三只带着猎物的鸟。那三只鸟和玄丹山的神鸟们长得不一样，它们有着红色的脑袋和黑曜石一样的眼睛。

少昊指着天空中的飞鸟解释道：“那是三危山的三只青鸟，西王母平时生活在昆仑山的洞穴里，这三只青鸟就负责外出给她寻找食物。那只个头最大的鸟是大鵹（lí），它旁边的是少鵹，最小的那只是青鸟。西王母吃饱后，会对着天空长啸几声，她的声音很威严，总是能震慑住昆仑山附近的野兽。”

有人忍不住赞叹：“西王母好厉害呀！”

黄帝点点头，说：“据说她虽然长着人的面孔，但一张嘴就会露出一口锋利的老虎般的獠牙。她还长着一条豹子的尾巴，头上戴着一顶玉石王冠，看起来非常威严。”

黄帝顿了一下，又接着说：“西王母是上古女神，不但主管人间的婚配、生育和刑罚，还拥有强大的神力。她已经活了上千年，据说她掌握着长生不死的秘密。”

少昊点头附和道：“人人都想知道西王母长生不死的秘密，这样就可以像她一样长生不死了。”

少昊的语气里满是羡慕，又说：“永远地拥有力量和权力，谁会不心动呢？”

黄帝看着飞在前方引路的三只青鸟，缓缓地说：“只要西王母愿意，她可以让任何人永生，所以天下才会有登上昆仑山的第一层就能长生不死的传说。”

“但是，”黄帝的声音低了下去，“登山的路非常危险，到处都是野兽和怪物，很少有人能活着见到西王母。”

众神跟随着引路的三只青鸟走到昆仑山的洞穴时，西王母刚刚从瑶池里洗完澡出来。瑶池的水具有一种神奇的力量，在里面洗完澡后就不会再感到疲惫，这里也是西王母最喜欢的地方。

走进洞穴，一座宏伟的宫殿映入众神的眼帘。宫殿的瓦是用从天降落的陨石制成的，泛着幽光的台阶是用仙山上产的白玉制成的。一个巨大的炼丹炉飘浮在半空中，几只凤凰悠闲地盘旋在丹炉附近，不时为丹炉加火。宫殿旁边是一片望不到尽头的桃林，仙女们正抱着刚采摘的仙桃从桃林中走出来。

西王母缓缓走了过来，她的身后跟着一身黑衣的九天玄女。西王母似乎早就知道黄帝会来，点头笑道："我已经在这里等了很久，如今天下太平，我有重要的东西要交给你。"

原文

《山海经·大荒西经》：有玄丹之山。有五色之鸟，人面有发。爰有青鴍（wén）、黄鷔（áo），青鸟、黄鸟，其所集者其国亡①。

《山海经·大荒西经》：有人戴胜②，虎齿，有豹尾，穴处③，名曰西王母。

《山海经·大荒西经》：有三青鸟，赤首黑目，一名曰大鵹，一名少鵹，一名曰青鸟。

《山海经·西山经》：西王母其状如人，豹尾虎齿而善啸，蓬发戴胜，是司天之厉及五残④。

《山海经·西山经》：三危之山，三青鸟居之。

注释

①其所集者其国亡：它们在哪个国家聚集栖息，那个国家就会灭亡。②胜：古代妇女的饰物。③穴处：在洞穴中居住。④司天之厉及五残：主管上天的灾疫和五种刑罚残杀之气。

悬圃守护神陆吾

山海档案

lù wú
陆吾

族　类：神
身　份：黄帝的大管家
特　征：人面，虎身，九尾
所在地：昆仑山

山海档案

tǔ lóu
土蝼

族　类：兽
身　份：吃人的凶兽
特　征：长得像山羊，四角，擅长战斗
所在地：昆仑山

山海档案

qīn yuán
钦原

族　类：鸟
身　份：长得像蜜蜂的鸟
特　征：尾部有毒针
所在地：昆仑山

西王母单独叫走了黄帝，留下众神在原地等待。黄帝跟着西王母一路绕过瑶池、仙树，一直走到一棵参天大树前才停下来。大树的背后是熊熊燃烧的火焰，西王母伸手抚摸着大树，回头看向黄帝，说：“这就是我一直守护着的不死树。”

西王母伸手摘下了一棵树上结出的果实放到黄帝手中，说：“这是不死果。凡人只要吃下半颗，就能长生不死；如果吃下一整颗，就能立刻成神。只是……”

西王母犹豫片刻，又缓缓地说：“只是，不死树一千年才能开花，开花之后，又要等一千年才能结果。”

黄帝看着手中的果实，不解地问：“这么珍贵的果实，你为什么要送给我？”

西王母笑道：“你已经是天下之主了，我相信你能够守护好这棵不死树。”

黄帝惊讶地看向西王母，说：“你是要把这整棵不死树都送给我？”

西王母点了点头，说：“你为天下带来了和平，这棵不死树结出的果实蕴含着巨大的神力，有多少人在黑暗中虎视眈眈地想得到这棵树，除了你，还有谁能够守护住它呢？”

于是黄帝从西王母手中接过了守护不死树的任务。他将不死树上结出的果实炼成神药，送去灵山，藏在巫师们的八个斋社中，并派凰鸟守护着。

他还请求西王母继续留在这里守着不死树。西王母答应了，从此她和黄帝一起守护着长生不死的秘密。西王母是刑罚之神，因为长生不死药有救治人的功效，因此她既能惩罚坏人，也能救人性命，是人们口中值得尊敬的女神。

告别西王母后，黄帝带着众神继续向昆仑山的最高处进发。他们离开昆仑山的第一层后，就来到了第二层——悬圃。

悬圃是一个神奇的地方，这里的人一出生就拥有神力，而能走到这里的人也会被赋予神力。

黄帝看见跟他走到这里的随从们一个个都被赋予了神力，正想感叹这真是一个神奇的地方，忽然听见队伍中爆发出一阵欢呼。

只见两个随从满面笑容地捧着野果和青草走过来，其中拿着青草的那个随从说：“不知怎么回事，大家吃了这种青草都开怀大笑起来。”

黄帝拿起这棵长得很像葵菜的青草放到鼻尖闻了闻，发现它有股大葱的味道，正疑惑间，就听见身后有话音传来：“那是昆仑山上独有的蘋（pín）草，这草长得很像葵菜，闻起来又像大葱。传说吃下这草就能忘记忧愁，所以也叫它‘忘忧草’。”

说话的天神有着老虎的身躯，爪子十分锋利，长着人的面孔，有九条尾巴。他就是黄帝的大管家——陆吾。陆吾能够控制时令与节气，平时总是认认真真地完成黄帝交给他的任务。

黄帝又指了指另一个随从手里的红色野果，问：“那这个又是什么？”

“这也是昆仑山上独有的野果，叫‘沙棠’，它吃起来味道有点像李子，但没有核。吃了沙棠的人可以自由地在水里活动。”说着，陆吾指了指远处已经在水里嬉戏的几个随从。

陆吾正解释着，忽然听见有随从惊喜地喊道：“快看，是山羊！昆仑山上竟然还有山羊！”

众神一齐向那边望去，这时又有随从喊道：“这还是一只四角的山羊呢！我要抓一只，晚上吃烤山羊！”

一听到“四角的山羊”，陆吾大呼不好，一句“当心”还没喊出口，就见跑在最前面的那个随从大叫了一声：“哎呀！”

原来那四角山羊竟张大嘴扑了过来，还好那个随从反应快，抽出了手中的斧头，横在了山羊张开的血盆大口之间。

只见那山羊长着锋利的獠牙，一双凶狠的眼睛死死盯着眼前的随从，仿佛在看自己的晚餐。

“这是昆仑山特产的山羊吗？到底是我们吃它还是它吃我们哪？”少昊看向陆吾说。

陆吾顾不上回答，立刻飞扑过去。奇怪的事情发生了，原本凶狠的四角山羊看见陆吾就垂下了尾巴，瑟瑟发抖地发出咩咩的叫声，仿佛在求饶。

陆吾一脚踢开那只四角山羊，向众神解释道：“这是昆仑山的凶兽——

土蝼。别看它长得像山羊，实际上特别凶狠，杀伤力极强。最重要的是，它要吃人！不过有我在，大家不用担心。”

“昆仑山上竟然也会有吃人的怪兽，真是稀奇。”少昊在一旁感叹道。

陆吾连忙解释说：“这不奇怪，昆仑山上有太多仙果，如果不是这些怪兽在这里看守，昆仑山上的仙果恐怕早就被抢光了。”

黄帝点点头道：“你说得很有道理。既然土蝼们杀伤力极强，不如把它们放到悬圃的边界，继续镇守昆仑山。”陆吾点点头，说：“好。”

这时忽然有个随从指着天上惊呼：“那是什么？”

大家向上望去，只见天空中飞来了大批怪鸟。那鸟有鸳鸯那么大，长得和蜜蜂差不多。它们一路飞过来，凡是被它们的刺蜇到的鸟兽几乎会立刻死亡；被它们的毒刺蜇到的花草树木，几乎瞬间枯萎。黄帝为此皱紧了眉头。

这时，陆吾对着天空长啸一声，原本扑面而来的鸟群竟然停了下来，它们似乎很惧怕陆吾的长啸，不敢再向前半步，只能在天空中盘旋，最终四散飞去。

怪鸟散去后，陆吾对众神解释道："这是昆仑山上的钦原，它们尾巴上的毒刺特别厉害。无论鸟兽还是花草树木，只要被蜇到都会立刻死亡或枯萎。不过有我在，它们不敢放肆。"

少昊在一旁拍了拍陆吾的肩膀，开玩笑地说："我觉得你才是昆仑山上最凶猛的。你看，无论是吃人的怪兽土蝼，还是能蜇死鸟兽、花草树木的钦原，它们都怕你。"

黄帝在一旁听着少昊的玩笑话，也在暗暗思考，这昆仑山的第二层悬圃，风景美丽，又蕴藏着丰富的仙果，还能赋予人神力。这么重要的地方，必须要安排一个合适的天神来管理。这个天神既要能震慑住猛兽，又能勤勤恳恳地守护好这里的一切。这么一想，黄帝看向了陆吾。陆吾能控制时令和节气，还能震慑住昆仑山的猛兽，没有比他更合适的了。

于是黄帝把陆吾留在了悬圃，让他当掌管这里的天神。在陆吾的管理下，悬圃一直保持着和平与安宁。后来黄帝看陆吾把悬圃管理得很好，就又让陆吾掌管了天上的九域。

原文

《山海经·西山经》：有木焉，其状如棠，黄华赤实，其味如李而无核，名曰沙棠，可以御水，食之使人不溺。有草焉，名曰蘋草，其状如葵，其味如葱，食之已劳①。

《山海经·西山经》：西南四百里，曰昆仑之丘，实惟帝之下都，神陆吾司之。其神状虎身而九尾，人面而虎爪，是神也，司天之九部及帝之囿（yòu）时②。有兽焉，其状如羊而四角，名曰土蝼，是食人。有鸟焉，其状如蜂，大如鸳鸯，名曰钦原，蠚（hē）鸟兽则死，蠚木则枯③。

注释

①食之已劳：吃了它就会忘记忧愁。②司天之九部及帝之囿时：主管天上的九域的领地和昆仑山苑囿的时节。③蠚鸟兽则死，蠚木则枯：鸟兽被这种鸟蜇过都会死，树木被这种鸟蜇过也会枯死。

槐江山守护神英招

山海档案

yīng shá0

英招

族类：神

身份：槐江山山神

特征：人面马身，长着老虎斑纹，有一双巨大的翅膀，擅长战斗

所在地：槐江山

山海档案

tiān shén

天神

族类：兽

身份：预示着战乱的怪兽

特征：有着八只脚、两个脑袋和马的尾巴

所在地：瑶水

告别了陆吾，黄帝继续带着众神向昆仑山的最高处走去。也不知走了多久，只见原本盘旋在天空中的凰鸟、鸾鸟们忽然停了下来，纷纷降落在少昊身边，发出一声声奇怪的鸣叫。

看着止步不前的神鸟们，黄帝不解地问少昊：“这是怎么了？前方有什么危险吗？”

少昊轻抚着一只鸾鸟的羽毛并和它交流。过了一会儿，他无奈地摇了摇头，说：“前方没有危险，只是神鸟们都饿了，它们已经好几天没有吃到琅玕（láng gān），实在是飞不动了。”

为此，黄帝也犯了难，此刻要到哪里去找琅玕呢？昆仑山虽然盛产玉石和琅玕，但是跟随少昊飞来的各类神鸟实在太多了，就算是掏空了昆仑山，也不一定能喂得饱这么多神鸟哇！

“其实离这里不远的槐江山也盛产玉石和琅玕，不如让我去搬一些过来吧！”说这话的是英招，他的上半身是人的身体，下半身是马的身体，他的

下半身还长着老虎的斑纹，背后有一对硕大的翅膀。

黄帝一眼就认出了英招，因为英招给他的印象太深刻了。英招就像骏马一样潇洒威武，而且已经参加过几百次战争，他背后的大翅膀能让他腾空飞行，一振翅就能飞出几百里。

少昊在一旁担忧地说："可是，我听陆吾说过，那槐江山虽然也是座仙山，但是上面也住着很多凶兽，现在陆吾不在，你自己过去能行吗？"

还不等英招开口，黄帝就说："那些凶兽难不倒他，他就是槐江山山神。"黄帝让众神在原地等着，他和英招一同赶往槐江山。

这座槐江山在昆仑山东北约四百里的地方，从槐江山上看昆仑山，能看到两山中间隔着的熊熊烈火。丘时水从这里发源，山上还蕴藏着大量的黄金、玉石和琅玕。这里的环境很像昆仑山，连黄帝都忍不住感慨道："这里可真美呀！"

英招点点头，说：“只是槐江山的瑶水中，住着一种怪兽叫天神。它长得很像牛，却有八只脚、两个头，还长着马的尾巴。它每次出现，就预示着它出现的地方会发生战乱，所以我一直把它困在槐江山里，不准它出去。”

黄帝拍了拍他的肩膀，说：“你做得很好，这槐江山也很好。我想把这里变成我的花园，而你就负责守护这里，就像陆吾守护悬圃一样，你愿意吗？”

英招点了点头道：“我愿意。我会比陆吾做得更好。”

于是，英招留在了槐江山，为黄帝镇守着这座花园。他日夜看管这里的野兽，不准它们伤害出去人类。

原文

《山海经·西山经》：又西三百二十里，曰槐江之山。丘时之水出焉，而北流注于泑（yōu）水。其中多蠃（luó）母，其上多青、雄黄，多藏琅玕、黄金、玉，其阳多丹粟，其阴多采黄金银。实惟帝之平圃①，神英招司之，其状马身而人面，虎文而鸟翼，徇（xùn）于四海，其音如榴（liú）②。南望昆仑，其光熊熊，其气魄魄③。西望大泽，后稷所潜④也……有天神焉，其状如牛，而八足二首马尾，其音如勃皇，见则其邑有兵⑤。

注释

①平圃：人间的园圃。②徇于四海，其音如榴：（他）巡行四海，传递天帝的指令，叫声如同抽水声。③其光熊熊，其气魄魄：那里火光熊熊，气象万千。④后稷所潜：后稷的潜藏之所。⑤其音如勃皇，见则其邑有兵：它的叫声就像人在吹奏管乐时乐器的薄膜发出来的声音，它出现的地方就会有战争发生。

建宫昆仑山

山海档案

kāi míng shòu
开明兽

族　类：神

身　份：天神陆吾的另一种形态

特　征：人脸，虎身，九个脑袋，镇守天宫九重门

所在地：昆仑山

山海档案

lí zhū
离朱

族　类：神

身　份：琅玕树的守护神

特　征：有三个头

所在地：昆仑山

黄帝带着大家走到了昆仑山的第三层。这里是昆仑山的最高层，在云霄之上，黄帝把这里定为了众神居住的地方。昆仑山顶每一面都生有一棵四丈高的稻子树，树很粗，得五人合抱；有九口井，每口井的四周都有用玉石制成的栏杆；有九重门，门内就是天宫。天宫就是黄帝和众神居住的地方。

昆仑天宫一共分为九重，一重连着一重。传说不同的天神住在不同的门内，最尊贵的天帝住在昆仑山的最高处，也就是第九重门内。昆仑天宫里，到处都是奇花异木和拥有神力的珍禽异兽。天神们的院子里养着各种各样的神鸟，池塘里养着各种各样的灵兽，树上结的果子都是带着神力的仙果，就连砍柴、做饭用的刀都是神器。

正因为昆仑山上有太多宝物，所以这里的防守也十分严密。昆仑山下是深不见底的万丈深渊，传说那深渊中藏着人世间的各种烦恼与恐惧。很多想要登上昆仑山寻宝的人，都会迷失在山下的万丈深渊里。昆仑山的四周还被熊熊燃烧的烈火包围，传说这些烈火拥有净化的力量，能烧尽世上的一切邪恶。心思不纯洁的人，是无法通过熊熊烈火的考验的。众神所在的天宫位于八方山岩之间，赤水附近。传说能经受住层层考验走到这里的人，都能成为神明。

天宫的九重门由开明兽守护，它是天神陆吾的另一种形态。开明兽有着老虎一样的身体，长着九个脑袋，每个脑袋上都有一张人脸，表情始终十分严肃。它的十八双眼睛能看透世间的邪恶，它一直守护着昆仑山。

开明兽的西边住着大量以凰鸟、鸾鸟为首的神兽。开明兽的北边长着不死树，而开明兽的东边，生长着一棵琅玕树。

黄帝特地派长了三个头的天神离朱来日夜看守琅玕树。离朱的能力很特别，他所有的神力都集中在眼睛上，因而他拥有超常的视力。他的六只眼睛既能看见千里之外发生的事情，也能看见近处蚊虫身上的绒毛。离朱善于监听和侦察，没有任何事情可以逃过他的六只神眼。

琅玕树是能够给凰鸟、鸾鸟等神鸟提供食物的神树，它的树枝像白玉一样，结出的果实也像美玉一样。这样宝贵的神树，黄帝交给了离朱看管。

离朱感到自己的责任重大，因此他每天用六只眼睛轮流看守，一刻也不敢疏忽。每当昆仑山西北的凰鸟、鸾鸟等神鸟飞来时，他就会提着一筐筐采摘好的琅玕喂给神鸟们吃，年复一年，从不休息。

原文

《山海经·海内西经》：海内昆仑之虚，在西北，帝之下都[①]。昆仑之虚，方八百里，高万仞（rèn）。上有木禾，长五寻，大五围[②]。面有九井，以玉为槛（jiàn），面有九门，门有开明兽守之，百神之所在。在八隅之岩，赤水之际，非仁羿[③]莫能上冈之岩。

《山海经·海内西经》：昆仑南渊深三百仞。开明兽身大类虎而九首，皆人面，东向立昆仑上。

《山海经·海内西经》：服常树，其上有三头人，伺琅玕树。

注释

①帝之下都：天帝在下方的都邑。②长五寻，大五围：高有五寻，大到需要五人合抱。寻，古代以八尺为一寻。③仁羿：像羿那样有仁德才智的人。

神兽鹿蜀的歌声

山海档案

lù shǔ
鹿蜀

族　类：兽

身　份：能保佑人子孙兴旺的神兽

特　征：长得像马，白色的脑袋、红色的尾巴和老虎的斑纹，叫声像人在唱歌

所在地：杻(niǔ)阳山

这一年，嫘祖带着自己的侍从从南方的杻阳山带回来了一头奇怪的动物，据说从此以后，嫘祖的房间里总是传出美妙的歌声。

听到传闻的黄帝不禁好奇起来，带着侍从向嫘祖的宫殿走去。才走到大门口，黄帝就听见了美妙的歌声，循着歌声找去，没看见嫘祖，却看见庭院里站着一头像马一样的神兽。相比于普通的战马，这神兽有着红色的尾巴、白色的脑袋和一身老虎的斑纹，看起来有些奇怪。

这神兽看见黄帝和他的侍从也警觉起来，对着黄帝张开嘴，但是它发出的却不是马叫，而是人类的歌声。惊讶的黄帝正在猜测眼前这东西是什么，就听见一个好听的声音说：“这是杻阳山上的鹿蜀，好看吗？”

说话的正是嫘祖，她正端着一盆金子走过来。在太阳的照射下，嫘祖手中端里的金子闪闪发亮，有白色的，也有红色的，很是好看。

连黄帝都忍不住说：“还有白色和红色的金子，真是少见哪！”嫘祖笑了笑，将金子递给黄帝说：“这些也是从杻阳山上带回来的。”“那竟然是座宝山！”黄帝看着手里的金子感叹道。嫘祖点点头，兴奋地和黄帝分享自己看见的美景，说：“杻阳山可漂亮了！山上能照到太阳的一面，遍地都是红色的金子；照不到太阳的一面，遍地都是白色的金子。远远看去，整座山都是亮闪闪的。”黄帝指了指嫘祖身旁的鹿蜀说：“好是好，可是你怎么把它带回来了？虽然鹿蜀的声音很好听，但我还是觉得少昊的琴声更好听。”

嫘祖得意地笑了笑，说：“这你就不知道了。”说着，她伸手薅（hāo）下了鹿蜀身上的一根毛，串上白色的金子，做成精巧的挂件递给黄帝。黄帝看着手里漂亮的挂件，开心地笑了笑，说：“真好看，我会一直戴在身上的。”“这东西可不光是好看，”嫘祖抚摸着鹿蜀的头解释道，“神兽鹿蜀的皮毛能让佩戴的人子孙兴旺。咱们的两个儿子都成亲了，我想着送给他们鹿蜀的皮毛，让咱们也能早点抱孙子。”

黄帝一听忙走了过来，兴奋地说：“原来如此！来，我帮你，咱们多做几个送给孩子们。”有了鹿蜀的庇护，昆仑神国里不断诞生新神，有春神句芒、秋神蓐（rù）收以及黄帝的重孙颛顼。这其中颛顼的诞生最为特别。

那一晚，黄帝佩戴的鹿蜀皮毛发出淡淡的光芒，紧接着，众神看到北斗七星中的第七颗星星瑶光发出耀眼的光芒，那光芒如红霞般灿烂，无数的光束甚至穿过了月亮。就在此刻，颛顼诞生了。

黄帝带着众神匆匆赶到了若水，他上一次来到这里，还是流放自己小儿子昌意的时候。昌意因为品德不好，承担不起治理天下的责任，黄帝就让昌意去若水做诸侯，反思自己的过错。昌意娶了住在若水的蜀山氏的女儿，还生下了韩流。再次来到若水，黄帝不由感叹时光飞逝。这时，昌意和韩流抱着刚出生的颛顼走了过来。黄帝接过颛顼，看着天空中明亮的瑶光星说：“瑶光星代表

祥瑞，这孩子伴随着瑶光星的光芒降生，他会是我们新的希望。”

原文

《山海经·南山经》：又东三百七十里，曰杻阳之山，其阳多赤金，其阴多白金。有兽焉，其状如马而白首，其文如虎而赤尾，其音如谣①，其名曰鹿蜀，佩之宜子孙②。

注释

①其音如谣：它鸣叫的声音像人在唱歌。②佩之宜子孙：佩戴它的皮毛可以使子孙兴旺。

颛顼的成长

山海档案

zhuān xū
颛顼

族类：神

身份：黄帝的重孙

特征：擅长谋断

所在地：若水

昌意被流放到若水后生下了韩流。韩流长得很奇怪，长着长脑袋、小耳朵，有人的面孔、麒麟的身体，长着猪嘴和猪蹄。韩流后来娶了淖子族的姑娘阿女，生下了颛顼。

颛顼小的时候，母亲给他讲了很多关于黄帝的故事。曾经的天下到处都是战争，人们活在恐惧和苦难之中。这时有一位强大的部落首领，统一了天下，为人们带来了和平安宁的生活，他就是黄帝。后来黄帝成了天帝，所有人都感谢和崇拜他。

小颛顼也很崇拜黄帝，也梦想着像黄帝那样保护天下。只可惜，小颛顼的梦想不被人们看好，因为他是罪神的孩子。他的爷爷昌意因为犯错被黄帝流放到了若水。人们不相信身上流着罪神血液的小颛顼能够保护天下。

少昊见到颛顼时，颛顼正在和别的小孩子吵架。颛顼大声强调着自己要成为天帝。看到少昊时，小颛顼停住了。他知道少昊是百鸟王国的白帝，黄帝最骄傲的儿子。少昊缓缓开口，问道：“你刚才说，你想成为天帝？”

小颛顼握紧拳头，坚定地说：“对！我要证明我也能成为天帝。”颛顼见少昊没有说话，心里着急了，他可以不在意别人的嘲笑，但是他担心被少昊嘲笑，因为在他眼里，少昊是唯一能和黄帝媲美的大英雄。

小颛顼急忙指着眼前的小草对少昊说：“你看，我就像这大地上野蛮生长的小草。如果没有阳光，那我就在黑暗中悄悄地长大；如果没有雨水，那我就向土地的更深处扎根。所以你别劝我放弃，我是不会放弃的！”少昊温柔地笑道：“我相信你，跟我走吧。我来教你怎么成为守护天下的神。”

小颛顼震惊了，他没想到少昊就这样相信了他，他的泪水在眼眶里打转。打从说出这个梦想开始，小颛顼就一直被否定，即使是母亲也不相信他。少昊是第一个愿意相信他的神。他跟着少昊来到了百鸟王国。他不敢浪费向少昊学习的机会，每天太阳还未升起，他就跟在少昊身边开始了一天的学习。

颛顼成长得很快，没过多久就成了少昊最得力的助手。他帮助少昊把百鸟王国治理得井井有条，还学会了弹奏琴和瑟，但少昊认为颛顼有帝王之才，不让他学习乐器，把他玩过的琴、瑟丢弃在大壑（hè）中。于是颛顼一心一意学习管理天下的知识。学成后，颛顼正式告别少昊，启程去做北方的守护神。颛顼兴奋地出发了，这是他人生中的第一个任务，但是少昊却高兴不起来，因为颛顼去做北方的守护神，注定会面临非常多困难。

和颛顼一起到北方的还有海神禺强。起初北方的人们并不相信他们，因为他们都是罪神的后代，颛顼的祖父昌意是被流放的天神，而禺强的父亲禺虢因为淹死了炎帝的女儿女娃被永远囚禁在东海。

颛顼和禺强却不在乎人们对他们的看法。他们相互激励，共同守护着北

方大地。他们帮助人们修筑仓库来存放粮食，重建房屋来抵御严寒。在颛顼和禺强的努力下，北方大地的人们不再忍饿受冻，渐渐过上了富足的生活。

原文

《山海经·大荒东经》：东海之外大壑，少昊之国。少昊孺帝颛顼于此，弃其琴瑟[①]。

《山海经·海内经》：黄帝妻雷祖，生昌意，昌意降处若水，生韩流。韩流擢（zhuó）首、谨耳、人面、豕（shǐ）喙、麟身、渠股、豚止[②]，取淖子曰阿女，生帝颛顼。

注释

①少昊孺帝颛顼于此，弃其琴瑟：少昊在这里抚养颛顼，把颛顼幼年操练过的琴、瑟丢弃在大壑里。②韩流擢首、谨耳、人面、豕喙、麟身、渠股、豚止：韩流长着长长的脑袋、小小的耳朵，有人的面孔、猪的嘴、麒麟的身子、罗圈腿、小猪蹄。

肇山上的神秘人

山海档案

zhào 肇 shān 山

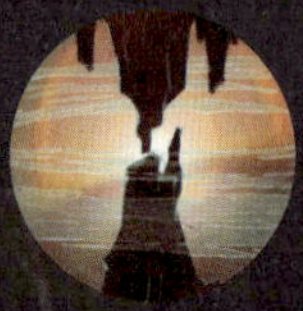

属性：神山

特征：沟通天地的天梯，常年被云雾包围

所在地：华山青水东

山海档案

bǎi 柏 gāo 高

族类：人

身份：肇山上的神秘人

特征：擅长制作仙药和美酒

所在地：肇山

很久以前，天空和大地的距离并不遥远，住在高山上的人们在没有云雾遮挡的晴天遥望天空时，可以清晰地看见众神居住的天上宫殿。而众神在云层上，也可以清晰地看见凡间的灯火。

因为天空和大地的距离很近，所以众神可以自由地在天界与凡间来往，而凡人也有机会从凡间走到天界。在这个人神共存的世界里，凡人想要从凡间的大地一步步走上天空去往天界，需要依靠通向天界的台阶。人们把这种通向天界的台阶称为“天梯”。

各地都有这样的天梯，它们有的是自然形成的高山，有的是天神创造的神树，其中最出名的天梯就是昆仑山。传说攀登昆仑山是非常危险的事情，因为那里到处都有凶猛的怪兽，但即使这样，也阻挡不了人们攀登昆仑山的决心。

据说，能爬上昆仑山第一层的人，可以拥有长生不死的能力；能爬上昆仑山第二层的人，可以拥有呼风唤雨的神力；如果能爬到昆仑山的第三层，那就可以成神了。于是，数不清的冒险者涌向昆仑山，但是却几乎没有人能爬上昆仑山。

除了昆仑山以外，还有一座天梯是肇山。因为它不太起眼，所以知道的人很少。肇山在华山青水的东边，这里盛产金属和玉石。肇山上有很多植物，其中有一种草长得很像韭菜，开的花是青色的，这种草叫祝余，传说吃了祝余的人就不会感到饥饿。肇山上还有一种叫迷榖（gǔ）的树，它的形状像构树，树干上有黑色的纹理，

它发出的光芒可以照耀四方。外出的旅人如果把它的枝叶佩戴在身上，就不会迷失方向。

肇山上住着一位名叫柏高的人，他擅长制作仙药和美酒。传说柏高制作的美酒非常香甜，常常醉倒前来喝酒的灵兽，而且喝了这酒能让人忘记一切烦恼。柏高不仅擅长制作仙药和美酒，武功也十分高强，他约束肇山上的猛兽，让它们不能轻易伤人。柏高十分神秘，总是独来独往，隐居在肇山，就是神明有时也找不到他。

肇山这座山并不像昆仑山那么有名，也不好寻找。人们只知道肇山在华山青水的东边，但那里的群山常年被云雾包围，很多冒险者为了去天界，都曾经寻找过它，但是没有人真正找到过。只有附近的村民被在山下游玩的柏高救治过，因此关于肇山和柏高的传说就这么在凡间流传开来。

攀登起来难度最小的天梯就是登葆山，那是唯一一座住有很多凡人的高山。登葆山在巫师们的国度里。据说巫师的首领巫咸曾经参与过炎黄二帝的战争，又在涿鹿大战中帮助过炎黄二帝，所以大战胜利后，巫师们获得允许，可以像众神一样自由地往返于天界与凡间。

巫师们都是通过登葆山来往于天界和凡间的。和昆仑山相比，巫师聚集的登葆山没有那么多凶恶的怪兽，四周也没有烈火，而且登葆山没有肇山那么神秘和不好寻找。

原文

《山海经·海内经》：华山青水之东，有山名曰肇山。有人名曰柏高，柏高上下于此①，至于天。

《山海经·南山经》：有草焉，其状如韭而青华②，其名曰祝余，食之不饥。有木焉，其状如榖③而黑理，其华四照，其名曰迷榖，佩之不迷④。

注释

①柏高上下于此：柏高常常在这里上上下下。②青华：青色的花朵。③榖：构树。④佩之不迷：佩戴在身上可以不迷失道路。

巫咸国的巫师们

山海档案

巫 咸 国 人

wū xián guó rén

族　类：人

身　份：下宣神旨、上述民情的巫师们

特　征：左手有红蛇，右手有青蛇，擅长占卜和医术

所在地：巫咸国

山海档案

登 葆 山

dēng bǎo shān

属　性：神山

特　征：沟通天界凡间的天梯，有丹砂和盐泉

所在地：女丑尸北

山海档案

并 封

bìng fēng

族　类：兽

身　份：凶猛的怪兽

特　征：浑身黑色，有两个头

所在地：巫咸国东

拥有登葆山的巫咸国在女丑尸的北边。巫咸国的东边住着一群名叫并封的怪兽，它们浑身是黑色的，长得很像猪，却有两个头。最神奇的是，并封的两个头长在身体前后两端，还各有各的想法，总是为了往哪一边走而发生争吵。但是并封的两个头吵架从来没分出胜负过。并封们每天都在不停地吵架，汇聚在一起的声音十分刺耳，所以很少有人从东边进入巫咸国。

巫咸国是由一群巫师建立起来的，他们把登葆山称为灵山。巫咸国的巫师总是左手有一条红蛇，右手有一条青蛇，传说他们是一群强大而神秘的人，拥有能够比肩神明的能力。

巫咸国中最古老、地位最尊贵的是巫咸、巫即、巫朌（bān）、巫彭、巫姑、巫真、巫礼、巫抵、巫谢、巫罗这十位巫师，他们被称为灵山十巫。

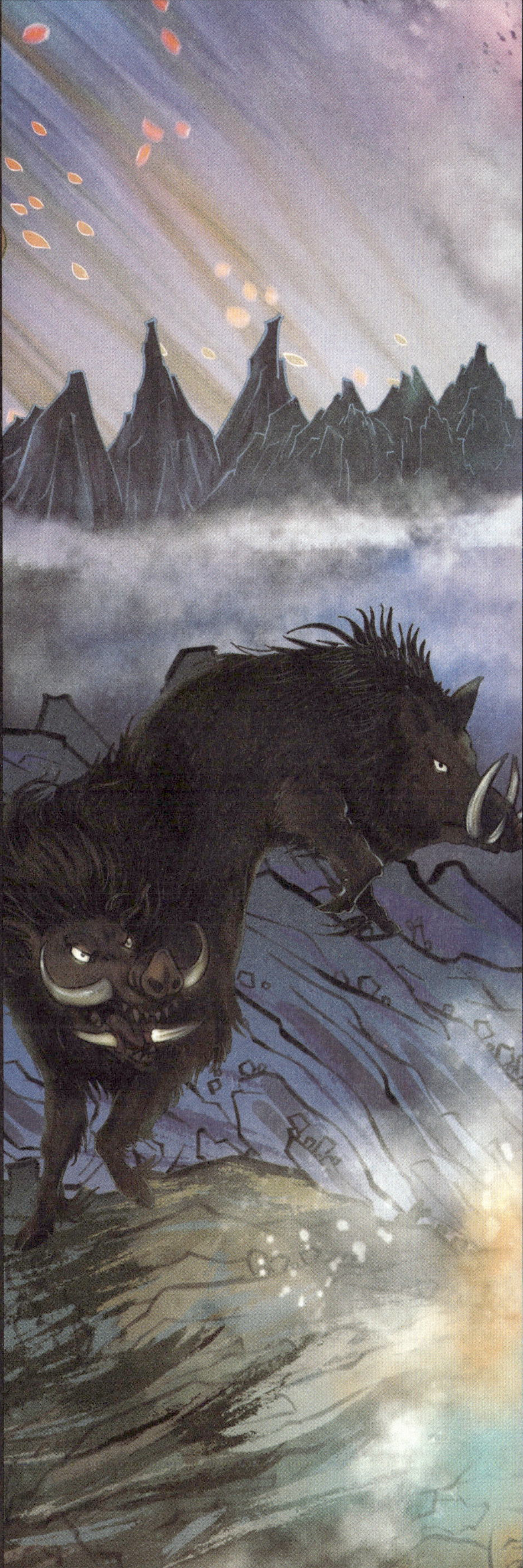

巫咸是灵山十巫的首领，擅长用蓍（shī）草占卜吉凶，他曾在炎黄大战中为炎帝占卜吉凶。战后，他又成为黄帝的专属巫师。

巫彭的地位仅次于巫咸，他曾带着六位巫师去昆仑山研究不死药。他最擅长的是医术，可以为人们治疗疾病。巫朌最擅长分辨草药和谷物。巫礼负责祭祀礼仪，向神明祈福。巫谢最擅长礼赞。巫姑是十巫之中唯一的女子。巫真来自一个神秘的大家族。巫罗据说有火神的血统。巫即、巫抵都是神医。

巫咸国的登葆山不仅连接着天界与凡间，还蕴藏着丰富的丹砂，这也是巫师们制药的重要材料。登葆山上还有盐泉，巫咸国的巫师们通过煎煮泉水得到食盐。堆积如山的食盐吸引着各部落的人们带着粮食、布料、猎物、蔬菜和水果前来交换，因此巫咸国的巫师们不需要亲自耕种、打猎和织布就能过上衣食无忧的生活。巫师们常常通过登葆山到天界，把凡人的心愿传递给众神，又把众神的旨意传递给凡间的人们。他们还会采集一些珍贵的仙草制成仙药，为凡人们治病。

原文

《山海经·大荒西经》：有灵山，巫咸、巫即、巫朌、巫彭、巫姑、巫真、巫礼、巫抵、巫谢、巫罗十巫，从此升降①，百药爰在②。

《山海经·海外西经》：巫咸国在女丑北，右手操青蛇，左手操赤蛇。在登葆山，群巫所从上下也③。并封在巫咸东，其状如彘（zhì）④，前后皆有首，黑。

注释

①从此升降：从这里上天下地。②百药爰在：各种各样的药物都在这里生长。③群巫所从上下也：这里便是巫师们下宣神旨、上达民情的地方。④彘：猪。

建木神树

山海档案

hòu 后 jì 稷

族　类： 神

身　份： 农神

特　征： 播种百谷

所在地： 都广之野

山海档案

jiàn 建 mù 木

属　性： 神树

特　征： 沟通天地的天梯

所在地： 都广之野

西南的黑水河畔就是大地的中心——都广之野。那里受到了农神后稷的神力祝福，后稷是少昊的曾孙。据说后稷的母亲姜嫄出门游玩的时候，看见一个巨人的脚印，好奇的姜嫄就踩了上去。姜嫄因此有了身孕，十个月之后生下了后稷。

姜嫄起初并不喜欢突然降生的后稷。但后稷从出生开始就得到了大自然的宠爱。牛马见到后稷，会因为害怕踩到他而退开；在寒冷的河冰上，会有大鸟飞来用自己的羽毛温暖他。姜嫄也因此改变了想法，开始好好养育后稷。

小时候的后稷很喜欢种植麻、菽等植物，长大后的他擅长和大地对话，知道哪里的土地适合种植谷物，哪里的土地适合种植蔬菜水果。后稷十分擅长耕种。他不仅教人们耕种的方法，还把百谷的种子从神界带到凡间，因此

被人们称为农神。

得到了农神神力滋养的都广之野，是个像仙境一样的地方。这里的百谷不需要耕种就会自己生长；这里四季都有美妙的琴声相伴，凰鸟会随着琴声跳舞，鸾鸟会跟着琴声唱歌；这里长满了美味的仙果，漫山遍野都是名贵的花草和仙药。神兽们都聚集在这里，花草和仙果也永不会凋零。很久以后，农神后稷去世，他也被埋葬在这里。

黄帝决定在大地中心都广之野种一棵通天神树，用来连接天空和大地，方便众神通过这棵神树往来于神界和凡间。短短几年，巨树就拔地而起。它被称为建木。建木的形状很奇怪，细长的树干直直插入云霄，没有多余的分枝，只在树的顶端生长着弯曲的枝条，盘绕在一起就像一把华丽的大伞。建木的主干上有九根弯曲的枝条，地面上有九条盘错的根，建木的枝叶大都藏在云朵之间。它有绿色的叶子、紫色的茎，还有芝麻粒大小的黄色果实。用力拉扯它的树干，会有软绵绵的树皮落下来，像黄蛇的蛇皮一样。到了中午，阳光照在建木上，地面上却没有建木的影子。如果站在建木周围大声吼叫，声音也会瞬间消失。

神树建木的树枝和树根分别连接着神界和凡间，建木最顶端的树枝伸进了神界，而最底端的树根长在了凡间。以黄帝为首的众神把建木当成来往于凡间和神界的天梯。

相传东方天帝伏羲就常常通过攀爬建木来往于神界和凡间。伏羲是雷神的儿子，当年雷泽之神娶了华胥国的姑娘，生下了一双儿女，大儿子叫伏羲，小女儿叫女娲。伏羲长大后成了东方天帝，掌管着东方大地，而雷神一直留在雷泽里，守护着雷泽沿岸的华胥国。于是伏羲便经常通过建木回到华胥国看望亲人。

原文

《山海经·海内经》：西南黑水之间，有都广之野，后稷葬焉。爰有膏菽、膏稻、膏黍、膏稷，百谷自生，冬夏播琴①。鸾鸟自歌，凤鸟自舞，灵寿实华②，草木所聚。爰有百兽，相群爰处③。此草也，冬夏不死。

《山海经·海内南经》：有木，其状如牛，引之有皮，若缨、黄蛇。其叶如罗④，其实如栾（luán）⑤，其木若蓲（ōu）⑥，其名曰建木。

《山海经·海内经》：有木，青叶紫茎，玄华黄实，名曰建木，百仞无枝，上有九欘（zhú），下有九枸（gōu），其实如麻，其叶如芒。大皞（hào）爰过，黄帝所为⑦。

注释

①冬夏播琴：不论冬夏，都可以播种。②灵寿实华：灵寿木到时开花。③相群爰处：成群结队地在这里和睦相处。④罗：捕鸟用的网。⑤栾：即栾华，传说中的一种神木。⑥蓲：刺榆树。⑦大皞爰过，黄帝所为：大皞就凭借建木登上天界，那是黄帝制作的天梯。

人鱼的王国

山海档案

dī rén guó rén
氐人国人

族类：人

身份：炎帝的后代

特征：人面，鱼身，能自由穿梭于天界与凡间、

所在地：氐人国

氐人国在建木的西边，这里是人鱼的王国。氐人国人是炎帝的后代，他们很特别，上半身是人，下半身却长着一条大大的鱼尾。他们生来就没有双脚，靠鱼尾在大海和江河中自由穿梭，而且还有在水中自由呼吸的能力。

氐人国人的祖先灵恝（jiá）是炎帝的孙子，是世界上第一条人鱼。灵恝生来就长着人的身子和大大的鱼尾，因此从来没离开过水。黄帝看他是炎帝的孙子，就把建木西边的海域分给了他。这里云雾缭绕，鸟语花香，没有什么凶猛的野兽，盛产鲜美的鱼虾，非常适合居住。

灵恝的子孙后代就在建木的西边不断壮大起来，形成了现在的人鱼王国——氐人国。因为常年生活在海里，氐人国人很少与外族通婚。作为炎帝的后代，他们继承了一些神力。氐人国人无论男女老少，个个都能召唤云朵，他们可以驾着白云飞向天空，去任何想去的地方。

正是这飞天的能力让氐人国人可以自由地穿梭于天界和凡间。他们既保留了人类的生活习惯，让鱼尾化作双腿在路上行走，并在陆地上搭建房子，又可以像鱼儿一样自由地在海洋里探险，甚至可以长久地生活在海洋中。

相传，氐人国人在深海建造了自己的海底宫殿，那里储存着他们世代累积下来的财宝。每当冬天来临，海水温度降低，氐人国人就会全部上岸，住进他们在海边搭建的房子过冬。等到春暖花开，海水变得温暖以后，他们又回归海洋，回到他们的海底宫殿中。

在许多神明都抵达不了的深海之中，氐人国人总是能找到大量珍宝，他们会把找到的珍宝做成工艺品。氐人国人还非常擅长捕捞新鲜的鱼虾。他们用这些工艺品、鱼虾来和其他部落的人们交换蔬菜、水果和谷物。他们也会驾着白云为众神带去海洋特产。

因为经常和外族交易物品，所以氐人国人开办了自己的集市。氐人国人开办的集市被称为海市。氐人国人的海市上的货物琳琅满目，大家不仅能在这里买到肥美的鱼虾，还能买到来自深海的、各种各样的宝石。这里也是凡人、神明互通消息的场所。

每年鱼虾最肥美的时候，就是氐人国人开放海市的时间。通常在夜幕降临、海水退潮的时候，氐人国人会一个个浮出水面，沿着海岸线亮起夜明珠，然后拿出用海草编织的箩筐，贩卖从海里刚刚捕捞上来的新鲜鱼虾和宝石。

氐人国人既能驾着白云飞去天界，见识众神居住的天宫是怎样美丽；又能潜入大海的最深处探险，看看神秘的海洋里都埋藏着怎样的珍宝；还能在陆地上生活，和各部落的人们交换商品。

氐人国人真是一群特别的人哪！

原文

《山海经·海内南经》：氐人国在建木西，其为人人面而鱼身，无足。

《山海经·大荒西经》：有氐人之国。炎帝之孙名曰灵恝，灵恝生氐人，是能上下于天。

长着珍珠的三珠树

山海档案

sān zhū shù
三珠树

属　性： 神树

特　征： 像柏树，果实是珍珠

所在地： 厌火国北，赤水岸边

涿鹿大战胜利后，耗尽法力的应龙和女魃没有回到神界，她们和黄帝、众神告别之后，选择留在了凡间。

斩杀了蚩尤和巨人族人的应龙去了南方隐居。应龙的存在影响了周边的环境。世上的风雨和雷电不断地向南方聚拢，因为应龙的影响，南方开始变得多雨。下不完的大雨开始改变南方的气候：空气总是潮湿的，天空中也总是聚集着乌云，很少看见太阳。

有时雨下得太大，会影响人们出行；有时大雨下得太久，会引发水灾。但是人们并不惧怕神力失控的应龙，甚至还庆幸她的到来。因为她带来了充沛的雨水，使大地得到了充分的滋润，非常适宜水果和蔬菜的生长。没过几年，南方就成了物产富饶的地方。

但是其他地方就没有那么幸运了。没有应龙的地方开始失去风雨和雷电，天空中总是有预示着天下大旱的颙鸟飞过，而天界除了应龙，没有哪个天神具有足够强大的神力能控制整片大地的风雨。虽然风伯、雨师、雷神会经常飞去凡间，但是干旱的地方实在太多，他们三个的神力有限，不能消除所有大旱。

连续几年的大旱，让田地都荒芜了。人们只能把自己装扮成应龙的样子，希望以此得到应龙的庇护，求来一场大雨。谁也没想到这样做竟然真的有效，装扮成应龙对着上天求雨的人们真的得到了应龙的回应，一场场大雨重新滋润了这些干旱的土地，植物都冒

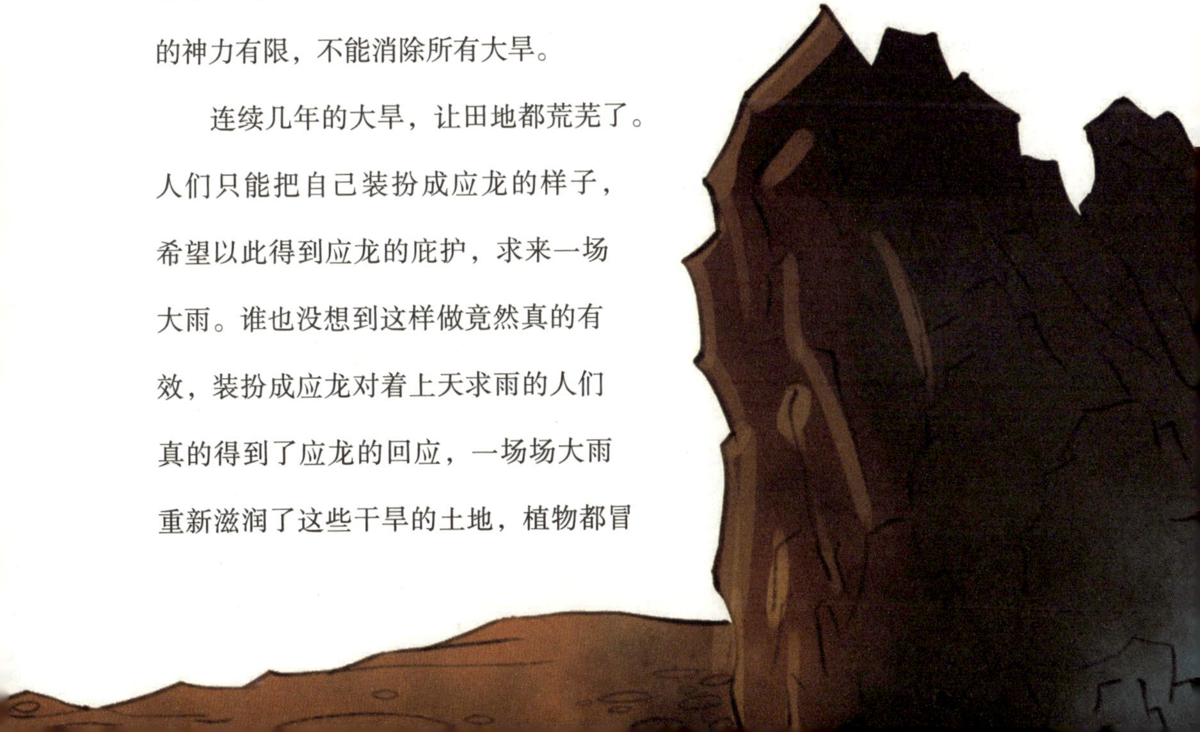

出了新芽。于是，扮成应龙求雨的活动逐渐在凡间流传开来。

另一边，和应龙分开的女魃去了赤水东边隐居，那里能看见三珠树。三珠树生长在厌火国北边、赤水岸边，长得很像柏树，但是树上长出来的却不是树叶，而是一颗颗泛着光泽的珍珠。这些珍珠中白色的最多，其次是淡黄色的、淡紫色的和淡粉色的，仔细寻找还能看见淡绿色和淡蓝色的珍珠。女魃还在树上找到过一颗黑色的珍珠。三珠树上长出来的珍珠形状多种多样，最常见的是球形，也有梨形和蛋形。远远看去，闪着珠光的三珠树就像一颗漂亮的彗星。女魃听父亲黄帝说过，他曾经在攀登昆仑山的时候不小心弄丢了玄珠，便派明目人离朱前去寻找，好不容易才把玄珠找了回来。后来他看见赤水岸边长出来一棵三珠树，就猜测这棵美丽的树也许就是因为那颗玄珠生长出来的。

女魃看着三珠树想：大概真的只有玄珠的神力才能孕育出如此美丽的

树吧。于是她就在赤水东面能看见三珠树的小村落中住了下来。尽管她的小院子里停满了能预示旱灾的颙鸟，但她很喜欢这棵美丽的树，想每天都看见它，所以迟迟不愿离开。

只是这样悠闲的日子没过几年，一场灾难就降临了。

原文

《山海经·大荒东经》：大荒东北隅中，有山名曰凶犁土丘。应龙处南极，杀蚩尤与夸父，不得复上，故下数（shuò）①旱。旱而为应龙之状②，乃得大雨。

《山海经·大荒北经》：应龙已杀蚩尤，又杀夸父，乃去南方处之，故南方多雨。

《山海经·海外南经》：三珠树在厌火北，生赤水上，其为树如柏，叶皆为珠，一曰其为树若彗③。

注释

①数：屡次，多次。②旱而为应龙之状：（人们）一遇干旱就扮成应龙的样子。

③彗：彗星，拖着一条像扫把一样的尾巴的星星。

长胫国人和西周国人

山海档案

cháng jìng guó rén
长胫国人

族　类：人

身　份：普通凡人

特　征：脚特别长

所在地：西周国

山海档案

xī zhōu guó rén
西周国人

族　类：人

身　份：农神的后代

特　征：姓姬，擅长种地耕田

所在地：西周国

女魃的身体在涿鹿大战中受到极大损伤，她的情况变得糟糕起来。她控制不住自己的神力，陷入恐惧中。从女魃记事以来，她的父亲就一直叮嘱她，她天生的神力太过强大，如果她不能成长起来，学会控制自己的神力，就会反过来被强大的神力控制，让天下陷入灾难之中。

为了掌控神力，不伤害人们，女魃一直拼命地变强。但涿鹿大战后，女魃还是丧失了掌控神力的力量。女魃所在的地方，温度正无法控制地飞速上升，女魃的周围笼罩着可怕的白汽，那是空气中的水分被炙烤后的水蒸气。

她居住的小院子里停满了预示旱灾的颙鸟，从最开始的几只到后来的几十只，现在已经到了数不清的地步。最先遭殃的就是附近的西周国和长胫国。这两个国家的人们眼看着天气变得一天比一天热，田地里的庄稼被烤焦，就连周围的河水都快干了，露出了河床。天空中的云彩不见踪影，一连数月都没有要下雨的迹象。

树林里的动物也因为缺少食物和水而大量死亡。长胫国人因为都长着一双长脚，纷纷出逃，远离家乡。西周国人却走不了。西周国是农神诞生的国度，西周国人原本靠在这片土地上种植五谷而生存，然而如今庄稼都被烤焦，没有粮食的西周国人只能向田祖叔均

求救。

叔均是新诞生的神明，是台玺（xǐ）的儿子，台玺是后稷的弟弟。叔均继承了父亲和大伯的力量，不仅教会人们种植五谷，还发明了用牛耕地的方法，被人们尊为新一代农神，也被尊称为田祖。

西周国人都姓姬，他们是农神的后代。听到众人祷告的叔均，不忍心看到西周国的人们因为旱灾而忍受饥饿，决定拯救他们。一路赶来，叔均看见了干涸的河床、荒废的村落、枯萎的庄稼和饿死的动物，他被眼前凄惨的景象深深震撼了。这就是女魃神力失控后，大地被摧毁的景象吗？他没想到女魃神力失控会带来这么严重的后果。

叔均还没从震惊中缓过来，他的手就被人握住了。那是个因为饥饿而瘦骨嶙峋的小孩，他认出了农神叔均，祈求道：“您就是农神叔均吧！救救我

吧，我的母亲和姐姐都饿死了。求求您了，救救我吧！”

孩子的声音虽然微弱，却像一把利剑刺进叔均的内心。他低下头，眼角湿润，愧疚地说：“对不起，我来晚了，是我没有保护好你们。”

叔均发动神力，跪在炽热的大地上，浑身散发着绿色的光芒。大地上开始长出越来越多的植物，他想利用这些植物快速地找到女魃。叔均的内心无比坚定，他要从旱神的手里拯救人们。

原文

《山海经·大荒西经》：西北海之外，赤水之东，有长胫①之国。

《山海经·大荒西经》：有西周之国，姬姓，食谷。有人方耕，名曰叔均。帝俊生后稷，稷降以百谷②。稷之弟曰台玺，生叔均。叔均是代其父及稷播百谷，始作耕③。

《山海经·海内经》：后稷是播百谷。稷之孙曰叔均，是始作牛耕。

注释

①胫：此处指脚。②降以百谷：把各种谷物从天界带到人间。③始作耕：开始发明耕田犁地的方法。

叔均与女魃的战争

山海档案

shū jūn
叔均

族　类：神

身　份：新一代农神，田祖

特　征：发明了用牛耕地的方法

所在地：西周国

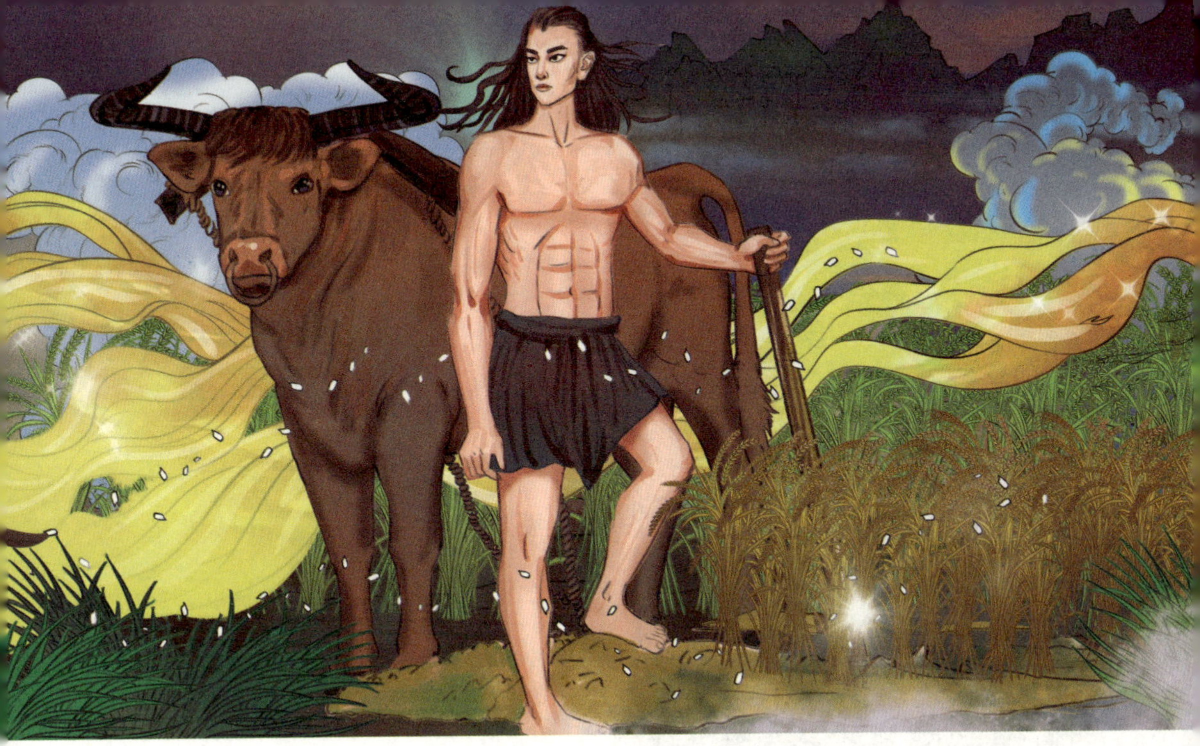

叔均终于在一个偏远的山村里找到了神力失控的女魃，那里已经被颙鸟包围，到处都是枯死的植物。越靠近女魃居住的地方，气温就越高。毒辣的太阳烤着大地，天空泛着微微的红光，甚至连汗水都被蒸发了。农神叔均也难以忍受这样的炎热，他对着鸟群后那个若隐若现的青色身影大喊道："女魃！"

叔均的喊声淹没在嘈杂的鸟叫声中，高温让他再难向前一步。在尝试了几次呼唤女魃都失败后，叔均只能用双手抚摸大地，他的手里闪耀着绿色的光芒。只见大地微微颤动，土地里瞬间钻出数不清的藤蔓，向着女魃的方向飞速爬去。

围绕在女魃周围的颙鸟感受到了危险，纷纷飞向疯长的藤蔓。一时间，鸟群与藤蔓缠斗在了一起。叔均一边控制着藤蔓对付鸟群，一边找机会召唤新的藤蔓冲向女魃的方向，想要唤醒失控的女魃。

然而越是接近女魃，气温就越高，被烤干了水分的植物迅速枯萎，化为灰烬。这就是旱神的力量吗？叔均暗暗感叹。眼见藤蔓无法接近女魃，他只

得再次发动神力，释放出更加明亮的绿光，只见一个个身上爬满了植物的泥土巨人在叔均的控制下从大地中爬了出来。它们顶着炽热的温度，用巨大的泥土手臂拨开涌上来的鸟群，冲向失控的女魃。眼看离女魃越来越近，泥土巨人们身上的植物还是在不断上涨的温度和闪烁的红光里迅速枯萎。失去植物控制的泥土巨人们一个接一个地崩塌，重新变回了泥土。

叔均皱着眉，手里发出更耀眼的绿色光芒。柔软的藤蔓从泥土中再次钻出，绽放出一道道璀璨的绿光，那璀璨的绿光照亮了半边天空，在叔均的身边汇聚成了一道道光束。代表生命的绿色光芒顶着高温飞向女魃，与女魃身上代表毁灭的红色光芒在天空中碰撞。然而红光吞噬了穿越而来的绿色光芒，甚至差点儿将叔均的神力一起吞噬掉。

叔均感叹道："真不愧是在涿鹿大战中胜利的神明！"叔均知道，作为新诞生的神，自己的力量还远远不能和旱神抗衡，如今只能飞去昆仑天界，向黄帝求助。

得到消息的黄帝急忙赶过来，看着人间凄惨的模样，感到十分痛心。他立刻叫醒了失控的女魃。清醒过来的女魃看到原本鸟语花香的村落，此刻只剩下枯萎的植物、干涸的河道、动物的白骨，以及因为饥饿和缺水而快要死去的村民。

这些原本会热情地给她送来水果和粮食的村民们，此刻对她只剩恐惧。这一幕幕场景让女魃感到无比痛苦和悔恨。她后悔亲手伤害了原本想要守护的人们。她很喜欢凡人，所以大战结束后才想和人们待在一起，没想到竟然给他们带来了灾难。

"你还是远离人群吧。"黄帝开口命令道。他看向远处发光的三珠树，最终无奈地说："旱神女魃，立刻搬去赤水北边，从此没有接到召唤，不能擅自离开居住的地方。"

原文

《山海经·大荒北经》：魃不得复上[①]，所居不雨。叔均言之帝，后置之赤水之北。叔均乃为田祖。

注释

①魃不得复上：女魃耗尽神力后无法再回到天上了。

控制时间的烛阴

山海档案

zhú yīn
烛阴

族类：神

身份：钟山山神

特征：身长千里，人面，蛇身，可以控制白天黑夜和夏季冬季

所在地：钟山

山海档案

wú qǐ guó rén
无启国人

族类：人

身份：以泥土为食、不繁衍后代的凡人

特征：死后一百二十年可重生

所在地：无启国

女魃带着她的颙鸟去了赤水北边，她以前从没来过这里。她越过赤水，发现迎接她的是无尽的黑暗。漆黑的夜空中，甚至没有月亮和星星。借着自己散发出来的微弱红光，女魃隐约看见夜空中似乎有看不到尽头的、暗淡的、赤红色的光芒。那些赤红色的光芒竟然在慢慢地蠕动，似乎有生命。

突然，天空中传来巨大的吹气声，刺骨的寒风夹杂着冰雪扑面而来，就算是旱神女魃也感到了寒冷。她不可思议地仰望天空，看见天空中有一只眼睛睁开了，伴随着那只眼睛的睁开，周围也从黑夜变成了白天。

天空中却没有太阳，只有那道看不见尽头的、赤红色的光芒。赤红色的光芒变得耀眼明亮起来，照亮了整个天空。借着光亮，女魃才看清天空中发光的竟然是条长着人脸的巨龙！

她想起来了，老战友应龙曾经跟她提到过，自己手下有条特别的神龙叫烛阴，又叫烛龙，它睁开眼睛就是白天，闭上眼睛就是黑夜，一吹气就是冬天，一呼气就是夏天。烛阴神力强大，所以被应龙严格地管教着。看着这漫天大雪，又想起自己刚刚听见的吹气声，女魃心想，这应该就是应龙提到过的烛阴了。

烛阴长着一张人脸，浑身赤红色，还长着蛇一样的、千里长的身子。

女魃听应龙说，烛阴不喝水，不吃东西，不呼吸，以风雨为食。烛阴浑身闪耀着的红色光芒代替太阳光，照亮那些太阳的光辉照不到的国度，像住着亡灵与鬼魂的冥府幽都、北方的羽郊，等等。

女魃对着天空中的烛阴喊道：“烛阴，这里是哪里？”没想到天空中的烛阴真的开口回答道：“这里是钟山。”女魃点点头，她想起来了，烛阴也是钟山山神，看来这里是烛阴的领地。她看了看四周，除了山峦，几乎什么都没有，一路走来也没看见什么人。烛阴告诉女魃，钟山附近人烟稀少，只有西面住着一群无启国人。

无启国人和一般人不同，他们以泥土为食，所以从不担心女魃会烤死庄稼让他们挨饿。他们一直住在洞穴中，没有子孙后代。无启国人无论男女，死后都会埋入泥土中，一百二十年后就能重获新生。

女魃在钟山上安了家，她的院子里还是落满了颙鸟。女魃偶尔也会离开钟山，偷偷渡过赤水，想去看看那些曾经被自己毁坏的村庄变成什么样了。

女魃每次偷溜出来，都会被农神叔均发现。叔均会带着村民疏通水道和沟渠，以保证有充足的水源，还会带着人们一起向她祈祷：“旱神哪，请回到赤水北边吧，请回到你该去的地方吧！”

看见众人向自己祈祷，又想起自己之前犯下的错误，女魃只能默默地退回赤水北边。

久而久之，这样驱逐旱神的活动就在凡间流传下来。

原文

《山海经·大荒西经》：魃时亡之。所欲逐之者，令曰：“神北行！”先除水道，决通沟渎（dú）①。

《山海经·大荒北经》：有钟山者。有女子衣青衣，名曰赤水女子魃。

《山海经·海外北经》：钟山之神，名曰烛阴，视为昼，瞑为夜，吹为冬，呼为夏②，不饮，不食，不息，息为风，身长千里。在无启之东。其为物，人面，蛇身，赤色，居钟山下。

《山海经·海外北经》：无启之国在长股东，为人无启。

注释

①渎：沟渠。②视为昼，瞑为夜，吹为冬，呼为夏：睁开眼睛就是白天，闭上眼睛就是黑夜，一吹气就是冬天，一呼气就是夏天。

看守鬼门的天神

山海档案

幽（yōu）都（dū）山（shān）

属性：神山

特征：幽冥地府所在地，太阳光照射不到

所在地：北海之内

山海档案

神（shēn）荼（shū）

族类：神

身份：看守鬼门的天神

特征：擅长绑住鬼魂

所在地：度朔山

山海档案

郁（yù）垒（lǜ）

族类：神

身份：看守鬼门的天神

特征：擅长射杀鬼魂

所在地：度朔山

黄帝成为众神的首领后，就将世界划分为四方。伏羲作为东方天帝掌管东方世界，也被称为青帝，他的辅佐神是木神句芒，句芒同时掌管着春天。炎帝去了南方，成为南方天帝，掌管南方世界，他的辅佐神是火神祝融，祝融同时掌管着夏天。少昊去了西方，成为西方天帝，掌管西方世界，也被称为白帝，他的辅佐神是金神蓐收，蓐收同时掌管着秋天。颛顼去了北方，成为北方天帝，掌管北方世界，也被称为黑帝，他的辅佐神是水神禺强，禺强同时掌管着冬天。

黄帝是中央天帝，掌管天下，他的辅佐神是大地之神后土。后土掌管着幽冥地府。

一直以来世界分为阴阳两界，一切有生命的生灵都属于阳界，这里由黄

帝掌管。生灵死后，灵魂会去的地方被称为阴界，这里由后土掌管。

后土掌管的阴界是灵魂会去的世界，那里是太阳永远照不到的地方，只有黑夜，因此也被人们称为幽都。无法被太阳照射到的幽都，只能依靠烛阴散发出的光芒。

无论是妖怪还是人类，他们死后，灵魂都会来到阴界。阴界在幽都山的最深处，是个开满黑色花朵的地方。有一条黑色的大河从这里发源，汹涌地流向阳界。这条黑水河是唯一从阴界流向阳界的河。幽都山上到处都是黑色的生灵：黑色的大鸟在空中盘旋，草丛中是漆黑的大蛇、黑色的狐狸、黑色的老虎和黑色的豹子。这里是这些黑色生灵的乐园。

阴界的入口在大海中的度朔山上。山上有一棵巨大的桃树，树根盘绕之广有三千里。这棵桃树的树枝，总被拿来做成对付鬼魂的武器。穿过桃树，

向东北方向走，就会看见一扇巨大的青铜门，那就是通向阴界的鬼门。所有的鬼魂都要从这扇青铜门走入阴界。黄帝命神荼和郁垒两位天神看守鬼门，审判通过鬼门的每一个灵魂。

神荼和郁垒会根据灵魂活着的时候做过的事来做出判断。那些善良的亡灵会在幽都山过上幸福的生活。而碰到邪恶的亡灵时，神荼和郁垒两位天神会先用苇草做的锁链绑住它们，再用鬼门外那棵桃树的树枝做成的弓箭射杀这些鬼魂，并把这些鬼魂投喂给山上的老虎等凶兽。

这一年，征战多年的炎帝在众人的陪伴中逝世，人们将他埋葬在了常羊山上。这是炎帝一直以来的心愿，因为他很多部下都被葬在了这里，比如刑天。此时的炎帝终于可以和自己的部下们团圆了，他的魂魄毫无牵挂地走向鬼门。

原文

《山海经·海外东经》：东方句芒，鸟身人面，乘两龙。

《论衡·订鬼》引《山海经》：沧海之中，有度朔之山，上有大桃木，其屈蟠三千里，其枝间东北曰鬼门，万鬼所出入也。上有二神人，一曰神荼，一曰郁垒，主阅领万鬼。恶害之鬼，执以苇索而以食（sì）①虎。

《山海经·海内经》：北海之内，有山，名曰幽都之山，黑水出焉。其上有玄鸟、玄蛇、玄豹、玄虎、玄狐蓬尾②。

注释

①食：喂。②蓬尾：尾巴上的毛发蓬松。

天界迷案

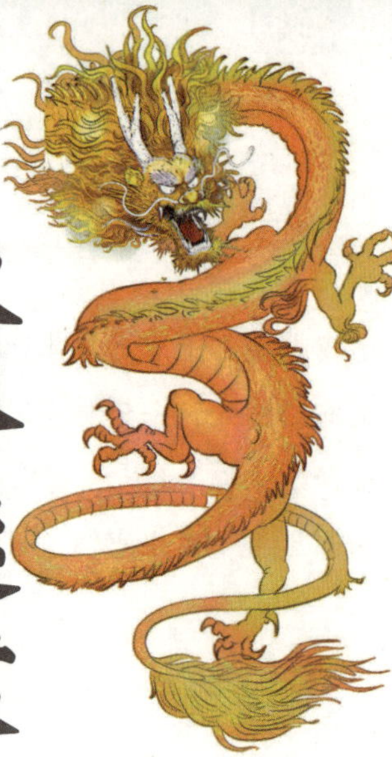

山海档案

蓐(rù)收(shōu)

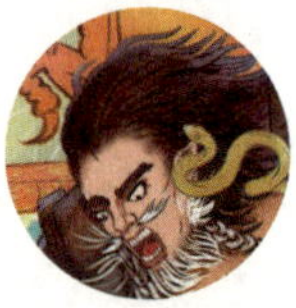

族　类：神

身　份：刑罚之神，秋神

特　征：人脸，白毛，虎爪，乘两龙，左耳有蛇

所在地：泑山

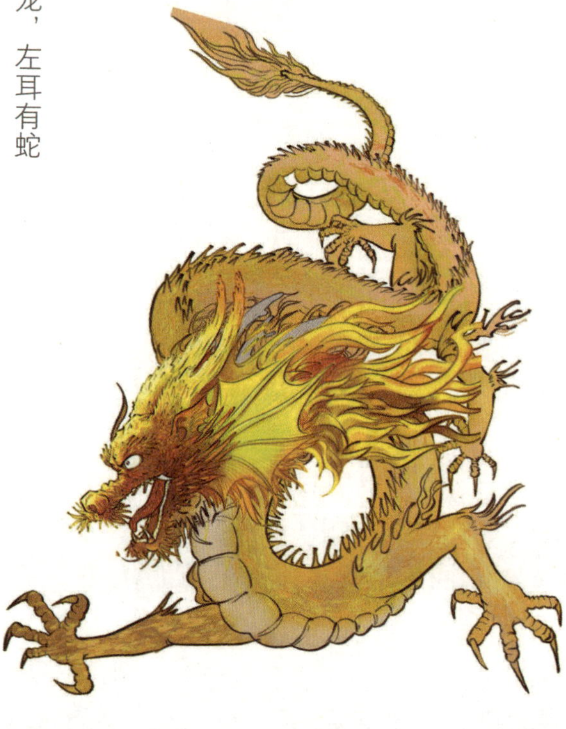

炎帝过世后，还不等众神伤心多久，天界就发生了一件可怕的事情。一天，黄帝和众神正在建木旁聊天，忽然听见天空中传来一阵凄厉的叫声，循着声音望去，只见一群受了惊吓的鸾鸟正朝这边飞来。

“发生了什么事？”天帝看着惊恐的鸾鸟不安地问。可以和鸟雀交流的白帝少昊走了过来，他一边安抚鸟群，一边询问发生了什么事。

只见少昊脸上的神色越来越凝重，最后他皱紧了眉头看向黄帝，说：“父亲，鸾鸟们说在昆仑山南面发现了一位死去的天神。”

“什么！”天帝不可置信地看向少昊说，“这不可能啊。现在天界的众神大都是新诞生的神明，还很年轻，怎么可能死去呢？而年长的天神大都在这里了。”

越想越觉得不对劲的少昊说："就算有天神将要死去，他死前也会有预兆哇！就像炎帝，他去世前就病了几年，众神都能感觉到他即将去世。可是除了炎帝以外，我再没感应到哪位天神会消失，这太奇怪了。"

"所以我们要过去看看到底是谁死了，为什么会死得这么悄无声息。"声音从天空中传来，众神迎着阳光看见那开口的天神正骑着两条金色神龙，他有着老虎的爪子，脸上长着白色的毛，左耳上有一条黄色小蛇。

他对着少昊叫了声父亲，又对着黄帝叫了声祖父，他就是少昊的儿子——秋神蓐收。蓐收平时住在泑山上。泑山是一座宝山，山上盛产一种婴脰（dòu）玉，这些玉常被制成项链。山的南面盛产瑾、瑜一类的美玉，山的北面盛产石青和雄黄。

站在泑山上向西望去，就可以看见夕阳西下、晚霞烧红天际的壮阔景象。

蓐收铁面无私，不会因为情感而影响自己对善恶的判断，所以他是刑罚之神——专门判断人的善恶，惩罚犯罪的人。这些年，蓐收不仅掌管着秋天，还辅佐少昊管理昆仑山西边的土地，包括流沙国、不死野，以及这个世界最西边的三危国。

蓐收制定刑法，约束人们的行为，也会当着众人的面审判那些有罪的人，惩治罪大恶极的人。蓐收的这些做法非常有效，在由他辅佐的少昊掌管的西方大地上，人们都自觉地遵守蓐收定下的规则，那里别说罪大恶极的人，就连小偷都没有。

天帝赞同地点点头，他也很想知道众神聚集的天界中，到底是哪位天神死了。他对蓐收说："走吧，我们去看看究竟发生了什么。"

原文

《山海经·西山经》：又西二百九十里，曰泑山，神蓐收居之。其上多婴脰之玉①，其阳多瑾瑜②之玉，其阴多青、雄黄。是山也，西望日之所入，其气员③，神红光④之所司也。

《山海经·海外西经》：西方蓐收，左耳有蛇，乘两龙。

注释

①婴脰之玉：婴脰之玉指可以制作颈饰的玉石。脰，脖子。②瑾瑜：美玉的名字。③是山也，西望日之所入，其气员：站在泑山上，向西可以看到夕阳西下的场景，气象雄浑壮阔。④神红光：一说指蓐收。

天神葆江之死

山海档案

gǔ
鼓

族　类：神

身　份：烛阴的儿子

特　征：人的面孔，龙的身子

所在地：钟山

山海档案

è
鹗

族　类：鸟

身　份：钦pí䲹死后所化的凶鸟

特　征：长得像雕，黑纹，白首，赤喙，虎爪，声音像晨hú鹄的叫声

所在地：钟山

山海档案

jùn niǎo
鵕鸟

族　类：鸟

身　份：鼓死后所化的凶鸟

特　征：长得像鸱，赤足，直喙，黄纹，白首

所在地：钟山

众神根据鸾鸟的指引来到了昆仑山南面，闻到了一股血腥味，看到周围的树木上还有残留的血迹。黄帝眉头紧锁，只觉得大事不妙。

这时蓐收在前面叫道："在这里！"众神忙聚集过去，见到眼前的景象，不由惊呼："天哪，是天神葆（bǎo）江！竟然是他！"黄帝看向蓐收，蓐收忧心地开口道："葆江应该是被杀死的。"这话一出，立刻引起了众神的骚乱，他们纷纷不解地说："这不可能啊！""这里是天界，有谁胆敢杀神呢？"

看到大家不信，蓐收解释道："葆江是新诞生的神明，还很年轻，而且他死之前，并没有什么预兆，我们没人感应到他的死讯。所以只有一个可能——他是被杀死的。"

"谁有胆量在天界杀神呢？"少昊看向蓐收，问道。

"也许是另一个天神吧，毕竟一般野兽也杀不死神明。"蓐收回答。

"查！一定要查出来谁是杀害葆江的凶手！"黄帝紧锁眉头对众神说。

他不能容忍在众神居住的天界发生天神被杀的事情。

众神都在猜测是谁杀害了葆江。有的天神认为是混进昆仑山的怪兽，但这个说法很快就被否定了，因为看守昆仑山的陆吾骁勇善战又异常敏锐，没有怪兽能在突破陆吾的防线的同时，瞒过众神杀死葆江。

可是，葆江是一位温顺善良的天神，他唯一的爱好就是采药，从没见他和谁发生过矛盾，究竟谁会杀了他呢？就在众神困惑不已的时候，蓐收带来了惊人的消息：有只神鸟目睹了葆江被杀害的过程，但因为太害怕而躲藏了起来。这只神鸟听到蓐收在调查这件事，赶紧来找蓐收求助。

蓐收向众神还原了葆江被杀的经过。那天，这只神鸟在昆仑山南面的溪流边喝水，突然听见了剧烈的打斗声。它循着打斗声找去，看到了惊人的一幕：两个天神在联手杀害葆江。其中一个天神它见过，是钦䲹（pí）；另一个天神它不认识，只记得那个天神有着人的面孔和龙的身子。

黄帝脸色阴沉，立刻叫人去捉拿钦䲹。不过，另一个天神又是谁呢？少昊分析道："人的面孔，龙的身子，听着像钟山山神烛阴……"

"不可能。"后土摇头说，"烛阴一直照耀着亡灵国度，而且他身长千里，怎么可能悄无声息地来到天界，还杀害了葆江呢？"

"不是只有烛阴有着人的面孔和龙的身子，烛阴的儿子鼓也是。"蓐收一开口，众神便恍然大悟，一个答案在众神的心里渐渐清晰。

"对，而且鼓和钦䲹的关系一直很好。"少昊点头道。

黄帝审判了这两位天神，查明确实是鼓和钦䲹杀害了葆江。鼓和钦䲹被黄帝处死了。死后的钦䲹充满了怨恨，化为一只大鱼鹰。这只鱼鹰长得像雕，浑身是黑色的斑纹，有着白色的脑袋和红色的嘴，还有着和老虎一样锋利的爪子，发出的声音很像晨鹄的叫声。它出现在哪里，那里就会发生大战。

鼓死后化作鵕鸟。鵕鸟长得很像鸱，有着红色的脚和笔直的嘴，浑身长满了黄色的斑纹，但脑袋是白色的，它发出的声音很像鹄的叫声，它出现在哪里，那里就会有旱灾。

原文

《山海经·西山经》：又西北四百二十里，曰钟山。其子曰鼓，其状人面而龙身，是与钦䲹杀葆江于昆仑之阳，帝乃戮之钟山之东曰䍃崖。钦䲹化为大鹗[①]，其状如雕而黑文白首，赤喙而虎爪，其音如晨鹄，见则有大兵[②]；鼓亦化为鵕鸟，其状如鸱，赤足而直喙，黄文而白首，其音如鹄，见则其邑大旱。

注释

①鹗：俗称鱼鹰。②见则有大兵：（它）出现的地方就会有战争。

黄帝的秘密

山海档案

窫窳（yà yǔ）

族　类：神

身　份：喜欢采药的天神

特　征：蛇身人面，复活后变为龙首猫身

所在地：弱水

山海档案

贰负（èr fù）

族　类：神

身　份：喜欢杀戮的天神

特　征：人的面孔，蛇的身子，速度快

所在地：疏属山

黄帝带着众神安葬了葆江后，单独召见蓐收，表扬了他的公正。被黄帝称赞的蓐收不好意思地笑了笑，随即说出了心里的疑问：“祖父，为什么鼓和钦䲹要联手杀掉葆江？他们三个没见过几面，根本不熟悉彼此。我问过神兽们，它们都说鼓和钦䲹曾经打听过葆江的秘密，他们想知道葆江的秘密。”

说到这里，蓐收疑惑地看向黄帝，继续说：“鼓和钦䲹应该是因为这个秘密而杀害了葆江。可是我实在想不通，喜欢采药的葆江能有什么秘密？”

黄帝皱着眉头说：“葆江保管着不死药，这是我让他保守的秘密。”他看着蓐收惊讶的表情，叹了口气，思绪被拉回到很久以前。

那时，黄帝刚当上天帝，他很喜欢善良老实的天神窫窳，总是把重要的事情交给窫窳做，也会当着众神的面表扬窫窳。但他没想到这样做却给窫窳带来了灾难。

总是受到表扬的窫窳引起了天神贰负的嫉妒，贰负是和窫窳差不多时间诞生的天神，在众神之中跑得最快，比窫窳更加骁勇善战。但是爱好和平的黄帝并不看好喜欢战争的贰负。

觉得自己受到冷落的贰负便把怒气发泄到了窫窳身上。他带着自己的臣子危杀害了窫窳。得知此消息后匆匆赶到的黄帝，只看见了死去的窫窳。震怒的黄帝惩罚了贰负和危，将他们拘禁在疏属山，给危的右脚戴上刑具，将他们双手反绑在山上的大树上。

黄帝不忍心窫窳就这么死去，想要复活他。他命令部下将窫窳抬去昆仑山，向看守不死药的巫师们求助。

此刻在昆仑山的正是登葆山上地位仅次于巫咸的巫彭，他正和巫抵、巫阳、巫履、巫凡、巫相这五位巫师研制不死药。众神抬进来已经死去的窫窳，巫彭看到后立刻叫巫凡去取不死药。他让擅长占卜的巫相占卜，找出窫窳的魂魄，又命令巫师们围绕在窫窳周围，一起向上天祈福，召唤已经离开窫窳身体的灵魂回来。

巫凡取来了不死药。六位巫师拿着不死药围绕着窫窳跳舞，只见窫窳的

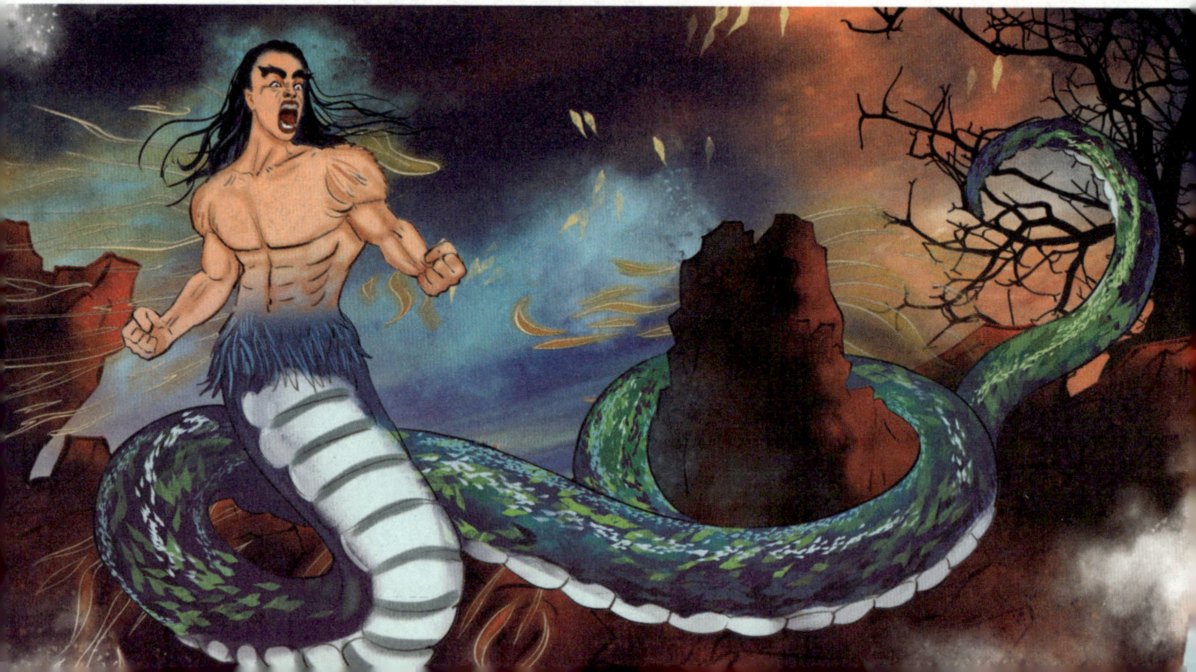

魂魄像影子一样飞了过来。

“就是现在，把不死药喂给他！”在巫彭的命令中，巫师们迅速将不死药送入窫窳口中。

只听嗷呜一声，窫窳睁开了眼睛。然而也就在此刻，可怕的事情发生了。

复活过来的窫窳彻彻底底地变了。在众神的喜悦中，窫窳的身体开始发生变化。他的头渐渐长出龙角，最后完全变成了龙的脑袋；他的蛇尾渐渐缩短，浑身长出绒毛，最后竟然变成了猫的身体。更糟糕的是，原本善良温和的窫窳开始吃人。最后，黄帝只能将他关进了弱水之中。

原文

《山海经·海内南经》：窫窳居弱水中，在狌（xīng）狌之西，其状如貙（chū），龙首，食人。

《山海经·海内北经》：贰负之臣曰危，危与贰负杀窫窳，帝乃梏（gù）[①]之疏属之山，桎（zhì）[②]其右足，反缚两手，系之山上木。在开题西北。

《山海经·海内西经》：开明东有巫彭、巫抵、巫阳、巫履、巫凡、巫相，夹窫窳之尸，皆操不死之药以距之。窫窳者，蛇身人面，贰负臣所杀也。

注释

①梏：手铐。这里作动词。②桎：脚镣。这里作动词。

长寿的轩辕国人

山海档案

xīng xīng
狌狌

族　类： 兽

身　份： 能知道过去的怪兽

特　征： 长得像长尾猿，白耳，知人姓名

所在地： 鹊山

山海档案

xuān yuán guó rén
轩辕国人

族　类： 人

身　份： 黄帝的后代

特　征： 人面，蛇身，长寿

所在地： 轩辕国

山海档案

lóng yú
龙鱼

族　类： 鱼

身　份： 可以在水中和山陵中居住的鱼

特　征： 长得像鲤鱼，可以作为交通工具

所在地： 诸沃之野的北边

窫窳的西边住着长得像长尾猿、有一双白色耳朵的狌狌。传说这种野兽既能匍匐向前，也能像人一样直立行走，拥有知晓别人过去的能力，所以会知道每个出现在它面前的人的名字和过去的经历。人吃了狌狌的肉，可以走得很快。

窫窳的东边是连通了天界与凡间的建木神树。这里聚集着各类神兽，众神也在这里上下，来往于天界和凡间。

窫窳被困在弱水后，就很少出来了。但是多年之后，凡间还是出现了有关窫窳的可怕传说。北方的少咸山上出现了一种叫窫窳的怪兽，它长得像牛，浑身赤红色，有着马蹄，长着人脸。它能通过发出婴儿般的哭声来吸引人们靠近，再趁机将人吃掉。

“怎么会变成这样？”听完黄帝的回忆，蓐收惊讶地问道。黄帝摇了摇头，无奈地说：“没人知道为什么会变成这样，不过从此以后，我就让十巫和葆江好好保管不死药，就算是在天界，也不要轻易地使用不死药。”

蓐收只知道不死药珍贵，却不知道还发生过这样的事情。他喃喃地说：“鼓和钦䲹哪里知道，您不允许众神拥有不死药是对他们的保护啊。”

黄帝无奈地说：“不一定每个

天神使用不死药后都会像窫窳那样变成怪物，但是我不希望这样的悲剧再次发生。”

可是事情却没有黄帝想象中那么顺利，不死药只是个开始。

这个世界开始悄悄地改变，渐渐出现了一些长寿的国家。最先变化的就是离众神最近的轩辕国。轩辕国在穷山附近，女子国北边，是黄帝建立的国度。轩辕国中有一座轩辕丘，每当黄帝来到轩辕丘，就会有四条蛇盘绕在轩辕丘的四周，守护着黄帝。轩辕国人是黄帝的后代，他们有着人的面孔、蛇的身体。轩辕国中的很多人会把长长的尾巴卷在头顶，看起来像个好看的发髻。很多轩辕国人喜欢住在江河山岭的南边，他们把这看成吉祥的象征。

轩辕国的附近就是诸沃之野，那里每天都有鸾鸟和凤鸟随着歌声起舞，还有各种神鸟的蛋和甘甜的露水。轩辕国人在诸沃之野吃凤皇蛋，喝天上降下的甘露，凡是他们想要的东西都能随意获得。就在这日复一日的滋养中，

轩辕国人变得非常长寿，他们中寿命较短的也能活到八百岁。

在轩辕国和诸沃之野的北边生活着很多龙鱼，它们长得像鲤鱼，又像体型大的鲵（ní）鱼。龙鱼是两栖类动物，既可以在大海中生活，也能在广袤的陆地上奔跑。龙鱼还是一种珍贵的交通工具，可以带着人在广阔的天地间遨游。轩辕国人就是坐着龙鱼去远处的白民国，和白民国人交换美食和美酒。

原文

《山海经·南山经》：有兽焉，其状如禺①而白耳，伏行人走②，其名曰狌狌，食之善走。

《山海经·北山经》：又北二百里，曰少咸之山，无草木，多青碧。有兽焉，其状如牛，而赤身、人面、马足，名曰窫窳，其音如婴儿，是食人。

《山海经·海外西经》：轩辕之国在此穷山之际，其不寿者八百岁。在女子国北，人面蛇身，尾交首上。穷山在其北，不敢西射，畏轩辕之丘。在轩辕国北，其丘方，四蛇环绕。

《山海经·海外西经》：诸沃之野，鸾鸟自歌，凤鸟自舞。凤皇卵，民食之；甘露，民饮之，所欲自从也③。

《山海经·海外西经》：龙鱼陵居在其北，状如鲤。一曰鰕（xiā）。

《山海经·大荒西经》：有轩辕之国。江山之南栖为吉，不寿者乃八百岁。

注释

①其状如禺：样子像长尾猿。②伏行人走：能匍匐着向前走，也能像人一样直立行走。③所欲自从也：凡是想要的东西都能随意获得。

山海档案

白（bái）民（mín）国（guó）人（rén）

族　类：人

身　份：黄帝的后代

特　征：浑身雪白，长寿

所在地：白民国

山海档案

乘（chéng）黄（huáng）

族　类：兽

身　份：能带来长寿的神兽

特　征：长得像狐狸，背上有两只角

所在地：白民国

像狐狸的马

第二个受到影响的国家是在龙鱼北面的白民国。白民国人也是黄帝的后代。不同于人面蛇身的轩辕国人，白民国人有着雪白的长发，雪白的肌肤。远远看去，他们就好像一群从冰雪里走出来的精灵，十分美丽。

没人知道同样是黄帝的后代，白民国人为什么浑身雪白。有人猜测这可能和他们的饮食有关。白民国人不吃五谷，也不吃水果蔬菜，只吃一种雪白的玉石。白民国境内的山上有一种树木，这种树可以长出玉石。白民国人特别擅长种植这种能长出玉石的大树。这种树的树叶具有软化玉石的能力。白民国人会摘下这种神奇的树叶用来包裹刚采摘到的玉石。原本坚硬的玉石会在树叶的作用下变得柔软，味道也变得甘甜爽口。

或许就是因为白民国人只吃这种雪白的玉石，久而久之，他们的皮肤也变得如玉石一样雪白。他们还会把玉石做成美酒来招待远道而来的朋友。白民国人把玉石磨成粉末，加入和轩辕国人交换来的甘露，搅拌后就做成了一种十分珍贵的美酒。只是这种美酒一般人不敢多喝，因为一旦喝醉，需要三年才能清醒。

白民国人不怕喝醉，因为他们有着漫长的生命，能活上千年。不同于轩辕国人依靠仙气的滋养，白民国人能活上千年依靠的是他们的神兽乘黄。乘黄是一种长得像狐狸的神兽，它的背上长着两只角。据说骑上乘黄的背，就可以获得两千年的寿命。

有人说这种叫乘黄的神兽是黄帝发现的。黄帝曾经骑着乘黄游玩过，后来就把乘黄送给了自己的后人，也就是现在的白民国人。虽然不知道传闻的真假，但是现在的白民国人确实人人都有一只神兽乘黄。这个国家只要新诞生一个小孩，就会跑来一只乘黄，把这个刚出生的孩子当成自己的主人，陪伴他一辈子。

很多人听说骑上乘黄就可以变得长寿后，纷纷来到了白民国。这些人宁愿拿出自己所有的积蓄来交换一只乘黄。偏偏乘黄非常有灵性，它们只把白民国人当成自己的主人，从来不让白民国人以外的人骑在自己的背上。就算有人把自己涂得浑身雪白装成白民国人，也逃不过乘黄的眼睛。

可是漫长的生命并没有给白民国人带来太多快乐，反而使他们变得悲伤。他们看着身边的外族朋友们随着时间的流逝一点点老去甚至死去，而自己几十年都没有变化，不由生出凄凉的感觉。

原文

《山海经·海外西经》：白民之国在龙鱼北，白身被发。有乘黄，其状如狐，其背上有角，乘之寿二千岁。

山海档案

犬戎国人（quǎn róng guó rén）

族　类：人

身　份：黄帝的后代

特　征：男人狗头、人身，女人十分漂亮

所在地：犬戎国

山海档案

大行伯（dà xíng bó）

族　类：人

身　份：手拿长戈的神秘人

特　征：喜欢四处游玩

所在地：犬戎国西面

山海档案

吉量（jí liáng）

族　类：兽

身　份：能给人带来长寿的神马

特　征：白色的身子，红色的鬃毛，眼睛像黄金

所在地：犬戎国

美女与野兽

随着长寿的人越来越多，融父山旁的犬戎国也出现了长寿的现象。有的犬戎国人甚至可以活到上千岁。

发现这个现象的是大行伯，他总是随身带着一把长戈，四处游玩。正是在游玩的途中，他发现自己居住地的东面有一个犬戎国，这里的人虽然不是神明，却也能有千年的寿命。大行伯打听到，原来这里盛产一种名叫吉量的神马，这种马有着白色的身子和红色的鬃毛，还有一双特别漂亮的眼睛，像黄金一样闪闪发亮。吉量最特别的地方是，骑上它的人都能获得千年的寿命。

好奇的大行伯曾经多次去犬戎国游玩，发现这里的男人都很奇怪，他们有着人的身体和狗的脑袋。但是犬戎国的女人不仅没有长出狗的脑袋，而且一个比一个漂亮，她们对外来的客人非常热情，会送来美酒和食物。大行伯对这种美女与野兽的搭配非常好奇，便问犬戎国人："为什么整个国家的男人都会长出狗头，难道是受到了什么诅咒吗？"

犬戎国的一位老人告诉大行伯，这和他们国家流传的一个传说有关。传说古代曾有一位国王，他的王后曾经梦见一只金色的神犬从天而降。醒来后，她感觉耳朵特别疼，便找来名医看病。

没想到名医从她的耳朵中掏出来一条奇怪的虫子，那虫子是金黄色的，有三寸长。王后想起之前做的梦，就怀疑虫子和神犬有关，忙叫人把虫子放在瓠瓢（hù piáo）里养起来，并在上面盖上了盘子。

神奇的事情发生了。这奇怪的虫子每天都要长一寸，渐渐地长成了狗的样子，身上还长出了锦绣似的花纹。王后确定这就是她梦见的神犬，给它取名为盘瓠。有一年外敌入侵，国王说，谁能抵御外敌，保护国家，就把自己最美丽的女儿嫁给他。盘瓠一听，立刻去了敌国，趁着敌军首领晚上醉酒

时杀死了他。之后，盘瓠回来领赏，但是国王却想悔婚，并不想把自己宠爱的女儿嫁给一只狗。谁知这时盘瓠却开口说："您别担心，请把我放到金钟内，七天之后我就能变成人。"

国王按照盘瓠的要求，真的把盘瓠放到了金钟里。整整六天，金钟里一点儿声音都没有。国王那善良的女儿害怕盘瓠在里面饿着，便悄悄地打开金钟，想给盘瓠送点吃的。

没想到，随着她打开金钟，能让盘瓠变成人的仙法失效了。而此刻的盘瓠已经长出了男人的身体，只有一颗狗头还没来得及变化。

国王的女儿为自己犯下的错误感到十分后悔，她没有嫌弃人身狗头的盘瓠，还是嫁给了他。结婚后，他们前往深山中居住。他们狩猎，耕种，生儿育女，渐渐地建立了犬戎国。

作为盘瓠的后代，犬戎国的男人都像盘瓠一样，有狗的脑袋和人的身体，女人则十分美丽。

听到这里，大行伯不禁问道："这盘瓠是天上的神犬？你还知道什么关于神犬的事情？说不定我还见过那神犬呢！"

这位老人笑道："我还听到过一个关于犬戎国起源的传说，可能和天上的神犬有关系。传说当年黄帝的儿子苗龙生下融吾，融吾后来生下弄明，弄明生下白犬，而白犬的后代建立了犬戎国。"

大行伯点头道："这么说，那个叫盘瓠的神犬很可能就是白犬了。你们是黄帝的后人！"

原文

《山海经·海内北经》：有人曰大行伯，把戈。其东有犬封国。贰负之尸在大行伯东。犬封国曰犬戎国，状如犬。有一女子，方跪进杯食。有文马，缟（gǎo）①身朱鬣（liè）②，目若黄金，名曰吉量，乘之寿千岁。

《山海经·大荒北经》：大荒之中，有山名曰融父山，顺水入焉。有人名曰犬戎。黄帝生苗龙，苗龙生融吾，融吾生弄明，弄明生白犬，白犬有牝牡（pìn mǔ）③，是为犬戎，肉食。

注释

①缟：白色。②鬣：脖子上的鬃毛。③牝牡：牝指公兽，牡指母兽。

不死国的秘密

山海档案

bù sǐ guó rén
不死国人

族 类：人

身 份：拥有长生不老秘密的人类

特 征：一身漆黑的皮肤，能长生不老

所在地：不死国

山海档案

miè méng niǎo
灭蒙鸟

族 类：鸟

身 份：体型巨大的神鸟

特 征：青色的羽毛，红色的尾巴

所在地：结匈国北

越来越多的人渴望能够长生不老，但是实现长生不老的途径都很艰难：昆仑山上有太多猛兽，不好攀爬；能到达轩辕国和犬戎国的人少之又少；白民国的乘黄只认白民国人。

正在人们一筹莫展之际，有人发现了一个神秘的国度——不死国。不死国在大运山南面、结匈国东面。结匈国北面栖息着一群长着青色羽毛和红色尾巴的灭蒙鸟，而不死国就在灭蒙鸟的东面。不死国里没有老人，每个人都有着一身黑色的皮肤，看上去都只有十七八岁。不死国人仿佛永远不会死去，也不会老去，时间好像在这个国度中停下了脚步。

不死国人不是神的后代，也没有神兽相伴，却拥有长生不老的力量。许多胆子大的人都跑去这个国家，想要在这里变得长生不老。

可是许多年过去了，人们发现，除了不死国的原住民能够长生不老外，那些外来的人仍然会自然老去，就算他们住在不死国，依然无法变得长生不老。

其实这些人不知道，能够让不死国人长生不老的不是地理环境，而是他们掌握着长生不老的秘密。

在不死国境内有一座不起眼的小山，不死国人叫它员丘山。正是这座小山中藏着不死国人长生不老的秘密。远远望去，整座员丘山都是灰扑扑的，山上到处都是灰色的岩石和沙砾，高低错落的树木就长在岩石之间。在这些树中，一种神树，这种树结出来的果子具有强大的治愈能力，无论是身患绝症还是受了重伤，吃了这种果子都能痊愈。

只是这种神树混在其他树木中，很难辨认。更可怕的是，员丘山上有的树结出来的果子有毒，吃下毒果子不仅会让人生病，甚至会让人丧命。

不死国人经过漫长的尝试，牺牲了几代人，终于掌握了辨认神树的方法。不仅如此，人们还发现这种神树结出来的果子不但能治病，还能延长人的寿命。于是不死国人开始不断地吃这种神奇的果子，他们的寿命也因此得到了延长，从最初的几年、几十年，到最后长生不死。不死国人都称这种神树为不死树。

在员丘山深处还有许多泉水，其中隐藏着一处神秘的泉水，叫“赤泉”。只要人们喝上一口赤泉水，就能变回青春年少的模样。

不死国人每天都靠喝赤泉水来维持身体的活力，让自己永不老去。只是这赤泉水隐藏在众多普通的泉水中，同样很难辨认。

不死国人也是经历了几代人的尝试，才总结出一套辨别赤泉的办法。因为他们曾在分辨不死树和赤泉上耗费了巨大的心血，牺牲了许多国人，所以他们把不死树和赤泉当成是不死国的秘密。

他们害怕，如果不死树和赤泉的秘密被外族人知道，很可能会给他们带来战争和灾难，于是不死国人代代保守着这些秘密，绝不外传。

原文

《山海经·海外南经》：不死民在其东，其为人黑色，寿，不死。一曰在穿匈国东。

《山海经·大荒南经》：有不死之国，阿姓，甘木是食①。

《山海经·海外西经》：灭蒙鸟在结匈国北，为鸟青，赤尾。

注释

①甘木是食：他们的食物是不死树的果子。

共工的叛乱

山海档案

gòng gōng
共工

族　类： 神

身　份： 水神

特　征： 人面，蛇身

所在地： 长江边

随着昆仑神国的建立，整个世界在黄帝的带领下变得繁荣昌盛。晚年的黄帝开始在自己的宫殿中专注发明创造，经过数十年，黄帝做出了世界上第一个鼎。

然而众神没想到，鼎竟然成了黄帝留给这个世界最后的发明。第一个鼎被铸造出来后，飞来一条神龙，那龙浑身闪烁着的金光照亮了整片天空。它长着长长的、泛着银色光芒的龙须，一双眼睛十分威武霸气。

在众神的错愕中，黄帝走了过去。他似乎早就预料到了神龙的降临。神龙对着黄帝恭敬地开口道："非常高兴看到您统一了天下，让整个世界变得和平、繁荣。现在，我来带您走吧。"

黄帝点了点头，笑道："确实，我的使命已经完成。时间也到了，该走了。"

黄帝跨上龙背后，转头看见众神不舍的目光，又说："我不会真正离去。如果你们遇到了难以处理的事，仍旧可以传消息给我。但我更希望你们都能独当一面，完成自己守护世界的使命。”说完，神龙带着黄帝飞走了，消失在茫茫的云雾中。

黄帝归隐后不久，白帝少昊也离开了。守护整个天下的重担落在了颛顼的肩上。颛顼是被黄帝选中的继承天帝之位的神，也是少昊最骄傲的弟子。但颛顼成为天帝却让另一位强大的天神十分不满。

这位天神就是共工，他是炎帝的后代。炎帝的妻子听訞是赤水氏的女儿，她生下炎居，炎居后来生了节并，节并生了戏器，戏器就是火神祝融的父亲。火神祝融年轻时，因为控制不好火焰的力量被放逐到长江边。在那里，祝融生下了儿子共工。不同于父亲祝融，共工有着人的面孔和蛇的身体，他那一头火红色的长发十分显眼。

共工天生就拥有控制水的能力。作为炎帝的后代，共工还会灵活运用从父辈那里继承来的农耕知识。共工十分清楚水对农耕的重要性。对于治水，共工有一套自己的方法，人们也因此称呼他为水神。

共工后来生了大地之神后土。后土懂得如何与大地沟通，在后土的配合下，共工大力推广他独特的水利措施，为凡人们做了许多好事。

共工的父亲是德高望重的火神祝融，共工的孩子后土是黄帝的辅佐神。正因如此，共工认为自己是最强大的天神，就算在众神之中，他也是地位最尊贵的。他总认为，除了自己以外，没有什么厉害的天神。

颛顼成为天帝这件事让共工很不满。他想：黄帝、白帝就算了，他们原本就是这世界上十分强大的神明。但颛顼这个毛头小子才多大？凭什么让他当天帝？

更让共工不满的是，颛顼成为天帝后，他的辅佐神海神禺强被看成是水系神明的代表。这让共工更加愤怒，这个世界上最强大的水神应该是他共工！他越想越生气，觉得自己才是最适合当新任天帝的神明。这样的想法让共工更加愤怒，他暗暗决定，要跟颛顼争夺天下。

原文

《山海经·海内经》：炎帝之妻，赤水之子听訞生炎居，炎居生节并，节并生戏器，戏器生祝融。祝融降处于江水，生共工①。共工生术器，术器首方颠，是复土壤，以处江水②。共工生后土，后土生噎鸣，噎鸣生岁十有二③。

注释

①共工：据郭璞注释《山海经》，共工有着人的面孔、蛇的身子。②术器首方颠，是复土壤，以处江水：术器的头顶是方形的，他恢复了先祖的土地，居住在长江。③岁十有二：一年的十二个月。

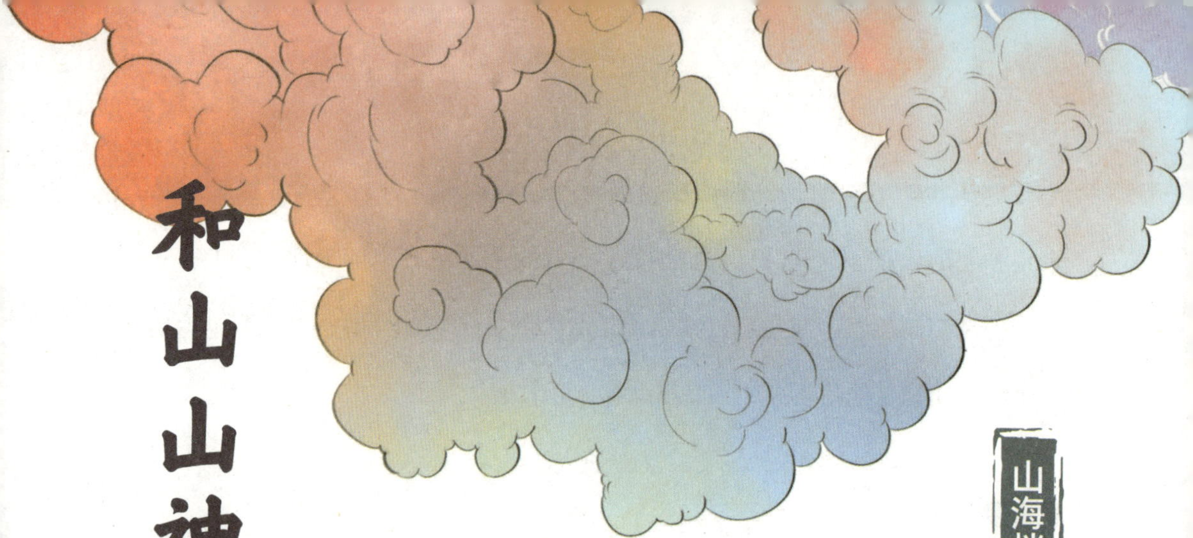

和山山神泰逢

山海档案

泰(tài)逢(féng)

族　类：神

身　份：和山山神

特　征：人身，虎尾，能吞云吐雾和召唤风雨

所在地：萯(fù)山之阳

共工暗地里聚集了一些和他一样心怀不满的天神，想要和他们一起反抗颛顼。他凭借在凡人们中所建立的威望，悄悄组建自己的军队。

大地之神后土逐渐感觉到了父亲膨胀的野心。这让她想起了曾经跟着蚩尤反叛的巨人部落。在涿鹿大战中，她曾不得不对战自己的亲人和朋友。

曾经亲密无间的族人却要在战场上杀得你死我活，这对后土来说是十分残忍的。战争让她失去了太多，她不能再失去父亲了！后土决定劝说共工，让他放弃反抗颛顼。

“父亲，我们就这样安稳地生活下去，好吗？颛顼是黄帝选出来的继承者，他会带领我们走向更美好的未来，我们相信他，好吗？”后土渴求地看向自己的父亲。

但共工只是拍了拍后土的肩膀，说：“这个天下应该属于强大的神明。颛顼还太年轻了，管不好这个世界。黄帝和白帝离去后，总要有个长辈站出来。所以管理这个世界，我义不容辞。”

“这只是您想争夺天下的借口而已！”后土看着把野心写在脸上的父亲说。她实在没想到自己的父亲有一天会自大到这种程度。

共工也不否认，理直气壮地说：“这个天就该下属于强大的神明，如今在众神之中，我才是最强大的！”

后土握紧拳头，看着共工说：“所以，您就打算不遵守对黄帝的诺言，发动战争吗？”共工没有否认，对后土说：“孩子，这么多年来，你辅佐黄帝也累了，是时候休

息了。”

共工叫部下送后土出去。眼看劝不动父亲，后土只能无奈地给颛顼送去消息。厌倦了战争的她离开天界，独自去凡间隐居了起来。

在天界处理事务的颛顼此刻十分心烦。他总是能在庭院中看见很多长着人脸的凫徯——这是战争爆发的预兆。正在颛顼猜测的时候，他就收到了共工叛变的消息。他不敢耽误时间，立刻派部下去通知各处的神明，请他们来商量处理办法。

最先赶到的是吉神泰逢，他是居住在和山上的神明。和山上没有任何草木，出产大量瑶、碧一类的美玉。有九条河从这里发源，并汇合起来注入黄河。和山山神泰逢有着人的身体和老虎的尾巴，喜欢住在萯山南面，他每次出入，天空中都会出现神奇的彩霞。

泰逢的神力很特别，他能兴云吐雾，召唤风雨。泰逢的到来鼓舞了众神。众神认为，能控制云雾、风雨的幸运之神泰逢出现在哪个阵营中，那个阵营就会得到上天的庇佑。

原文

《山海经·中山经》：又东二十里，曰和山，其上无草木而多瑶碧，实惟河之九都①。是山也五曲，九水出焉，合而北流注于河，其中多苍玉。吉神泰逢司之，其状如人而虎尾，是好居于萯山之阳，出入有光。泰逢神动天地气也。

注释

①河之九都：九条河的发源地。都，河流汇聚的地方。

光山山神计蒙

山海档案

计（jì）蒙（méng）

族类：神

身份：光山山神

特征：龙首人身，出入时有旋风急雨伴随

所在地：光山

一场激烈的战斗即将开启。看着天空中飞着凫徯，树上都是白色脑袋、红色脚掌的朱厌，人们终于回想起战争的可怕。

大地剧烈地抖动着。人们惊恐地抬起头，看见天空中布满了浅蓝色的水剑。水剑在阳光的照射下散发着淡淡的蓝色光芒，人们不知道这是什么东西，甚至想要伸手触摸一下。那冰冷湿润的水剑却突然对准他们的身体，想要夺去他们的生命。

人们吓得四散逃跑。看着数不清的水剑，吉神泰逢率先出手，他耗尽力气召唤出万道金光照向大地上的人们。天地气运被吉神泰逢逆转，他的幸运之光笼罩住了每一个人，只见那数不清的水剑在空中拐了个弯，然后齐齐落下。

大地一阵尘土飞扬，到处都是被水剑击碎的房屋，好在没有凡人受伤。大家惊恐地看着插在自己面前的水剑。

庆幸自己脱险的人们不知道，云层之后的吉神泰逢已经耗尽力气，软软地栽倒在云朵上，他身后的霞光也渐渐变得透明。

“共工的能力竟然如此强大。”一个声音从天空中传来，战士们看见云层搅动，数道闪电撕裂天空，阵阵狂风呼啸，大雨倾盆落下，一个身影在风暴与雷雨之中若隐若现。

有着龙的脑袋、人的身体，身边还不时有风暴盘旋，他就是住在光山上的神明计蒙。原本在漳水的深渊里玩耍的计蒙感受到大地的颤动，游出水面，看见了这骇人的一幕：数不清的蓝色水剑正悬挂在空中，那些水剑对准了光山和光山附近的生灵们。

这让掌管风雨的光山山神计蒙非常愤怒。他咆哮一声，数道风暴就在他的手掌中汇聚，最后对着水剑打了出去。

暴怒的狂风击碎了空中的水剑。这些水剑失去了仙法的支撑，化为大雨落下。计蒙想起之前颛顼曾派一只神鸟来通知他共工反叛的事情，他本来以为战争还早，自己还可以在光山多待几天，却没想到大战这么快就到来了。

他刚赶来就看见万道金光从云霞中落下，还有一道照进了自己的身体。他知道那是吉神的力量。他飞身挡在瘫软的泰逢身前，笑道："接下来就交给我吧。"

泰逢看着计蒙一本正经的样子，忍不住笑了出来，这个平时喜欢在深渊里玩耍的神明，关键时刻竟然这么沉稳可靠。

原文

《山海经·中山经》：又东百三十里，曰光山，其上多碧，其下多水。神计蒙处之，其状人身而龙首，恒①游于漳渊，出入必有飘风暴雨。

注释

①恒：常常。

毒虫大军的首领

山海档案

jiāo chóng
骄虫

族　类：神

身　份：平逢山山神

特　征：两个脑袋，掌管所有蜇人的毒虫

所在地：平逢山

伴随着嗡嗡的巨响，远处竟然出现了层层叠叠的黑影。那黑影正以惊人的速度移动，大家都紧张地注视着这越来越近的黑影。

离得最近的战士最先看清楚了，那扑过来的黑影竟然是密密麻麻的螫（shì）虫！螫虫是一种靠吞噬尸体存活的虫子，它们平时喜欢在动物或人类的骸骨里生存。螫虫的生命力极强，即使在缺少食物的极端环境中，仍然能靠着休眠存活下来。

螫虫的尾巴上长着一根坚硬且致命的毒针，这毒针能穿透任何坚硬的铠甲，给人致命一击。而现在这种可怕的虫子竟然成群结队地扑了过来，大家都感到一阵心慌。看着黑压压的虫群，战士们起了一身的鸡皮疙瘩，只能强迫自己克服生理上的恐惧，做好迎战的准备。然而奇怪的事情发生了，这些虫子仿佛有思想般直直地越过了他们，没伤害任何战士，反而挡在了他们前面。

虫群之中出现了一个身影。等他走近后，大家发现，他有着人的身体，长着两个脑袋，他的四只眼睛带着笑意，两张嘴露出了同样的笑容，对大家说：“对不起，我来晚了。”

有天神记起来，他就是平逢山的山神骄虫，是掌管着世间一切螫虫的神明。平逢山是个没有水源和草木、只有沙石的荒山。山上生活着一群密密麻麻的毒虫，只是看一眼，就让人浑身发毛，所以很少有神或凡人去那里。祭祀骄虫的仪式很特别：祭品用一只公鸡，只需祈祷，不必杀死公鸡。可见骄虫是一位善良的山神。骄虫也很少离开平逢山，因此认识骄虫的神明并不多。

然而这个不怎么合群也不怎么受人们欢迎的神明，却在天下有难的时候，带着自己的毒虫大军赶来支援。这让一旁的计蒙忍不住开口道：“虽然我怕虫子，不敢和你接近，但是关键时刻你能不计较大家平时对你的偏见，挺身而出，你真是一位好天神。”

骄虫看了下身旁的计蒙，无奈地开口道：“我也不想长成这样啊。人们总是喜欢以貌取人，我又有什么办法呢？”

然而还没等他们打完招呼，滚滚浓雾就将大家包围起来，密密麻麻的水滴在浓雾中凝结成一把把锋利的水刀刺向大家。就在此刻，数条长达百米的深蓝色水龙从云层中冲了出来。水龙冲散浓雾，挡住了射向大家的水刀。浓雾散去后，大家看到共工的大军已经逼近。

颛顼被水龙环绕着，他对着共工喊道：“让天下陷入战乱就是你想要的结果吗？收手吧，现在还来得及！”共工笑了，他大手一挥，空气中的水滴再次凝结成数不清的蓝色水剑，向大家攻了过来。

原文

《山海经·中山经》：中次六山缟羝（dī）山之首，曰平逢之山，南望伊、洛，东望谷城之山，无草木，无水，多沙石。有神焉，其状如人而二首，名曰骄虫，是为螫虫[1]，实惟蜂蜜之庐[2]。其祠之：用一雄鸡，禳（ráng）而勿杀[3]。

注释

①螫虫：身上长有刺能蜇人的虫子。②庐：居住之所。③禳而勿杀：祈祷但不用杀死它。

水与火的对决

山海档案

lí
黎

族　类：神

身　份：新一代火神

特　征：能控制火

所在地：天界

看着人们期盼的眼神，颛顼挥动双手，他身边的水龙召唤出暴风，暴风裹着蓝色的海水形成了一道屏障，将凡人们保护起来。屏障之外，盘绕着两条水龙。

与此同时，密密麻麻的虫子飞速冲向共工的军队，大地随之颤动。眨眼间，虫子已经到了共工军队的眼前。共工抬手，几个巨大的蓝色水球砸向虫群，来不及闪躲的虫子被直接砸碎了身体。另一边的计蒙连忙使用法力，只见风暴形成的旋涡拔地而起，数不清的巨石被卷向了天空，对着共工的军队砸去。

共工身后站着有九个头的相柳。相柳见状，召唤出一道道锋利且巨大的水剑，劈开了从天而降的巨石。骄虫看到后大手一挥，密密麻麻的虫群仿佛有意识般冲了上去，与共工的大军缠斗在一起，毒刺与水花在空气中激烈碰撞。

共工皱紧眉头，用力握紧双手，海水从共工脚下涌出，竟然形成了一条条长达百米的巨蛇。水做的巨蛇凶狠地压过虫群，喷射出无数凝结的水刀。水刀来势汹汹，眼看着冲在最前面的战士就要被水刀刺退，巨大的水蛇就要横扫凡人居住的村庄，火神黎终于忍不了了，从众神之中站了出来。颛顼的孙子黎，是新一任的火神。

看着对面操纵水蛇的共工正是祝融的儿子，黎感慨万分，如今自己竟然要和上一代火神之子对战。

原本应该是水克火的，可是黎想要守护世界的决心无比强烈，凶猛的火焰围绕着他燃烧起来，赤红色的火焰像锁链一样迅速爬上了水蛇的身体，烧

得水蛇寸步难行。水分不断蒸发，战场上的温度迅速上升，热浪席卷了周围的战士。蓝色水墙后的众人纷纷握紧双手，期盼这一次火神黎能赢。在众人期待的目光中，黎再次发力，只见火焰暴涨，猛地撕裂了水龙。

然而战斗并没有结束。只见对面的共工轻笑道：“哼！你就是继承了我父亲名号的新一代火神？”面对共工的问话，黎不卑不亢地说：“投降吧。若是上一代火神看见你如今这样，也会感到失望的。”共工狂妄地笑道：“小子，你没资格说教。”

说着，共工坐了下去，只见周围的海水不断向他涌来，最后竟然在空中凝聚成了一个巨大的王座。共工狂妄地看向众神，说：“我今天就让你们见识见识水神的力量！”他的话音刚落，大地开始剧烈摇动，人们几乎无法站立。只见源源不断的海水冲向空中，不消片刻，海水竟然笼罩住了整片天空！

翻滚的海浪遮住了太阳。波涛汹涌的大海仿佛有了生命一般，在共工的身后咆哮。只见共工大手一挥，汹涌的海水犹如猛兽，咆哮着向颛顼的军队冲了过来，仿佛要吞噬整个世界!

原文

《山海经·大荒西经》：颛顼生老童，老童生重及黎，帝令重献①上天，令黎印②下地。

注释

①献：托举。②印：通“抑”，向下按。

山海档案

yú qiáng
禺强

族　类：神

身　份：北海海神

特　征：人面，鸟身，耳挂两条青蛇，脚踩两条红蛇

所在地：北海

北海海神禺强

山海档案

dān ěr guó rén
儋耳国人

族　类：人

身　份：禺猇的后代

特　征：耳朵很大，姓任，以吃谷物为生

所在地：儋耳国

面对汹涌奔腾的海水，颛顼第一个冲了出去，数条巨大的水龙围绕在他身边，生生挡住了澎湃的海水。

然而在这巨浪与水龙的对决中，缺少战斗经验的颛顼还是被海水中长出来的水刀刺中了身体。跟在颛顼身后的禺强看着自己信任的颛顼就这样直直倒在自己面前，他感到前所未有的愤怒。

禺强是东海海神禺虢的儿子，他生下来就被人看不起，因为他是罪神的孩子。禺强的父亲禺虢因犯下大错被黄帝放逐到东海，而且终生不能离开东海。

禺强生来就拥有强大的神力。他不仅继承了父亲控制大海的力量，还同时拥有掌管风的能力。正因如此，他拥有两种形态：每当他作为风神掌管风的时候，他的身体就会变成鸟，脚上踩着两条红蛇；当他作为海神掌管大海的时候，他的身体又会变成鱼，但有人的手足，然后他会驾着两条龙没入大海。

因为禺强拥有这样强大的力量，所以被封为北海海神。但是禺强并不受人欢迎。人们同情女娃的遭遇，认为禺强的父亲禺虢是杀害女娃的凶手。禺强也在人们年复一年的恶意中，逐渐习惯了被人厌恶。

禺强和父亲禺虢在北海的小岛上建立了自己的国度——儋耳国。儋耳国人是禺虢的后代，都姓任，以吃谷物为生，因为继承了禺虢的部分神力，所以也能驾驭蛇。偶尔在夜晚，禺强会在平静的大海中遥望天空，苦闷地想，像自己这样拥有强大力量的神，应该为守护天下做一番大事，而不是困在这小小的岛上，守着一个小国，过平凡的生活。

他总觉得，神明应该是能力越大，责任越大。但是这些想法他只能悄悄地藏在心里，不敢让任何人知道，因为他一直都是人们讨厌的海神，没人想被他守护或拯救。

后来，颛顼的出现改变了一切。同样作为罪神的孩子，颛顼却不认命，他告诉禺强，即使出身没那么好，他们依然能成为好神明，守护好天下。禺强被颛顼的话打动了，他义无反顾地跟着颛顼去了北方，和他一起守护北方大地。

北方大地地域辽阔，遍地都是冰雪，是没有神明愿意去的极寒之地。那里的生活很艰苦，最寒冷的时候，禺强总会跟着颛顼，顶着刺骨的寒风与漫天的冰雪，挨家挨户地送去粮食和木柴。这段日子虽然艰苦，却是禺彊最快乐的时光。

然而此刻，那个像山一样伟岸的颛顼就这么直直地倒在了禺强的面前。颛顼倒下后，被护在水墙中的人们纷纷惊恐地看着众神，禺强能从这些凡人的眼睛里看见他们对死亡的恐惧和对生命的渴求。

这些无助的目光深深刺痛了禺强的心。磅礴的神力和水流仿佛有意识般汇聚在他身边，蓝色的海水在他的身上凝结成铠甲，他的手上是一把海水凝结成的长剑。他挡在众人面前，凝视着对面呼啸而来的滔天巨浪。

原文

《山海经·大荒北经》：有儋耳之国，任姓，禺号子①，食谷。北海之渚②中，有神，人面鸟身，珥两青蛇，践两赤蛇，名曰禺强。

注释

①禺号子：禺号的后代。禺号，即禺虢。②渚：水中的小块陆地。

怪水中的旋龟

山海档案

xuán 旋 guī 龟

族　类：兽

身　份：神龟

特　征：外形像龟，长着鸟的脑袋、毒蛇的尾巴，叫声像剖开木头的声音

所在地：怪水

即便是在共工制造的滔天巨浪中，禺强仍然能够穿梭自如。只见巨浪之中，水花凝聚成无数水刀刺了过来。禺强飞身躲避，用手中的长剑斩断攻击过来的水刀。水刀不断攻来，禺强将其一一击碎。就在此刻，禺强突然化身为一道雷电，直直朝巨浪之后的共工劈了过去。顷刻间，围绕在共工身边的巨大水蛇就被禺强击碎了。

此时，颛顼醒了过来。禺强飞速返回到颛顼身边。颛顼强行用水堵住了伤口，他是众神的首领，必须站起来继续战斗，必须承担起拯救苍生的责任。

众神看着他，情绪十分复杂。只听颛顼开口说：“众神听令，我来这里之前，已经定好天帝的继承者。如果今天我战死在你们面前，不要为我哀悼，更不要停止战斗，握好你们手里的刀与剑，与他们血战到底！”

他坚定地说：“我们神的责任就是守护苍生。哪怕是面对比我们强大很多的对手，也绝不能把天下交到他们手里！”

众神都被颛顼的决心所震撼。他们看见颛顼身边涌现出无数条巨大的海龙，每一条海龙身上都泛着淡淡的金光，那是颛顼最后的神力。

率先反应过来的禺强配合颛顼召唤出数不清的巨大乌龟，这些乌龟都有着鸟的脑袋和毒蛇的尾巴，它们的吼叫声很像剖开木头的声音。

有人喊道：“这是生活在杻阳山的怪水中的旋龟！”传说只要佩戴旋龟的龟甲就能使人耳朵不聋，还可以治疗脚上的老茧。只见数不清的旋龟纷纷张开大嘴对着共工的军队喷出巨大水球，水球所到之处，大地被砸出深坑。

吉神泰逢在禺强的背后召唤出五彩祥云，万道金光从云霞中射下，照射在每一只旋龟的身上。得到幸运之神祝福的旋龟们，战斗力变得更强。

一时间，共工的军队被这些巨大的水球砸得四处溃逃，蓝色的水龙在旋龟的掩护下，咆哮着冲向共工。

原文

《山海经·南山经》：怪水出焉，而东流注于宪翼之水。其中多玄龟，其状如龟而鸟首虺（huǐ）①尾，其名曰旋龟，其音如判②木，佩之不聋，可以为底③。

注释

①虺：青蛇。②判：剖开，一分为二。③可以为底：可以治疗足底的老茧。

共工怒撞不周山

山海档案

女娲（nǚ wā）

族　类：神

身　份：创世女神

特　征：人面，蛇身，能捏泥土造人

所在地：华胥国

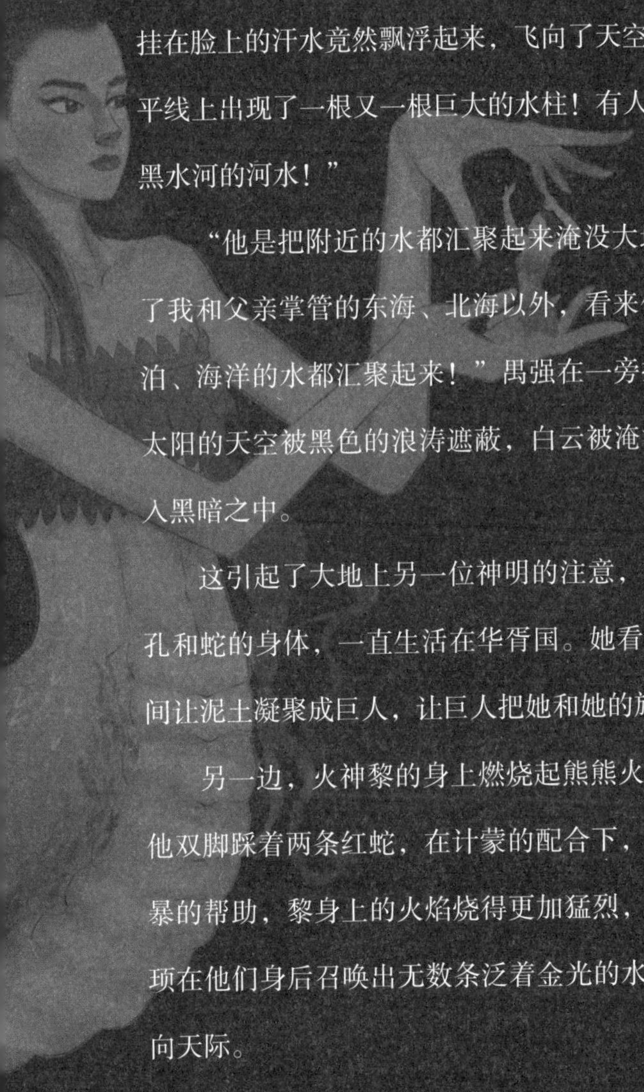

愤怒的水神共工彻底失去了理智。他召回手下相柳，与他一起发出神力。只见共工身上闪耀着深蓝色的光芒，强大的神力以他为中心发散出去。

大地被震得剧烈抖动。这时，奇异的事情发生了。人们惊讶地发现，原本挂在脸上的汗水竟然飘浮起来，飞向了天空。紧接着，战士们就看见远处的地平线上出现了一根又一根巨大的水柱！有人认出了其中一根水柱，说：“那是黑水河的河水！”

“他是把附近的水都汇聚起来淹没大地吗？”火神黎焦急地问道。“除了我和父亲掌管的东海、北海以外，看来他准备把这世界上所有的河流、湖泊、海洋的水都汇聚起来！”禺强在一旁担忧地开口道。转眼间，原本挂着太阳的天空被黑色的浪涛遮蔽，白云被淹没，失去了阳光照射的大地立刻陷入黑暗之中。

这引起了大地上另一位神明的注意，她就是天神女娲。女娲有着人的面孔和蛇的身体，一直生活在华胥国。她看见遮天蔽日的黑色浪涛后，第一时间让泥土凝聚成巨人，让巨人把她和她的族人抱在掌心中保护了起来。

另一边，火神黎的身上燃烧起熊熊火焰，禺强的身体变换成鸟的形态，他双脚踩着两条红蛇，在计蒙的配合下，无数风暴在他们身边盘旋。有了风暴的帮助，黎身上的火焰烧得更加猛烈，并渐渐形成一条燃烧着的火龙。颛顼在他们身后召唤出无数条泛着金光的水龙，水龙在火龙和风暴的缠绕下冲向天际。

遮蔽天空的黑色浪涛被撕开了一道口子，在火龙和风暴的配合下，黑色的水流不断蒸发，泛着金光的水龙凶狠地撕咬着黑色的浪涛。水流的口子越来越大，眼看着遮蔽天空的黑水逐渐脱离自己的控制，共工意识到了自己的

失败。然而还不等他有所反应，迎面就冲过来两条巨龙，一条是燃烧着熊熊火焰的火龙，一条是巨大的水龙。失去对水流的控制能力的共工只能慌忙带着他的水军一边战斗，一边撤退。

但颛顼并不打算放过他。他率军在共工的身后紧追不舍。逃到不周山的时候，共工已经筋疲力尽。共工看着手下的残兵败将，发现连自己最得力的助手相柳也在跟着自己撤退的时候跑散了。绝望之中，共工想起了自己曾经作为水神时的风光，想不明白事情怎么就变成了这样。他原以为黄帝、白帝之后，这世界上最强大的神明就是他。

看着越来越近的追兵，愤怒的共工竟然对着面前的不周山撞了上去！只听轰隆一声巨响，承受不住天神之力的不周山竟然就这样被撞断了。

原文

《淮南子·天文训》：昔者共工与颛顼争为帝，怒而触不周之山，天柱折，地维绝[①]。天倾西北，故日月星辰移焉；地不满东南，故水潦尘埃归焉。

《山海经·大荒西经》：有神十人，名曰女娲之肠。

注释

①地维绝：支撑着天的柱子折断了。

图书在版编目（CIP）数据

山海经里的神话世界. 2，昆仑众神 / 梦入紫川著；懒语绘．— 成都：四川教育出版社，2022.11
ISBN 978-7-5408-8379-9

Ⅰ. ①山… Ⅱ. ①梦… ②懒… Ⅲ. ①历史地理－中国－古代 ②《山海经》－儿童读物 Ⅳ. ①K928.631-49

中国版本图书馆CIP数据核字（2022）第191220号

SHANHAIJING LI DE SHENHUA SHIJIE 2 KUNLUN ZHONGSHEN
山海经里的神话世界 2 昆仑众神
梦入紫川 著 懒语 绘

出 品 人 雷 华
图书策划 任 舸
项目统筹 刘 青
责任编辑 刘 青
封面设计 门乃婷工作室 编悦文化
版式设计 许 涵
责任校对 宁彦铭
责任印制 田东洋
出版发行 四川教育出版社
地 址 四川省成都市锦江区三色路238号1栋1单元
邮政编码 610023
网 址 www.chuanjiaoshe.com
制 作 文贤阁 四川看熊猫杂志有限公司
印 刷 三河市九洲财鑫印刷有限公司
版 次 2023年5月第1版
印 次 2023年5月第1次印刷
开 本 710mm×1000mm 1/16
印 张 32
书 号 ISBN 978-7-5408-8379-9
定 价 160.00元（全四册）

山海经里的神话世界 3

天地分离

梦入紫川 著
懒语 绘

四川教育出版社

目录

女娲补天

山海档案

女娲之肠

nǚ wā zhī cháng

族　类：神

身　份：女娲的肠子幻化出的十位天神

特　征：美丽、博爱

所在地：栗广之野

不周山一倒，真正的大灾难降临了。不周山原本是支撑天空的巨柱，是颛顼用来维持天地平衡的工具。此刻，这根支撑天空的巨柱被水神共工撞断了，失去支撑的半边天空随之坍塌下来。天空坍塌之后，露出了大窟窿（kū long），伴随着轰隆巨响，天河水从大窟窿中滚滚倾泻而下，凶猛地冲向大地。

地面经受不住洪水的冲击，被撕开了一道道裂缝。洪水过后，无数红色的地火从这些裂缝中喷涌而出，点燃了一座座茂盛的山林。浓浓的黑烟卷向天空，原本藏匿（nì）在山林中的凶猛怪兽纷纷窜了出来。到处充斥着凡人的哭喊声。

凡人的哭喊声像鞭子重重地抽打在天神女娲的心上。眼看着自己创造出来的凡人在火海与洪水中无助地喊着天神的名字，女娲再也忍受不了了。她看向残破的天空，想要保护凡人的决心让她萌生了修补天空的想法。

察觉到女娲的意图后，颛顼劝告她："要修补天空中巨大的窟窿，你可能会受伤。还是三思而行吧。"女娲摇了摇头，坚定地说道："没关系，我们是天神，守护凡人是我们的职责，就算是以我的生命为代价，我也要守护他们！"

修补天空是一件充满困难与挑战的事情。女娲先在江河中挑选了许多红、黄、青、白、蓝五色的石子，又找来火神祝融帮忙，请他用神火把五色石子烧了整整九天九夜，烧成五彩的石浆。女娲把混合了自己神力的五彩石浆放入天空的大窟窿中。

女娲也不知道自己这么做会不会成功。不断消失在大窟窿中的石浆曾让女娲绝望，一度想要放弃。但是看着还在火海与洪水中挣扎的凡人，女娲还是咬

牙坚持了下来。终于，在女娲不断地向大窟窿中放入石浆后，天空被一点一点补好。

随后，女娲砍断海中巨鳌（áo）的四只脚，用它们来做撑起天空的四根天柱。女娲还把窜出来的野兽们纷纷赶回山林，又用芦灰修补地上的裂缝。

至此，天空和大地被修补好，人们重新迎来了和平安宁的生活。而筋疲力尽的女娲回归了大地，沉沉地睡去。在长久的沉睡中，女娲的身体开始分化。其中，她的肠子幻化成了十位美丽、博爱的天神，这些天神后来生活在栗广的原野上，像肠子一样横在道路上居住，代替女娲继续守护凡人。

不周山被撞断和天空坍塌所带来的也不全是坏事。好的一面是日月星辰的运行因此变得更有规律了。原本被不周山支撑着的半边天空向下坍塌，天空中的太阳、月亮和满天繁星纷纷朝坍塌的西方滑去。而这些星辰的运行轨迹也意外地变成了我们今天所看见的东升西落。这便彻底结束了日月星辰永远聚集在东方的时代。

为了让日月有序运行且让人们的生活更有规律，颛顼专门派了认真负责

的石夷去大地的西北角，管理太阳和月亮运行时间的长短。从此以后，部分地区的人们结束了永远生活在白天的日子，他们可以在黑夜中安眠；而很多此前看不到太阳的人们也结束了永远处在黑夜中的生活，他们可以在晴朗的白天看见阳光普照大地的景象。

另一方面，由于不周山倒塌，原本悬挂在大地东南角的巨绳也被崩断，东南大地塌陷下去，形成了我们今天西北高、东南低的地势，也造就了今天百川东流入海的壮阔情景。

原文

《山海经·大荒西经》：有神十人，名曰女娲之肠，化为神，处栗广之野，横道而处①。

《山海经·大荒西经》：有人名曰石夷，来风曰韦，处西北隅以司②日月之长短。

注释

①横道而处：横在道路上居住。②司：掌管。

教民制陶的昆吾

山海档案

kūn wú
昆吾

族　类：神

身　份：颛顼玄孙，陶器的发明者

特　征：聪明能干，喜欢思考

所在地：龙山附近

山海档案

dāng kāng
当康

族　类：兽

身　份：预示天下丰收的灵兽

特　征：长得像猪，口中有长牙

所在地：钦山

女娲补天后，天下获得了短暂的安宁。颛顼特地派众神下界，帮助人们重建家园，其中就有昆吾。昆吾的本名叫樊，他是颛顼曾孙陆终的儿子，跟随父亲、兄弟来到凡间。

凡人在火神的教导下，早已熟练地掌握了使用火的方法。他们常常会升起篝火，把打来的猎物用火烤着吃。一天，昆吾跟一堆凡人围坐在篝火前，吃着香喷喷的烤肉。他看着不远处新打回来的猎物被堆成了小山一般，各类谷物也被堆成好几垛（duò）。据部落的人说，今年有人曾见到过当康。这是一种原本生活在钦山上的野兽，长得像猪，口中有长牙，它的出现往往预示着天下即将获得丰收。人们在去钦山采金属、玉石的时候看到了成群的当康。

“看来今年又是一个丰收年。”昆吾开心地说。但部落的人却很苦恼，因为他们找不到好的保存粮食的办法。昆吾看到离粮食堆不远处有几个人专门在蹲守，他们不时驱赶偷粮的鼠、虫。昆吾好奇地问周围的人：“你们就没想过找一些容器来装粮食吗？”旁边的人一边吃着烤肉一边说：“我们之前试过用泥巴做的罐子装粮食，可没过多久这种罐子就变形或裂开了。”

昆吾从小就聪明能干，继承了先祖喜欢思考的优点，从不轻言放弃，于是认真思考起来。他看着火堆中烧过的泥巴，忽然想到了一个好办法，这是他小时候无意之间发现的秘密。那时候，他的祖父吴回成了新任火神，教他如何召唤火焰，可惜小昆吾没什么天赋，学得特别慢。但是，他却发现被火烧过的泥巴会变得非常硬，就算是放在水中，也不会轻易变形。

他决定试试用火烧泥罐。他挖来了很多泥，做成了罐子，再用火一点点烤制。刚开始他总是失败，别人也搞不懂他在干什么，只是看他在不停地捏泥土，再放到火堆中烧。有人还好心地提醒他：泥巴就算再怎么烧也不能吃。

昆吾不在意别人的误解，而是不断地研究。他发现泥土的土质、火焰的大小、烧制的时间都会影响罐子的质量。在不断的尝试中，他终于摸清楚了用什么土质的泥土、多大的火焰和多长的烧制时间能烧出最坚硬的罐子。他终于做出了世界上第一个陶罐，用这个罐子就能长期存放粮食。昆吾的发明引来了人们的惊叹，大家纷纷跟着他学习烧制陶罐的方法。

后来，昆吾还在这些陶罐上画上漂亮的花纹。昆吾发明的陶罐解决了粮食储存问题，让人们的生活更便利。因此，人们称呼他为陶器始祖。

有时候，烧陶罐烧累了的昆吾会跑去白水山放松，那里是白水的发源地，昆吾常常和师父去那里的白渊中洗澡。白水山风景秀丽，白渊中的水能消除人的疲惫。昆吾每次在白渊中洗澡，总是能洗去一身的疲惫，然后精神十足地回到部落中，继续教人们烧制陶器。昆吾除了烧制陶罐，还能烧出陶碗、陶盘等各种各样的器皿。他后来建立了自己的部落，即昆吾族。

后来，人们在大荒中的龙山上发现了昆吾族人的足迹。龙山是太阳与月亮落下的地方，山上有三个大水池，被称为三淖（nào），昆吾族人常在附近捕猎取食。

原文

《山海经·东山经》：又东南二百里，曰钦山，多金、玉而无石。师水出焉，而北流注于皋（gāo）泽，其中多鱃（qiū）鱼，多文贝。有兽焉，其状如豚而有牙，其名曰当康，其鸣自叫，见则天下大穰（ráng）①。

《山海经·大荒南经》：又有白水山，白水出焉，而生白渊，昆吾之师所浴也。

《山海经·大荒西经》：大荒之中，有龙山，日月所入。有三泽水，名曰三淖，昆吾之所食也。

注释

①穰：庄稼丰收。

欣欣向荣的凡间各国

山海档案

伯服国人

bó fú guó rén

族　类：人

身　份：伯服国的原住民，颛顼后人

特　征：喜欢吃黍

所在地：东海之外的大荒

山海档案

季禺国人

jì yú guó rén

族　类：人

身　份：季禺国的原住民，颛顼后人

特　征：喜欢种黍

所在地：成山附近，甘水尽头

山海档案

yǔ mín guó rén

羽民国人

族　类：人

身　份：羽民国的原住民

特　征：浑身长满羽毛，能像鸟儿一样飞翔，喜欢吃黍

所在地：成山附近，甘水尽头

山海档案

luǎn mín guó rén

卵民国人

族　类：人

身　份：卵民国的原住民

特　征：从卵中诞生，喜欢吃黍和彩色的鸟蛋

所在地：成山附近，甘水尽头

离昆吾常常洗澡的白渊不远的地方有个伯服国。伯服国原来叫颛顼国。当时，众神下凡帮助人们重建家园，颛顼亲自在东海之外的大荒中建立了一个新的国度，并取名颛顼国。这里离少昊的百鸟王国不远。百鸟王国是颛顼小时候最喜欢的地方，他人生中无忧无虑的日子都是在那里度过的。

后来，颛顼回到天界，特地派自己的大儿子伯服留守在颛顼国。伯服成了颛顼国的新首领，并将其改名为伯服国。伯服国有肥沃的土壤，四季如春，国人们种植着各种水果、蔬菜和粮食作物。

伯服国的土地非常适合种植黍，黍是一种黄米，吃了有补气血的功用。伯服国人以这种粮食为主食。他们总是勤勤恳恳地耕作，还会从丰收的黍中挑一部分酿成酒，献给天界的神明。有些伯服国人会去东海玩耍、捕鱼，受到神明庇护的他们每次都能满载而归。伯服国人经常喝着用黍酿成的美酒，吃着从东海捕捞的鱼，生活过得有滋有味。

另一个以黍为食的国家是季禺国，它是颛顼的儿子季禺建立的国家。季禺国在成山附近、甘水尽头。季禺国的一边住着身上长满羽毛的人，他们能像鸟儿一样飞翔，被称为羽民，建立了羽民国。季禺国的另一边是一片茂密的森林，那里的树上有很多巨大的卵。那里的人们总是守护着那些卵，因为他们都是从卵中孵化出来的，他们的国家叫作卵民国。

季禺国人在自己的国度找到一些适合种植黍的地方，大量种植这种粮食。每到收获季节，他们都会成群结队来到田地中，收割已经成熟的黍。黍很香，总是能引来鸟雀偷吃。

季禺国人为了保护自己辛苦种出来的黍，会轮流守护在田地附近。其实季禺国人不仅防范偷吃的鸟雀、野兽，还防范住在附近的羽民国人和卵民国人，总担心他们会像动物一样，趁着夜色来偷黍。

但是令他们没想到的是，被黍吸引过来的羽民国人和卵民国人并没想过偷黍。羽民国人带来了长在悬崖上的野果，卵民国人带来了彩色的鸟蛋，他们因为对黍的味道感到好奇，所以拿自己的食物和季禺国人交换。季禺国人也被羽民国人和卵民国人的食物吸引，拿出了他们刚收获的黍和特制的米糕同两国的人交换。

就这样，三个国家的人们过上了吃野果和彩色的鸟蛋、蒸黍饭的美好日子。他们还会用家中的野果做成果酒，连同彩色的鸟蛋、米糕一起祭祀神明，祈求神明保佑他们年年丰收。

原文

《山海经·大荒南经》：有国曰伯服，颛顼生伯服，食黍。

《山海经·大荒南经》：又有成山，甘水穷①焉。有季禺之国，颛顼之子，食黍。有羽民之国，其民皆生毛羽。有卵民之国，其民皆生卵②。

注释

①穷：尽。②生卵：从卵中孵化出来。

三面独臂人

山海档案

sān 三 miàn 面 dú 独 bì 臂 rén 人

族　类： 神

身　份： 颛顼的后代

特　征： 长着三个脑袋、一只手臂，拥有不死之身

所在地： 大荒山

山海档案

shū 淑 shì 士 guó 国 rén 人

族　类： 人

身　份： 颛顼的后代

特　征： 知书达理

所在地： 不周山和栗广之野之间

大荒野里有一座大荒山，山上住着一群三面独臂人，他们长着三个头、一只手臂。他们是天帝颛顼的后代，被派到大荒山帮助人们进行灾后重建。

因为他们长着三个头，所以比起普通人，三面独臂人拥有更广阔的视野。依靠着自己超人的观察力，三面独臂人总是能为人们指出哪座山里的食物最丰富，哪座山里有危险的猛兽出没，哪座山里的大树适合用来造房子。在三面独臂人的帮助下，附近的人们很快过上了丰衣足食的生活。

只是三面独臂人虽然长着三个头，却只有一只手臂，手臂离三个头的距离不同。平时他们会用唯一的手臂抓鱼，采野果，再喂到不同的嘴里。

因为有三个头，所以三面独臂人想法比一般人多，也更聪明。但是他们的三个头也有意见不合的时候，会发生争吵。然而一般情况下，三个头能友

好确定分工，比如谁负责说话，谁负责思考。

同时，因为三面独臂人是神明的后代，也继承了一些神力。他们拥有不死之身，就算是被烈火焚烧成灰烬，也能在灰烬中重生。因为有这样的神力，他们曾经在战场上所向披靡（pī mǐ），是颛顼的天界大军中最重要的部队之一。

三面独臂人曾经将共工的海底战士杀得狼狈逃跑。战争结束后，他们被颛顼派到大荒中。这里有座大荒山，三面独臂人负责保护这里人们的安全并帮助他们重建家园。大荒山的人们经常会送来野果和烤肉，以感谢三面独臂人的守护。

不周山和栗广之野之间的淑士国，也是颛顼的后代建立的国家。淑士国人非常讲礼貌。当初颛顼派淑士国人的祖先来到凡间，就是为了向凡间的人们传播知识和礼仪，希望凡间的人们除了会种地、打猎，还能变得更加明辨是非，更加文明有礼。所以他派了最儒雅、好学、懂礼仪的后代来到这里。

他们也没辜负颛顼的期望，建立了淑士国。淑士国是大地上最讲礼仪文明的地方，这里人人都很有学问，讲礼仪。淑士国人很喜欢种梅花树，整个淑士国被无数梅花树包围着，空气中飘荡着浓郁的梅花香气。

穿过密密的梅林，就能听见淑士国中琅琅的读书声。在淑士国中，人人举止儒雅，喜欢读书学习，城里到处都是传播知识的学堂。淑士国人会用自己的知识和礼仪同别的部落或国家的人交换食物和药材，也会定期去别的国家游历，向他们传授知识和礼仪。

原文

《山海经·大荒西经》：大荒之中，有山名曰大荒之山，日月所入。有人焉三面，是颛顼之子[1]，三面一臂，三面之人不死。是谓大荒之野。

《山海经·大荒西经》：有国名曰淑士，颛顼之子。

注释

①子：指后代。

一场更大的危机

山海档案

shì láng
狏狼

族类：兽

身份：预示战争的凶兽

特征：有长耳、白尾，像狐狸

所在地：蛇山

山海档案

yīng wǔ
鹦鹉

族类：鸟

身份：在天界和凡间之间传递信息的鸟

特征：像猫头鹰，有青羽毛、红嘴，能学人说话

所在地：黄山

山海档案

mǐn
𤛎

族类：兽

身份：怪牛

特征：长得像牛，眼睛特别大，视力好

所在地：黄山

看着凡人们的生活逐渐走向正轨，以为自己终于能喘口气的颛顼回到了天界。

然而，一天，他看见院子中落满了预示战乱的凫徯，甚至连神树上都站着几只白脑袋、红脚掌的朱厌。这让颛顼立刻皱起了眉头。“也许是这些怪鸟和野兽还没来得及离开吧！”一旁的火神黎忙开口安慰道。颛顼没有接话，他总觉得事情没有这么简单，也许还有什么新的灾难在前面等待着他。这时，有人前来报告，称巡逻的天神发现狏狼的踪迹，颛顼连忙跟着天神前去查看，果然看见了狏狼。这种野兽出自蛇山，长着长耳朵、白尾巴，很像狐狸。它的出现可不是个好兆头，因为和凫徯、朱厌一样，它的出现往往预示着战争即将来临。颛顼看到这一幕更加担忧了。

颛顼的预感没错，一场更大的危机正在酝酿。原本天空和大地之间有很多天梯。天神们可以自由地在凡间和天界之间来去，有些凡人也可以凭借自己的智慧和勇敢攀登天梯，来到天界。在这种情况下，出现了很多传递消息的使者——能够自由往返天界与凡间的巫师、半神和鸟兽。

其中有一种叫作鹦䳇的鸟，是生长在黄山上的奇鸟，长得很像猫头鹰，有着青色的羽毛、红色的嘴，能学人说话。它总是往返天界与凡间，传递消

息。黄山上还有一种长得像牛的野兽犛，它的眼睛特别大，视力特别好，能看见千里之外的情况。犛经常看着成群结队的鹦鴞带着消息飞向世界各处。

渐渐地，人们通过这些“信使”知道了能活到八百岁的轩辕国人、寿命达上千年的白民国人、不死民、犬戎国人……越来越多长生不死的异国人刺激着凡人们的眼球。

尤其是夜晚，凡人们坐在自己的茅草屋前，抬头仰望天空，就能隐约看见层层云朵中那些灯火通明的漂亮宫殿，里面到处都是天神们的欢声笑语。很多人目睹这样巨大的反差，逐渐萌生了想要成为天神并长生不死的想法。

但是生来平凡的他们，没办法像半神那样天生就拥有神的血脉，生活在物质充裕、人人长寿的美好国度里。大多数普通人不得不经历生老病死，也不敢冒死攀登昆仑山、柏山这样神奇莫测又充满危险的天梯。

也就是在这时，巫师们聚集的登葆山成为很多凡人“登天”的选择。同样没有神的血脉，却能通过运用大自然的力量获得一切的巫师们在凡人中的地位越来越高。比起天神的法术，巫师们掌握的知识及运用自然力量的方法，对于凡人来说更容易学会。所有凡人中，要属苗民和巫师们走得最近。苗民是生活在西北方的海外、黑水北岸的长着翅膀的一群人，原本跟着他们的守护神延维被迫加入蚩尤的阵营，反抗炎黄部落。战败后，他们退回自己的领地。后来颛顼当上天帝，他的后代也迁徙到苗民的领地并和原住民融合，形成了新的苗民部落。这里的人都姓厘，喜欢以肉为食。

苗民们跟着巫师学会了很多技能，人人会占卜，会用巫术。因此，跟着巫师学习的苗民们越来越崇拜巫师，甚至称呼他们为巫神，反而对天神的崇敬日渐减少。这一巨大的转变让一些心怀恶意的天神们打起了主意。

原文

《山海经·大荒北经》：西北海外，黑水之北，有人有翼，名曰苗民。颛顼生驩（huān）头，驩头生苗民，苗民厘姓，食肉。

《山海经·西山经》：又西百八十里，曰黄山，无草木，多竹、箭。盼水出焉，西流注于赤水，其中多玉。有兽焉，其状如牛而苍黑大目，其名曰𤜣。有鸟焉，其状如鸮（xiāo）①，青羽赤喙，人舌能言②，名曰鹦䳇。

《山海经·中山经》：有兽焉，其状如狐，而白尾长耳，名㹢狼，见则国内有兵③。

注释

①鸮：猫头鹰。②人舌能言：（长着）人一样的舌头，能够说话。③见则国内有兵：只要一出现，国内就会爆发战争。

苗民的反叛

山海档案

耆(qí)童(tóng)

族　类：神

身　份：颛顼的儿子

特　征：声音如钟磬声且带有仙力

所在地：騩(guī)山

山海档案

长(cháng)乘(chéng)

族　类：神

身　份：蠃(luó)母山山神

特　征：像人并有犳(zhuó)的尾巴，具备九种德行

所在地：蠃母山

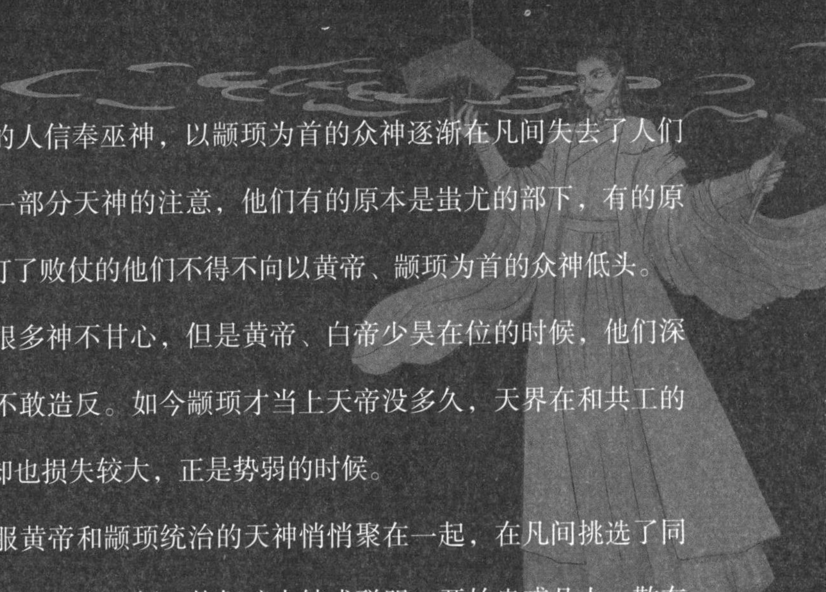

随着越来越多的人信奉巫神，以颛顼为首的众神逐渐在凡间失去了人们的信仰。这引起了一部分天神的注意，他们有的原本是蚩尤的部下，有的原本是共工的手下。打了败仗的他们不得不向以黄帝、颛顼为首的众神低头。

虽然他们中的很多神不甘心，但是黄帝、白帝少昊在位的时候，他们深知双方力量悬殊，不敢造反。如今颛顼才当上天帝没多久，天界在和共工的大战中虽然赢了，却也损失较大，正是势弱的时候。

这些原本就不服黄帝和颛顼统治的天神悄悄聚在一起，在凡间挑选了同样有野心且想霸占天下的邪巫师。他们暗中结成联盟，开始蛊惑凡人，散布很多有关颛顼的谣言。

苗民中的很多人都是颛顼的后代。起初，他们是不相信这些谣言的，然而跟着巫师们学会占卜、巫术的苗民早已不愿意回田间耕种，回山林里打猎。他们每天靠着占卜生活，听从巫师的指示。日子久了，苗民们对那些谣言也将信将疑起来。

正因为苗民忙于学习巫术和占卜，不再去田间耕种，去山林打猎，导致大量的田地被荒废，食物也慢慢减少。没有了食物来源的苗民过上了忍饥挨饿的生活。就在这个时候，心怀叵（pǒ）测的恶神和邪巫师加紧煽动他们作乱。

有恶神对着苗民愤愤不平地抱怨道：“都是天神的后代，为什么轩辕国人、白民国人不需要打猎、耕种？为什么他们能喝仙露、吃神果，还能长寿？为什么你们就要在这样艰苦的地方忍受饥饿？”

饥饿的苗民渐渐失去了判断力，有人愤怒地说：“就是！看看人家过的什么日子，再看看我们，凭什么！”他们丝毫没有意识到其实是他们沉迷巫术，荒废耕种和打猎，才导致自己过上了这样悲惨的日子。他们把怒火转移到以颛

顼为首的众神身上，认为是他们的偏心导致了这一切。

苗民在这样的愤怒中，在恶神和邪巫师的挑唆下，开始掀起对颛顼的讨伐，对其他国度发动突然袭击，在人间作乱。面对身处战火的无辜凡人，颛顼发愁道："这是怎么了？西北海外的苗民怎么就突然发动暴乱了？到底发生了什么？"这时，天神长乘走到颛顼身旁，对颛顼说："据我所知，苗民原本勤劳本分，肯定是因为受到蛊惑才这样做的。"长乘主管嬴母山，他的外形像人并有豹的尾巴。因为他是天的九德之气所生，所以在苗民中颇有威望，对苗民的情况也较为熟悉。

"父亲，让我去把此事调查清楚！"说话的人是颛顼的儿子耆童。他出生的时候，颛顼曾找巫咸占卜，巫咸说："这个新诞生的孩子能让家族子孙兴旺。"因此，颛顼一直把耆童带在身边。后来，颛顼发现耆童的声音像钟磬的声音一样洪亮好听，这声音里还带着仙力，总是能吸引神兽驻足倾听。在少昊的百鸟王国长大的颛顼听过少昊弹奏仙乐，也听过神鸟婉转的歌声，深知音乐的重要性。他特别把满是美玉的騩山赐给耆童住。每当耆童在騩山上唱歌，歌声就会被传播到很远的地方，并引来大批神鸟驻足；山下的蛇群也会沉迷在这带有仙力的歌声中而忘记赶路，一条挨着一条，堆积成山。

看着跃跃欲试的耆童，颛顼赞许地点了点头，让他去凡间调查苗民叛乱的真相。

原文

《山海经·西山经》：又西一百九十里，曰騩山，其上多玉而无石。神耆童居之，其音常如钟磬。其下多积蛇[①]。

《山海经·西山经》：西水行四百里，流沙二百里，至于蠃母之山，神长乘司之，是天之九德也[②]。其神状如人而犳尾。

注释

①其下多积蛇：山下到处是一堆堆的蛇。②是天之九德也：是天的九德之气所生。

山海档案

帝（dì）江（hóng）

族类：神

身份：能歌善舞的天神

特征：像黄口袋，有赤红色的皮肤、六只脚、四只翅膀，没有脸和眼睛

所在地：天山

山海档案

讙（huān）

族类：兽

身份：养在身边可以防御凶邪的神兽

特征：像猫，有一只眼睛和三条尾巴

所在地：翼望山

山海档案

鵸（qí）鵌（tú）

族类：鸟

身份：吃了可以防御凶邪的神鸟

特征：像乌鸦，长着三个脑袋、六条尾巴

所在地：翼望山

寻找帝江

耆童踩着云朵飞到了离苗民不远的地方，他脚下是正在欺凌其他凡人的苗民。耆童对着天空唱起了歌谣，那如敲击钟磬般洪亮的声音迅速传开，一瞬间就定住了暴乱的苗民。

被耆童歌声催眠的苗民眼神空洞，仿佛失去了意识一般地服从耆童。耆童命令他们回到西北海外，并从他们口中问出了他们发动暴乱的原因。看着苗民成群结队地飞走，耆童才踩着云朵飞回天界。

听了耆童报告的颛顼很愤怒：“竟然是蚩尤和共工那些不安分的手下和巫师联手作乱，真是可恶！”耆童忙说：“父亲，眼下着急的是要赶紧集结军队。我的歌声只能控制苗民几日，等他们清醒过来，他们还是会发动暴乱的！”

颛顼看向耆童：“这次出征由你来挂帅吧！你有什么需要可以跟我说。”耆童想了想，说：“我需要帝江的帮助，他擅长唱歌跳舞，不仅能增强我的神力的影响，还能唤醒被蛊惑的苗民，所以我需要他和我一起出征！”颛顼点头道：“那便由他和你一起去平叛！”

耆童的騩山向西三百五十里的天山上，住着天神帝江。帝江的外形很像黄色的口袋，身上发出火红的光，好像火焰一般。他长着六只脚、四只翅膀，却没有长脸，也没有眼睛。他能歌善舞，是耆童的好邻居，平时总跑去騩山上找耆童玩耍。因为他没有脸，所以也有人叫他“混沌”。传说黄帝乘龙飞升那天，刚好是帝江诞生的日子。

耆童带着众神前去见帝江，远远地就看见了群山中金灿灿的天山。身旁的天神忍不住感叹：“好漂亮的山哪！”耆童点头笑道：“那是当然，天山上到处都是黄金和美玉，还有石青和雄黄，整座山在太阳的照射下显得特别漂亮。”

众神刚降落，就看见了仿佛火焰一般的帝江。很多天神第一次见到帝江，对他奇异的外形感到惊异，主要是因为帝江没有脸，也没有眼睛，这让很多天神不知道该对着他的哪一边讲话。只听见帝江先发出声音：“耆童，你怎么来了？你是来找我唱歌的吗？”

耆童点点头，说：“帝江，我需要你跟我走一趟。眼下苗民受到恶神和邪巫师的蛊惑，正为祸人间。我打算请你跟我一起配合，吟唱神乐，表演神舞，唤醒这些被蛊惑的苗民！”

帝江听到耆童的请求，扑棱（pū leng）着四只翅膀飞了起来，迈开他的六条腿说：“那还等什么？咱们现在就出发吧，别耽误时间！”他还不忘对众神说：“还愣着干什么？快跟上啊！”

有天神忍不住好奇地对耆童说：“你看见没？那边好像是他的脸！我的天，什么都没长，跟别的地方一样啊！根本分不出来。”

众神前往苗民所在地时，路过翼望山。忽然，翼望山中传出惊叫声，不断有猎人从里面逃出来并惊呼有吃人的怪兽和怪鸟。耆童对帝江说：“我们去制服它们吧。”他们随即冲入山林中，很快便制服了吃人的怪兽和怪鸟。众神纷纷围过来，眼前这头长得像猫且只有一只眼睛、三条尾巴的怪兽是什么呢？那只外形像乌鸦，长着三个脑袋、六条尾巴，喜欢嬉笑的怪鸟又是什

么鸟呢？耆童说：“我曾来过这座山，这两种动物可都大有来头。怪兽名叫讙，它的声音能压倒百种动物一起叫的声音，将它饲养在身边可以防御凶邪，吃了它的肉可以治黄疸（dǎn）病。怪鸟名叫䳋䳜，吃了它不会做恶梦，还可以防御凶邪。”帝江说：“那就带上它们！我们此去镇压暴乱，正需要用它们来防御凶邪。”众神纷纷称好，于是大家带着它们继续上路了。

原文

《山海经·西山经》：又西三百五十里，曰天山，多金、玉，有青、雄黄。英水出焉，而西南流注于汤谷。有神焉，其状如黄囊，赤如丹火，六足四翼，浑敦[①]无面目，是识歌舞，实惟帝江也。

《山海经·西山经》：西水行百里，至于翼望之山，无草木，多金、玉。有兽焉，其状如狸，一目而三尾，名曰讙，其音如夺[②]百声，是可以御凶，服之已瘅（dǎn）[③]。有鸟焉，其状如乌，三首六尾而善笑，名曰䳋䳜，服之使人不厌[④]，又可以御凶。

注释

①浑敦：也作“浑沌”或“混沌”，模糊，不分明。②夺：压倒，胜过。③瘅：通“疸”，黄疸病。④不厌：不做恶梦。

山海档案

tài zǐ cháng qín
太子长琴

族　类：神

身　份：祝融的儿子

特　征：擅长弹琴

所在地：yáo 榣山

山海档案

tuó féi
橐𩇯

族　类：鸟

身　份：羽毛能防雷的怪鸟

特　征：像猫头鹰，长着人的面孔，只有一只脚

所在地：yú 羭次山

山海档案

xiāo
嚣

族　类：兽

身　份：擅长投掷的凶兽

特　征：像猿猴，手臂长

所在地：羭次山

巫师们的抗争

耆童、帝江及众神赶到苗民所在地的时候，碰到另一位天神驾云赶来，他是太子长琴，是火神祝融的儿子，住在榣山上。据说他出生的时候，怀里就抱着一把琴，天空中飞来无数神鸟鸣唱，大地上的猛兽也发出欢快的叫声。火神祝融觉得自己这个儿子和音乐有缘，所以给他取名太子长琴。

太子长琴从小就会弹琴，他的琴声中带着神力，可以影响周围环境：琴声高亢时，周围的溪水会击打石壁；琴声清越时，会有阵阵清风扑面而来。他的琴声时常会召唤来三只五彩神鸟：一只名叫皇鸟，一只名叫鸾鸟，一只名叫凤鸟。它们会盘旋在太子长琴的身边，随着他的琴声鸣唱。因为这三只神鸟出现在哪里，那里就会吉祥太平，所以太子长琴居住的榣山附近的人们总是过着幸福安康的生活。

耆童看着不远的天空中黑压压的苗民大军，对着太子长琴点点头。会意的太子长琴立刻盘腿坐在云朵之上，用修长的手指抚摸琴弦，顿时，悲壮的乐曲从他的指间流淌而出。伴随着太子长琴的琴声，原本晴朗的天空刹那间乌云密布，风暴在天地间生成。太子长琴继续拨动琴弦，顿时飞沙走石，风暴向着苗民的方向席卷而去。

就在此时，耆童配合着琴声，对着天空唱起歌谣，这一次他那如敲击钟磬般洪亮的声音使大地震颤。帝江在这样的琴声与歌声中翩翩起舞。在帝江神力的助力下，响雷一般的歌声配合着琴声，响彻大地。

乐声、歌声震得天地变色，也震慑住了苗民，他们想起了曾经被战鼓支配的恐惧，个个内心发慌。而颛顼军队的战士们，仿佛被这激昂的乐声和歌声赋予了力量般，纷纷勇往直前。帝江冲在最前面，他在天空中跳舞，发出红色的光芒，这些光芒照在战士们的身上，赋予了他们更大的勇气。

邪巫师们眼看着苗民节节败退，很是着急，心想可不能就这么输了。他们忙取出一袋蓝色的羽毛分发给苗民。怪异的事情发生了：戴上蓝色羽毛的苗民竟然不再害怕雷鸣般的声音，开始向着颛顼军队冲锋。就算耆童的歌声和太子长琴的琴声再洪亮也无法阻止苗民进攻的脚步。

这些蓝色的羽毛是邪巫师们特别准备的，他们从十巫那里听说过涿鹿大战的故事，知道很久以前苗民们因为惧怕雷鸣声而打了败仗。害怕历史重演的邪巫师们在大战之前找到了对付雷鸣声的办法。

原来在羭次山上生活着一种外形很像猫头鹰的鸟，叫作橐𩇯，长着人的面孔，只有一只脚。这种鸟只在冬天出现，夏天会藏起来。把它的羽毛佩戴在身上，就不会害怕雷声。

大战开始之前，邪巫师们专门去了一趟羭次山，那里是漆水的发源地。山的北面有大量的红铜，南面有数不清的婴垣（yuán）玉，山上有很多棫（yù）树和橿（jiāng）树，山下有茂密的竹林。巫师们穿过山下的竹林时，还遭遇了嚣的攻击。嚣是羭次山中的一种长得像猿猴、双臂很长的野兽，擅长投掷。整整三天，巫师们一边抵御嚣的攻击，一边寻找橐𩇯的踪

迹，最后终于在一处悬崖上发现了橐𩇯的巢穴，但也付出了惨重的代价：同去的十几个邪巫师里，最后只剩下几个人带着橐𩇯回来。

原文

《山海经·大荒西经》：祝融生太子长琴，是处榣山，始作乐风。有五采鸟三名：一曰皇鸟，一曰鸾鸟，一曰凤鸟。

《山海经·西山经》：又西七十里，曰羭次之山，漆水出焉，北流注于渭。其上多棫橿，其下多竹箭，其阴多赤铜，其阳多婴垣之玉。有兽焉，其状如禺[①]而长臂，善投，其名曰嚣。有鸟焉，其状如枭[②]，人面而一足，曰橐𩇯，冬见夏蛰，服之不畏雷[③]。

注释

①禺：兽名，猴类。②枭：猫头鹰。③服之不畏雷：吃了它的肉，不害怕打雷。

重、黎绝地天通

山海档案

zhòng
重

族类：神

身份：颛顼的孙子

特征：高大威严

所在地：天界

山海档案

lí
黎

族类：神

身份：颛顼的孙子

特征：高大威严

所在地：人间

身上佩戴着橐𩇯羽毛的苗民又听到了恶神与邪巫师蛊惑的话语：“凭什么你们就要留在那艰苦的地方忍受疾病和死亡？不如搏一把！”经不住蛊惑的苗民带着汹涌的恨意，不怕死地冲向了耆童及众神。

太子长琴飞速地拨动琴弦，随之而来的带着神力的乐声在耆童与帝江的配合下被无限放大并招来巨大的风暴，横亘（gèn）在天地之间。

然而就算是在这样极端强大的风暴中，仍有源源不断的苗民涌过来。就算在风暴中被折断翅膀，甚至被碾碎身体，他们仍然一波波地冲过来。

“难道这些苗民不怕死吗？”太子长琴忍不住惊讶地叫道。

无数苗民不惧生死，冲锋陷阵，太子长琴、耆童、帝江三位天神终于体力不支，他们身后的天兵天将冲了上去，与长着翅膀的苗民纠缠在一起。然而不惧死亡的苗民越战越勇，竟然杀得天兵天将节节败退。

“难道这次天界要失守了吗？”就在耆童心底刚刚冒出这样的想法后，他的身后猛地窜出两条由深蓝海水凝结成的巨龙，直冲苗民。巨大凶猛的海龙瞬间吞噬（shì）了冲上来的苗民，又没让身处攻击范围的天兵天将受到伤害。耆童忍不住回头去看能如此精准控制强大神力的是谁，随后欣喜地叫道：“父亲！”

原来是颛顼带着天神重和黎赶来了，海水凝结成的巨龙在他身边咆哮。看着被蛊惑的苗民，颛顼很愤怒。

颛顼最初是不想出手的，他相信凡人的善良。然而，看着此刻被困在水里、仇视着他的苗民，颛顼只觉得悲凉。失望与愤怒的颛顼心想，如果这些苗民不曾了解天界，是不是就不会做出今天这样愚蠢的举动了呢？于是，他做出了一个决定。他看向众神，命令道：“摧毁建木，我要让天与地彻底分离，我要凡人再也不能随意上天。”

颛顼带着众神，召唤出数十条凶猛的巨龙，让它们冲向通天神树建木。澎湃的神力让大地随之颤抖，只听“哗啦啦”一声巨响，承受不住神龙之力的神树建木断了。建木那巨大的树干从空中掉落，像黄蛇一样的树皮软绵绵地从树干上剥落，原本充满生机的枝叶迅速枯萎，纷纷扬扬地从天上落下。建木陨落后，树干在大地上砸出一道道深深的巨坑；树皮和枝叶散落在大地上，迅速枯萎，化为尘土。

看着建木被摧毁，颛顼又命天神重和黎将天和地的其他通路切断并让天与地的距离变得遥不可及。

天神重运起全身的神力，用力托举天空，不断向上飞去；而天神黎配合着重，不断按压大地，使大地不断下陷。在他们两个的配合下，天空和大地之间的距离变得越来越远。天地自此彻底分离。

原文

《山海经·大荒西经》：颛顼生老童，老童生重及黎，帝令重献①上天，令黎印②下地。

注释

①献：托举。②印：通“抑”，即抑压，向下按。

天地分离

山海档案

噎鸣（yē míng）

族　类： 神

身　份： 时间之神，炎帝的后代，黎的儿子

特　征： 像人，没长胳膊，两只脚架在头上

所在地： 日月山

山海档案

峳峳（yóu yóu）

族　类： 兽

身　份： 预示有奸猾之徒的凶兽

特　征： 像马，有四只角，长着羊的眼睛和牛的尾巴，声音如同狗叫

所在地： 䃌（yīn）山

无数大地上的凡人眼睁睁地看着天空越来越远，看着层层白云上的美丽宫殿逐渐离自己远去。每个人都意识到自己被神明抛弃了，有的人在哭喊，有的人在祈求，可惜已经晚了，他们什么也阻止不了。

直到天空中的众神透过云朵也看不见凡间的景象，风中再也传不来凡人的欢笑，飞得最高的鸟儿也无法再飞到天宫，就连凡间最高的昆仑山也彻底分离开，再也无法依靠攀登昆仑山触达天界，颛顼才让天神重停止了托举天空的动作。

另一边，天神黎不断按压大地，直到黎感觉到天空停止上升，才停止发力，让大地停止下降。至此，就算是天神想来到人间都很困难，更别说凡人想登天了。

天地分离后，耗尽神力的重留在天上，负责看管天界中的神仙，禁止他们随意踏入凡间；而留在大地上的黎负责看管生活在大地上的凡人。

天地分离结束了人神共存的时代，使凡间建立起了新的秩序。多年后，耗尽神力的黎生下了噎鸣。噎鸣长得非常奇怪，有着人类的外貌，却没有胳膊，两只脚架在头上，因此被称为怪神噎鸣。

天帝颛顼让噎鸣掌管天空中的太阳、

月亮和其他星辰运行的次序，噎鸣因此拥有了掌控时间的神力。因为受时间之神噎鸣的影响，他居住的大荒之中的日月山上，时间被扭曲了，到处都是不同的时空隧道。有的时空隧道通向过去，有的时空隧道通向未来。有的时空隧道中时间会被放慢，有的时空隧道里时间会被加快。

曾经有凡人爬上过噎鸣所在的日月山，并在无意之中闯入了山中的时空隧道，那里的时间过得非常缓慢。等到噎鸣发现时，那几个凡人已经在时空隧道中待了整整三天。等噎鸣把他们从时空隧道中放出来后，那几个凡人下山回到家中，却发现外面的世界已经过去了几十年，原本等待自己的亲人早已老去。

日月山上最高的山峰是吴姖（jù）天门，那里是天地分离后太阳、月亮每天落下的地方。噎鸣不仅掌管着天空中日月星辰的运行，还掌控着那些太阳照射不到的幽暗国度的时间。

后来，噎鸣生下了十二个儿子，他们继承了噎鸣掌控时间的神力，都住在日月山上，分别掌控一年的十二个月份。

一切看似恢复平静，凡间似乎又迎来了安宁的生活。但是，一种名叫被被的野兽开始频繁地出现在人们的视野中，这引发了部分渴望和平的凡人的恐慌。被被原本生活在硜山，那里南临硜水，东面可看到湖泽。被被长得很像马，有四只角、羊的眼睛和牛的尾巴，发出的声音如同狗叫。它在哪里出现，那里就会出现很多奸猾之徒。于是，不少凡人开始忧虑起来，不知道奸猾之徒会给这片土地带来什么厄运。

原文

《山海经·大荒西经》：大荒之中，有山名曰日月山，天枢[①]也。吴姖天门，日月所入。有神，人面无臂，两足反属（zhǔ）[②]于头上，名曰嘘[③]。颛顼生老童，老童生重及黎，帝令重献上天，令黎卬下地，下地是生噎，处于西极，以行日月星辰之行次[④]。

《山海经·东山经》：又南五百里，曰硜山，南临硜水，东望湖泽。有兽焉，其状如马而羊目、四角、牛尾，其音如獆（háo）狗，其名曰被被，见则其国多狡客[⑤]。

注释

①天枢：天的枢纽。②反属：反转着和其他东西相连。③嘘：噎鸣。④行次：运行的次序。⑤狡客：奸猾之徒。

天帝惩罚凡间

山海档案

páo xiāo
狍鸮

族　类：兽

身　份：吃人的凶兽

特　征：羊身人面，眼睛在腋(yè)下，有虎齿、人手，声音如婴儿哭

所在地：钩吾山

山海档案

jiǔ fèng
九凤

族　类：兽

身　份：十分聪明的神鸟

特　征：鸟身，长着九个脑袋

所在地：天柜山

山海档案

qiáng liáng
强良

族　类：兽

身　份：颛顼的下属

特　征：嘴里衔蛇，手里握蛇，虎头人身，力大无比

所在地：天柜山

天与地分离之后，苗民再也不能依靠自己的翅膀飞上天界，这让他们更加怨恨众神。再也无法接触众神的苗民在凡间到处散播谣言，蛊惑其他凡人。

而那些眼睁睁地看着天空离自己越来越远，意识到自己被众神抛弃的凡人也清楚他们再也不能通过天梯登上天界了。他们失去了向上成为天神的机会，只能永远待在大地上，经历病痛和死亡，就连山林中的野兽跳出来攻击他们，天神也不会再出手相救。恐惧在凡间迅速蔓延。

苗民和邪巫师把这一切全部怪到了众神的身上，他们恨恨地说："众神故意策划了天地分离，因为在他们眼里，我们这些低贱的凡人不配被庇护！"

不明真相的凡人就这样被苗民和邪巫师所蛊惑，一时之间，整个凡间厌恶天神的情绪达到了最高点。人们砸毁了众神的雕像，改信巫神，甚至孤立和伤害那些坚定信仰天神的人。

整个大地上充斥着战争、混乱，很多人因此失去了家园。忍无可忍的颛顼决定降下恶神与怪兽去惩罚那些在凡间作乱的恶人们。他叫来平逢山山神

骄虫，命他带着自己的毒虫大军降临凡间，惩罚那些不安分的苗民；又命天神放出此前在多玉多铜的钩吾山上抓捕的狍鸮，让天神带着它到凡间平定动乱。狍鸮是一种奇特的怪兽，有着羊的身躯、人的脸，眼睛长在腋窝下，还有老虎的牙齿和人的手掌，声音像婴儿啼哭。比起狍鸮怪异的样子，它喜欢吃人的特性更让人感到恐惧。所以自从狍鸮被抓捕以来，黄帝就将它关入槐江山，管理槐江山花园的英招负责看管狍鸮，避免它偷跑出来作乱。

看着骄虫、狍鸮等远去的身影，颛顼也担心它们误伤无辜的凡人，于是特别下令英招、计蒙、九凤、强良看管这些下凡的神兽。其中的九凤是凤凰的一种，是北极天柜山上的神鸟，长着人的面孔、鸟的身子，有九个脑袋。他从诞生起，就跟在颛顼身边。不同于其他神鸟，长了九个脑袋的九凤非常聪明，他的每一个脑袋里都储存着不同的知识和见解，平时主要负责给颛顼出谋划策。

强良和九凤一样，也是来自北极天柜山的神。他的嘴里衔着蛇，手里握着蛇。他长着虎头人身，有四只蹄足，手肘非常长。强良力大无比，刚直勇猛，深得颛顼信任。

颛顼特别命令九凤和强良在镇压苗民的同时约束一众恶神与怪兽滥杀无辜的行为。

原文

《山海经·北山经》：又北三百五十里，曰钩吾之山，其上多玉，其下多铜。有兽焉，其状羊身人面，其目在腋下，虎齿人爪，其音如婴儿，名曰狍鸮，是食人。

《山海经·大荒北经》：大荒之中，有山名曰北极天柜。海水北注焉。有神，九首人面鸟身，名曰九凤。又有神，衔蛇操蛇①，其状虎首人身，四蹄长肘，名曰强良。

注释

①衔蛇操蛇：嘴里叼着蛇，手中握着蛇。

为祸凡间的怪兽们

山海档案

gēng fù
耕父

族类：神

身份：预示国家败亡的恶神

特征：身躯巨大，散发青绿色光芒

所在地：丰山

山海档案

yōng hé
雍和

族类：兽

身份：能传播恐惧的凶兽

特征：像猿猴，浑身长满黄毛，有红色的眼睛和嘴

所在地：丰山

山海档案

zhū huái
诸怀

族类：兽

身份：吃人的凶兽

特征：像牛，长着四只角，人眼，猪耳，叫声像雁鸣

所在地：北岳山

死一般寂静的大地上，突兀地回荡起犹如丧钟般的悲鸣。长着人脸、羊身、虎齿，眼睛长在腋窝下的怪兽从天而降。它站起来比一座高山还要雄伟，浑身散发着黑色的光芒。

有苗民认出来，那是原本居于钩吾山，后被囚于槐江山深处的怪兽狍鸮。狍鸮身后缓缓飘出一道残破不堪的暗影，破烂的布条紧紧包裹着的巨大身躯散发着青绿色的光芒，那是常在清泠（líng）之渊游玩的恶神耕父。他一出现就预示着国家即将败亡。

狍鸮和耕父发出怒吼，顿时犹如山崩地裂一般。无数人在心中猜测是谁唤醒了这些恶神与怪兽。就在这时，伴随着大地的颤动，四周响起连绵不绝的猿猴叫声，只见数不清的黄毛猿猴犹如黄色的浪潮涌了过来。等它们靠近了，苗民才看清那些浑身长满黄毛的猿猴有着红色的眼睛、红色的嘴。有人大喊道：“不好了，那是丰山上的怪兽雍和！”

传说丰山上的怪兽雍和能传播恐惧，它们每次出现，都会让附近国家的人们陷入恐惧。看着飞奔而来的雍和、不断靠近的耕父和疯狂的狍鸮，曾经不可一世的巫师们终于露出了恐惧的表情。他们连忙组织苗民拿起武器和毒药准备战斗，他们想拼命挡住这些恶神和怪兽的攻击。

然而，他们全力抛出去的燃烧的巨大火球，在这些恶神和怪兽面前只不

过像一场声势浩大的烟花。更令人绝望的是，他们的身后又降临了一位双头四眼的恶神，那是平逢山的骄虫。只见他一声令下，从天空中的云朵里钻出的数不清的螫虫涌向大地。从远处看去，好似整个大地都被爬行的螫虫覆盖。

辽阔的平原上，苗民的防线被急速瓦解，巫师们吓得大喊："逃哇！"没有人有勇气去和身后的恶神战斗。

苗民发了疯似的逃离自己的家园，身后是密密麻麻的虫群和恶神。一时间，天地间充斥着嘶吼、哭喊与惨叫声。

一位跑得慢的老苗民失足跌倒在逃命的人群中，却没有人顾得上去扶起他。他只能蜷缩着抱成一团，心想：自己要死了吗？突然，身边变得异常寂静，只有大雁的叫声在不远处回荡。老人惊讶地抬起头，然而眼前的一幕让老人更加恐惧：天空中哪里有什么大雁？那些叫声是不远处的怪物发出来的，那怪物长得像牛，有四只角，长着人的眼睛、猪的耳朵，像大雁的叫声是从它口中发出来的，可是此刻那怪物却张着大嘴准备吃人。

老人想起来了，那是被困在北岳山上的怪兽诸怀，它常发出大雁那种鸣叫声，引诱猎人上山并吃掉他们。原本诸怀被天神困在北岳山上，然而如今天地分离，不再被天神管束的怪兽诸怀也下山吃人了。这就是神对人的惩罚吗？

原文

《山海经·中山经》：又东南三百里，曰丰山。有兽焉，其状如猿，赤目，赤喙，黄身，名曰雍和，见则国有大恐[①]。神耕父处之，常游清泠之渊，出入有光，见则其国为败[②]。

《山海经·北山经》：又北二百里，曰北岳之山，多枳（zhǐ）棘[③]刚木。有兽焉，其状如牛，而四角、人目、彘耳，其名曰诸怀，其音如鸣雁[④]，是食人。

注释

①见则国有大恐：这野兽在哪个国家出现，那个国家就会发生恐慌。②败：衰亡。③枳棘：都是落叶灌木，小乔木。④鸣雁：大雁在鸣叫。

苗民的失败

山海档案

猲狙（gé dàn）

族　　类： 兽

身　　份： 吃人的凶兽

特　　征： 像狼，长着红脑袋和老鼠一样的眼睛，声音如小猪叫

所 在 地： 北号山

山海档案

马腹（mǎ fù）

族　　类： 兽

身　　份： 吃人的凶兽

特　　征： 人面虎身，声音如婴儿叫

所 在 地： 蔓渠山

山海档案

蛊雕（gǔ diāo）

族　　类： 鸟

身　　份： 吃人的怪鸟

特　　征： 像雕，头上长角，叫声很像婴儿的哭声

所 在 地： 鹿吴山

地面上出现了无数道阴影，那都是各种各样凶猛的怪兽。

部分苗民和巫师组成军队发起反抗。他们把无数涂满焦油的巨大火球投向野兽和虫子之中。然而热浪中仍然源源不断地涌出野兽和虫子，冲向苗民。野兽中有一种名叫獦狚。它一般生活在北海边上的北号山上，外形像狼，却长着红脑袋和老鼠一样的眼睛，发出的声音如同小猪叫，而且会吃人。还有一种野兽名叫马腹，它的栖息地为蔓渠山。那里环境优越，盛产金属和玉石，山下到处是小竹丛。伊水从这座山发源，然后向东流入洛水。马腹外形怪异，人面虎身，声音如婴儿叫，也会吃人。看起来陷入疯狂的野兽和虫子冲破了巫师和苗民组成的防线。苗民们疯狂地逃跑，许多人躲入深山老林之中。

战乱也让一部分无辜凡人受到殃及，他们流离失所，到处寻找避难之地。一些人逃到了山中。起初，他们只是听见山里传来婴儿的哭声，便惊喜地想，山里一定居住着什么部落。

一直都在逃命的众人早已又饿又渴，迫不及待地顺着婴儿的哭声找去，然而前方却并不是什么部落，只是一滩望不到尽头的沼泽，婴儿的哭声正来自沼泽。

“这里好奇怪，要不我们还是走吧？”有人看着发出婴儿哭声的沼泽，有些担心地提议。“等一下。”胆子大的年轻人围着那奇怪的沼泽

探索起来。然而，黑色的沼泽中突然飞出一只长着长角的雕。它的身躯庞大，展开的翅膀几乎遮住了年轻人头顶的天空，不等年轻人反应过来，就冲他冲来。

正当众人震惊之时，沼泽里窜出许多长得差不多的雕，它们成群结队地冲向众人。它们张嘴尖叫时的声音像极了婴儿的哭声。“那是蛊雕哇，吃人的蛊雕，快跑！”

人群中终于有人想起来了，这怪物是蛊雕。老一辈人说过，鹿吴山上虽然没有花草树木，却有着丰富的金属和玉石。那座山被称为宝山，泽更水便是发源于此。但是从来没人敢上山寻宝，因为泽更水中有一种吃人的怪鸟蛊雕。它长得像雕，头上有长角。因为蛊雕的叫声像婴儿啼哭，所以它总是用声音引诱人，把人吃掉。此刻，看着袭来的蛊雕，人们只感到深深的绝望，怎么就赶上了这些怪鸟苏醒过来呀！

原文

《山海经·南山经》：又东五百里，曰鹿吴之山，上无草木，多金石。泽更之水出焉，而南流注于滂水。水有兽焉，名曰蛊雕，其状如雕而有角，其音如婴儿之音，是食人。

《山海经·东山经》：东次四山之首，曰北号之山，临于北海……有兽焉，其状如狼，赤首鼠目，其音如豚[①]，名曰獦狚，是食人。

《山海经·中山经》：又西二百里，曰蔓渠之山，其上多金玉，其下多竹箭。伊水出焉，而东流注于洛。有兽焉，其名曰马腹，其状如人而虎身，其音如婴儿，是食人。

注释

①豚：小猪。

酸与和穷奇的出现

山海档案

穷奇（qióng qí）

族　类：兽

身　份：少昊的儿子，四大凶兽之一

特　征：像虎，长着刺猬毛，有翅膀，叫声像狗叫，颠倒黑白

所在地：邽（guī）山

山海档案

酸与（suān yǔ）

族　类：鸟

身　份：带来灾难的怪鸟

特　征：蛇身，有四只翅膀、六只眼睛和三只脚

所在地：景山

还有一些人逃入景山。自从他们躲进山中，奇怪的事情就开始发生：有人喝水却不慎掉入河流中被冲走，有人被突然倒下的大树砸到，有人吃到毒野果，还有人晚上被自己点燃的篝火烧到……人们发现，自从来到景山，就不断有意外发生，似乎自己变得非常倒霉，仿佛被下了诅咒一样。

直到有人在丛林里发现了一种怪鸟，大家才明白原因。那鸟长着蛇的身体，却有两对羽翼、三只脚，头上长着六只眼睛，一直发出“酸与，酸与”的叫声。有人认出了这种鸟，叫道：“那是酸与！传说它出现的地方会有可怕的事情发生……”

还不等那人把话说完，晴空中竟然劈下几道雷来，而那几道雷不偏不倚地打到了大树上，干燥的树木瞬间燃起大火。人们不敢继续待下去，忙惊叫着逃跑。

长期的逃亡生活使人们十分疲惫，长久被饥饿和焦虑折磨的人们开始萌生出邪恶的念头。有人趁大家熟睡时，悄悄偷走别人的食物；有人三五成群地抢夺别人的物品……

有些善良的人看不惯这些行为，会站出来与这些坏人搏斗。然而，奇怪的事情发生了：那些维护别人、做了好事的人总会无缘无故消失，而那些做了坏事的人身边却时不时多出几只野兔、野鸡来。

一时间，逃亡的队伍里人心惶惶，那些作恶的人反而说自己才是被神庇佑的人，他们做坏事都是理所应当的。人们对于好人没好报、坏人没受到惩罚愤愤不平。有个老人似乎意识到了什么，说：“这附近不会有凶兽穷奇吧？”

他这一句话引起了其他人的好奇，大家纷纷问道：“穷奇是什么？”老人忙说：“邽山上曾经生活着一种野兽，名叫穷奇。它是长着翅膀的‘老虎’，像牛一样强壮，身上长满刺猬毛，叫声像狗，会吃人。传说穷奇是白帝少昊的儿子，却因为品行恶劣被封为四大凶兽之一。它能听懂人的话，喜欢鼓励恶行，惩罚善良的人。”

他顿了顿，继续说道："据说它会躲在暗处观看人们争斗，夜晚会出来吃掉善良的一方，也会给作恶的一方奖励。"

人们听完老人的话，决定到了晚上看看到底是怎么回事。他们把做了坏事的恶人聚集在一起，而有个惩治了坏人的好人也站了出来，决定以自己为诱饵，吸引凶兽穷奇出来。有人反对："万一穷奇真的来了，你会被吃掉的！"那人笑着说："我知道。但是如果真的有穷奇，你们就早点儿离开这里。好过我们都被吃掉，而这里沦为坏人的世界。"

夜幕降临，大家都躲了起来。众人等了好久，直到快睡着的时候，真的听到天空中传来响声。众人望去，果然飞来一只穷奇。它将猎杀的野兔、野鸡分给了作恶的人。穷奇满意地绕过坏人，张开大嘴想要吞掉沉睡的好人。这时，九凤突然从天而降，与穷奇展开激战，击退了穷奇，救下了那个好人。穷奇飞走了，众人从暗处走出来，惩罚了恶人，却发现九凤也不见了。他们不敢再待在这里，天还没亮，就收拾行囊跑了。

原文

《山海经·海内北经》：穷奇状如虎，有翼，食人从首始，所食被发。

《山海经·西山经》：又西二百六十里，曰邽山。其上有兽焉，其状如牛，蝟（wèi）[①]毛，名曰穷奇，音如嗥狗，是食人。

《山海经·北山经》：又南三百里，曰景山……有鸟焉，其状如蛇，而四翼、六目、三足，名曰酸与。其鸣自詨（xiào）[②]，见则其邑有恐[③]。

注释

①蝟：即"猬"，刺猬。②詨：呼唤，大叫。③见则其邑有恐：这种鸟出现的地方会有恐怖的事情发生。

山海档案

dì jùn
帝俊

族类：神

身份：天帝

特征：聪明仁爱，能召唤凤凰

所在地：天界

山海档案

yú fù
鱼妇

族类：鱼

身份：被死后的颛顼附体的鱼

特征：身子半边干枯，一半人形，一半鱼体

所在地：附禺山附近

天帝帝俊

颛顼已经不记得自己是在多久之前降下恶神与怪兽惩罚凡人了，他只记得自己这一辈子原本的梦想是成为凡人的守护神，却不想降下恶神与怪兽惩罚凡人的也是自己。

一开始，他为了守护凡人与共工大战。后来，他不愿看见凡人被邪巫师、恶神们蛊惑，选择分离天地，断绝凡人与神明的来往。可惜事情的发展跟他预想的不同，他不知道事情是从什么时候开始失控的。天地分离之后，凡人并没有像他想的那样安静地生活，反而更加怨恨他，苗民和邪巫师继续制造动乱。颛顼苦笑了几声，就算身为神明，他还是经历了太多事与愿违的事情，也不知道自己做的是对是错。

颛顼在一个星辰黯淡的夜晚去世，新一代天帝帝俊带着众神为他举办了葬礼。众神在东北海外大荒中黄河水流经的地方，选中了附禺山。那是一座灵气充裕的神山，山上常年四季如春，瓜果百谷不需要耕种就会自己生长、成熟。帝俊想着颛顼生前经历了大大小小的战争，没享受过一天的安稳生活，便希望颛顼能在这样一个鸟语花香的神山上好好长眠。

据说颛顼死后变成鱼妇。鱼妇是一种鱼，身子半边干枯，一半是人形，一半是鱼体。相传颛顼去世时，风从北方吹来，泉水随风喷涌而出，蛇变成鱼，死去的颛顼趁蛇鱼变化未定之时，托体鱼躯，死

而复生。人们便称和颛顼合为一体的鱼为鱼妇。

颛顼和他的九个妃子共同被葬在附禺山。许多神兽常年盘踞在附禺山，守护着他们的陵墓——鸥鹰、花斑贝、离朱鸟、鸾鸟、凤鸟总是徘徊在附禺山顶，如同专门守护颛顼的侍卫一般。九凤也经常飞到附禺山埋葬颛顼的那一面哀鸣。山上还有青鸟、琅鸟、玄鸟、黄鸟、老虎、豹子、熊、罴（pí）、黄蛇、视肉兽、璿（xuán）瑰玉、瑶碧玉。

离附禺山不远处有一座卫丘。卫丘方圆三百里，西面有一处名叫沈渊的深潭，那里曾经是颛顼沐浴的地方。

卫丘南面有一片参天的竹林，那里生长着巨大的竹子，随便截断一根，都可以做成小船载人航行。这片竹林是新一任天帝帝俊的竹林。竹林的南面有个红色的深潭，名叫封渊。封渊边长着三棵高达百仞（rèn）却没有枝条的桑树。

帝俊从小聪明好学，品德高尚，十二三岁就已经非常有名。十五岁时，帝俊被颛顼选为助手，颛顼总请帝俊帮他出谋划策。帝俊还非常仁慈，颛顼大战水神共工时，面对铺天盖地的洪水，是帝俊带着凡人向高山迁徙，躲避水灾。

帝俊非常喜爱音乐，传说他叫乐师制作了《九韶》《六列》《六英》等歌曲。每次帝俊在山林间弹奏乐曲，都能吸引来五彩鸟。它们是帝俊在人间的朋友，会随着乐声起舞，相向盘旋。

帝俊的两座神坛也由这些五彩鸟负责看管。帝俊每次祭奠完颛顼，都会来竹林休息，弹奏美妙的神曲。

原文

《山海经·大荒北经》：东北海之外，大荒之中，河水之间，附禺之山，帝颛顼与九嫔葬焉。爰①有鸱（chī）久、文贝、离俞、鸾鸟、凤鸟、大物、小物②。有青鸟、琅鸟、玄鸟、黄鸟、虎、豹、熊、罴、黄蛇、视肉、璿、瑰、瑶、碧，皆出于山。卫丘方员三百里，丘南帝俊竹林在焉，大可为舟。竹南有赤泽水，名曰封渊。有三桑无枝，皆高百仞。丘西有沈渊，颛顼所浴。

《山海经·大荒东经》：有五采之鸟，相乡③弃沙④。惟帝俊下友⑤。帝下两坛，采鸟是司⑥。

《山海经·大荒西经》：有鱼偏枯，名曰鱼妇。颛顼死即复苏⑦。风道北来，天乃大水泉，蛇乃化为鱼，是为鱼妇。

注释

①爰：这里，那里。②大物、小物：指颛顼和妃子们的陪葬之物。③相乡：相对。乡通“向”。④弃沙：据考证应是“婆娑”二字，意思是盘旋舞动的样子。⑤下友：从天上下来和它们交友。⑥司：管理。⑦颛顼死即复苏：指颛顼把生命寄托在鱼的身体中，借鱼蛇变化的机会复活。

凤凰的使命

山海档案

hēi chǐ guó rén
黑齿国人

族　类：人

身　份：帝俊的后代

特　征：皮肤和牙齿为黑色，能驱使鸟、蛇，喜欢吃稻米和蛇肉

所在地：黑齿国

山海档案

sān shēn guó rén
三身国人

族　类：人

身　份：帝俊的后代

特　征：长着一个头、三个身体，能召唤四种鸟，喜欢吃黍

所在地：不庭山

山海档案

fèng huáng
凤凰

族　类：鸟

身　份：帝俊的神鸟

特　征：像雄鸡，有五彩羽毛，身上有『德』『义』『礼』『仁』『信』五字的花纹，能带来和平与安宁

所在地：丹穴山

成为天帝后，帝俊所做的第一件事情就是结束颛顼施于凡间的惩罚。他对众神说：“既然上天生养了凡人，我们又何必为难凡人呢？他们已经尝到苦果了，我们应该恢复他们安定的生活。”

他决定召回在凡间的恶神和怪兽。他用指尖轻点空气，只见无数束光汇成一个耀眼的法阵，伴随着耀眼的光芒，法阵中心钻出一只体型巨大的凤凰。

凤凰原本生活在丹穴山上，有着五彩斑斓的羽毛，头上是“德”字的花纹，翅膀上是“义”字的花纹，背上是“礼”字的花纹，胸上是“仁”字的花纹，腹上是“信”字的花纹。它出现在哪里，那里就会得到和平和安宁。

凤凰盘旋在帝俊的身边，帝俊对它说：“去黑齿国和三身国传令，让两国的人立刻启程去通知降临大地的恶神与怪兽回归，停止惩罚凡人。”

黑齿国是帝俊后代建立的国家。这个国家的人全身皮肤漆黑，连牙齿也是黑色的，并且以黑为美。他们长得其实有点像全身漆黑的不死国人，但是他们没有不死国人长生不老的能力。黑齿国人以稻米为食，也喜欢吃蛇肉。他们继承了帝俊的血统，能够驱使鸟类和蛇。

凤凰带着帝俊的口令飞来时，黑齿国人正围坐在火堆旁吃米饭。听完凤凰传达的口令，所有人都不敢耽误，连忙放下了手里的食物，对着山林召唤起来。只见没多久，天空中密密麻麻地挤满了鸟雀，黑齿国人纷纷骑上大鸟，又对着大地召唤出数十条蛇，随他们向着恶神和怪兽所在的地方出发。

凤凰又飞向不庭山，那里有三身国。帝俊年轻的时候，他的妻子娥皇生下一个长着一个脑袋、三个身体的孩子。因为比起别人，这个孩子多出来四只手、四只脚，所以他能比别人干更多的活，也走得更快。他的后代建立了三身国，三身国人继承了祖先长着一个脑袋、三个身体的外貌特征。他们姓姚，喜欢吃黍，同样继承了帝俊的一部分神力，可以召唤四种鸟。三身国人听完凤凰的传话，也不敢耽误，立刻对着天空召唤出鸟雀，随后出发了。

原文

《山海经·大荒南经》：大荒之中，有不庭之山，荣水穷①焉。有人三身。帝俊妻娥皇，生此三身之国，姚姓，黍食，使四鸟。

《山海经·大荒东经》：有黑齿之国。帝俊生黑齿，姜姓，黍食，使四鸟。

《山海经·海外东经》：黑齿国在其北，为人黑齿，食稻啖②蛇，一赤一青，在其旁。一曰在竖亥北，为人黑齿，食稻使蛇，其一蛇赤。

《山海经·南山经》：又东五百里，曰丹穴之山，其上多金玉。丹水出焉，而南流注于渤海。有鸟焉，其状如鸡，五采而文③，名曰凤皇，首文曰德，翼文曰义，背文曰礼，膺④文曰仁，腹文曰信。是鸟也，饮食自然⑤，自歌自舞，见则天下安宁。

注释

①穷：尽。②啖：吞吃。③文：通“纹”，花纹。④膺：胸。⑤饮食自然：饮食从容不迫，悠然自得。

天吴与穷奇的大战

山海档案

天(tiān)吴(wú)

族　类： 神

身　份： 水伯

特　征： 长着虎的身躯，有八个头、八只腿、八条尾巴，人的面孔

所在地： 朝阳谷

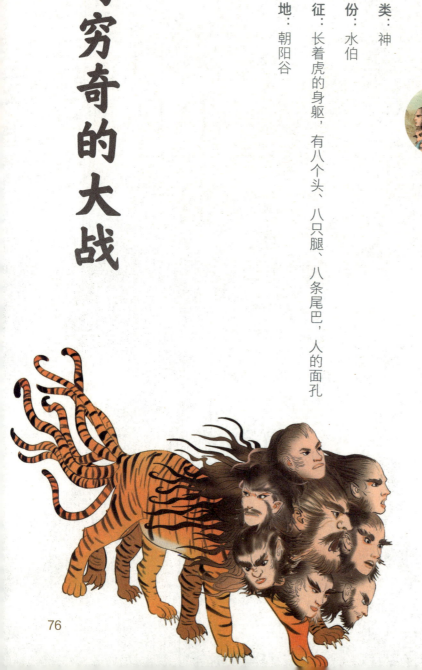

同黑齿国人、三身国人一起前去通知众恶神、怪兽的还有水伯天吴。天吴的居住地离黑齿国不远，在虹（hóng）虹北面两条河流之间的朝阳谷。他长着老虎的身子、八个脑袋、八张人脸、八只爪子、八条尾巴，背部的颜色青中带黄。他是守护吴人的天神。

不同于他威风的长相，天吴的性格极其温柔，他是一个有强大神力却不愿意伤害别人的善良神明。他不轻易使用神力不是因为笨拙，而是因为他从心底里抗拒伤害别人。

当年炎黄部落大战九黎部落，不愿参与战争的天吴就带着吴人躲了起来。后来炎黄部落胜利，他们一再向东南扩张，不愿与之发生冲突的天吴就带着吴人们不断地向南迁移。作为神明，天吴太善良了，抗拒用神力伤害别人。一般他动用强大的神力都是为了降雨，从而让自己守护的地方风调雨顺，让吴人过上好日子。以狩猎为生的吴人常向天吴祈祷，希望天吴庇佑他们抓到更多的猎物。他们常常会披上虎皮扮成天吴的样子，几个人一组抓捕猛兽。

接到凤凰消息的天吴护卫着黑齿国人、三身国人召回降临凡间的恶神与怪兽。然而在凡间待久了的穷奇却彻底失控了，它拒绝离开凡间，并且准备攻击黑齿国人和三身国人。

自知不是对手的黑齿国人和三身国人连忙召唤蛇和鸟雀，在防御攻击的同时，帮助人们逃离。这时，天吴冲了出来，挡在众人面前，召唤出巨浪，然而这滔天巨浪唤醒了人们内心深处对洪水的恐惧。

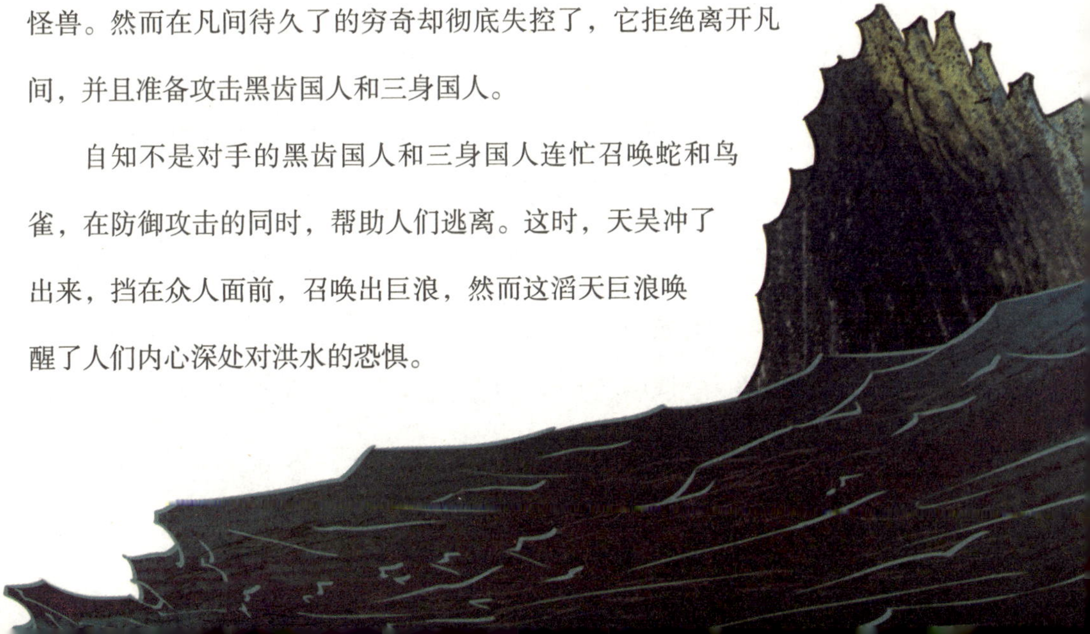

有些愚昧的人甚至高声喊着：“洪水要再次淹没这片大地了！快跑哇！”他们完全无视天吴用这滔天巨浪挡住了穷奇，为他们争取了逃跑的时间。

随后，天吴又召唤出几道巨浪，将浑身散发着黑气的穷奇困在其中，穷奇在天吴面前弱小得像个玩具。看着在大水中不断挣扎的穷奇，善良的天吴有些不忍，想快点儿结束这场战斗。只见他把手一挥，无数水流汇聚成一个巨大的牢笼，困住了挣扎咆哮的穷奇。

人们愣住了，看着面前保护着自己的蓝色水幕和被抓住的穷奇，他们心中对洪水的恐惧也逐渐消散。

随后，天吴协助黑齿国人和三身国人陆续召回了其他恶神和怪兽。任务

完成后，天吴回到了朝阳谷。后来，他带着吴人多次迁徙。尧舜时期，吴人迁去了东南海滨。从那时起，告别森林与猛兽的吴人开始学着征服波涛汹涌的大海。天吴则继续守护吴人征服大海。

在水边安家的天吴娶了妻子，还生下了四个女儿。他的每个女儿都继承了他召唤巨浪的神力。

原文

《山海经·海外东经》：朝阳之谷，神曰天吴，是为水伯，在虹虹北两水间。其为兽也，八首人面，八足八尾，背青黄。

十个太阳的诞生

山海档案

xī hé
羲和

族　类：神

身　份：太阳女神，帝俊的妻子之一

特　征：闪亮、美丽

所在地：羲和国

召回恶神和怪兽没多久，帝俊迎来了一个天大的好消息。这一天，帝俊感受到东南海外的甘水上空隐隐有磅礴的神力迸发，立刻担心起自己的妻子羲和来，因为那里正是羲和的国家。

焦急的帝俊刚赶到羲和国，就被迎面而来的刺眼光芒晃得睁不开眼睛，空气中的热浪炙烤着他的皮肤。帝俊以为妻子羲和遭到攻击，忙带着手下奔向宫殿。然而，等待他们的却不是大战，而是羲和那银铃般的欢快笑声。

只见羲和的身边围绕着许多黑色神鸟，它们个头不大，长得像乌鸦，却有三只脚，每只神鸟都散发着耀眼的光芒。它们围绕着羲和发出稚嫩的叫声，羲和亲昵地蹭了蹭它们。看见焦急赶来的帝俊，羲和示意他走过去。

“羲和，这些是？”帝俊惊讶地看着羲和身边的神鸟。神鸟看见帝俊，也亲昵地飞过来，热情地蹭着他的脸颊。羲和温柔地笑了笑，说：“孩子们，不要闹了，快变回去。”只见这些神鸟扑腾着竟变成了十个太阳，太阳中央蹲踞着黑色神鸟，神鸟周围金光闪烁。原来，这些神鸟都是“太阳之精”

三足金乌。

“这是太阳？羲和，你为我生了十个太阳儿子！”帝俊欣喜地抱起一个刚出生的太阳，小太阳似乎也在回应父亲的呼唤，热情地散发出光芒和热量。帝俊笑道：“真好，小家伙既健壮又活泼，像我！”帝俊深知，如今天空中的太阳已日渐衰老，渐渐力不从心了，因而十个小太阳的出生正逢其时。它们可以慢慢代替现在的太阳，将光芒和温暖带给整个世界。

羲和召唤出六条神龙拉着的神车，对帝俊说：“请帮我把孩子们放上来，我要带他们去黑齿国北边，东方海外的汤谷里去洗澡。”

帝俊一边把小太阳抱上车，一边说道：“那里就是你为咱们儿子选好的住处吗？”羲和点点头，说：“是呀，那里离我近，而且汤谷里还长着一棵巨大的扶桑神树，儿子们一定喜欢。”

帝俊抱着最后一个小太阳上车，说道：“对，我记得那棵扶桑神树连接着神界、人间和冥界，他们一定喜欢。”帝俊陪着羲和带着十个新出生的小太阳到达汤谷的时候，小家伙们被眼前的场景深深地震撼了。只见天神、鬼怪和人类等在扶桑树上下穿梭。

天神们踩着云朵移动；鬼怪们则施展法力悬空游走；最吃力的是凡人，他们只能借助手脚一点点地攀爬。小家伙们从来没见过这些，兴奋得一头扎进扶桑树下的汤谷中，准备游到扶桑树边，不料却被羲和挡住。只见她严肃地说："先洗澡，洗干净才能去扶桑树上玩耍。"

小家伙们只能乖乖地被羲和抱在怀里擦洗。汤谷的水因为小家伙们本身的热量变得滚烫无比，冒出蒸腾的热气。羲和因为生了十个太阳，被人们称为太阳女神。

原文

《山海经·大荒南经》：东南海之外，甘水之间，有羲和之国，有女子名曰羲和，方日浴于甘渊①。羲和者，帝俊之妻，生十日。

《山海经·海外东经》：汤谷上有扶桑，十日所浴，在黑齿北。居水中，有大木，九日居②下枝，一日居上枝。

注释

①方日浴于甘渊：在甘渊给太阳洗澡。②居：居住。

春神句芒

山海档案

gōu máng
句芒

族类：神

身份：少昊的儿子，伏羲的辅佐神，春神、木神

特征：人面鸟身，一身青衫，脚踩两条青龙

所在地：东方大地

山海档案

fěi fěi
朏朏

族类：兽

身份：羲和的宠物

特征：像猫，长着白尾，颈部有长毛，饲养它可以消除忧愁

所在地：霍山

帝俊看着在汤谷中玩水的小太阳们和给它们认真擦洗的羲和，享受着此刻温馨的时光。突然，一个声音在头顶响起：“天帝！”

只见来人一身青色的长衫，有着人的面孔、鸟的身子，身边跟着两条青龙。此人是白帝少昊的儿子、秋神蓐收的弟弟——春神句芒。他同时也是木神，还掌管着生命。句芒非常能干，小时候就辅佐少昊管理百鸟王国。因为能力出众，他被青帝伏羲选为辅佐神，协助伏羲掌管东方大地。

帝俊记得，每一年只要句芒展开宽大的羽翼飞翔，百鸟就会跟随在他的身后，在天空中鸣叫，带给大地春天到来的消息。而句芒飞过的地方，冰雪会消融，草木会发芽。两条青龙常跟在他的身边，他们飞过的地方弥漫着万物苏醒的气息。

每一年，句芒都会在天空中安排庄稼一年的生长。大地上的凡人们每到这个时候都会举办祭祀春神的仪式。他们会学着句芒穿起青色的长衫，敲锣打鼓，播撒五谷，祈求春神句芒保佑他们能有个好收成。句芒还会给那些善

良的人增加寿命，以此鼓励人们做好事，因此，他在人间的声誉很高。

同时，春神句芒还是扶桑神树的主人。此刻他看着在汤谷中一边洗澡，一边盯着扶桑树的小太阳们，对着帝俊和羲和说：“祝贺新太阳诞生，为世界延续光明。同时也祝愿小太阳们永远快快乐乐，无忧无虑。”然后他向帝俊献上一只朏朏。朏朏是一种生活在霍山上的外形像野猫的小神兽，长着白色的尾巴，颈部有长毛。饲养它可以消除忧愁。帝俊非常高兴，连忙接过这只小神兽观赏起来，接着递给羲和，令她好生饲养。

小太阳们看着这个长翅膀的天神很是好奇，纷纷飞到句芒的身边。羲和看着句芒笑道：“句芒，以后我的这些太阳儿子们可要住在你的扶桑神树上了。”

句芒笑道：“欢迎欢迎。”羲和笑道：“要不，等小太阳们长大以后，就安排他们每天轮流从你这里出发前去接替如今的太阳照耀大地吧。”一听这话，句芒拍手笑道：“好啊！每天太阳从我掌管的东方升起，再从我哥哥秋神蓐收掌管的西方落下，真棒！”羲和点头赞同，被她擦洗干净的小太阳们飞上扶桑树休息。

如今的太阳因年老而卸任后，句芒给小太阳们安排好次序，让他们轮流出现在天空。第二天要出现在天空中的小太阳待在扶桑树最顶端的枝条上休息，其他九个待在扶桑树下面的枝条上休息。

清晨，句芒被日月山上的时间之神噎鸣叫醒，他们一起叫醒在扶桑树最顶端的枝条上沉睡的小太阳，告诉他该去天空中照亮大地了。这个时候，羲和会扬起手里的鞭子，架着六条神龙拉着的神车，带着自己的太阳儿子从东方大地出发，一路穿过云层和星辰。太阳散发出耀眼的光芒，神车前方的黑夜会被金色的光芒驱散，白昼会出现在他们的身后。他们的终点是蒙谷，羲和送太阳儿子抵达蒙谷后，会转头架着车赶回汤谷，去迎接下一个出现在天空中的太阳。羲和每天往返于汤谷与蒙谷之间，当太阳儿子们回到汤谷时，还会为它们洗去一身的尘埃。

原文

《山海经·海外东经》：东方句芒，鸟身人面，乘两龙。

《山海经·中山经》：又北四十里，曰霍山，其木多榖（gǔ）①。有兽焉，其状如狸②，而白尾有鬣（liè）③，名曰朏朏，养之可以已④忧。

注释

①榖：构树，一种落叶乔木，树皮可以用来造纸。②狸：野猫。③鬣：某些兽类颈上的长毛。④已：消除。

十二个月亮的诞生

山海档案

cháng xī
常羲

族　类：神

身　份：月亮女神，帝俊的妻子之一

特　征：安静优雅

所在地：女和月母国

山海档案

yuān
鵷

族　类：神

身　份：掌管日月出现时间的神

特　征：能召唤大风，使日月有序出现

所在地：女和月母国

太阳出生不久，帝俊的另一位妻子常羲也传来了好消息，她为帝俊生下了十二个月亮女儿。

常羲住在东北海外，那里长满了各种各样的谷物，还有遗玉、视肉兽、三骓（zhuī）马、甘华树、甘柤（zhā）树。每到春天，那些树上的花会散发出诱人的香气，而花香会吸引来三青鸟等神鸟在上面翩翩起舞。不同于太阳女神羲和的闪亮美丽，常羲更安静优雅。帝俊赶到的时候，一身华服的常羲正抱着刚出生的月亮女儿，一切笼罩在银色的光芒中，温和明亮却不刺眼。

欣喜的帝俊走进来，数了数，一共有十二个小月亮。他抱起其中一个，小月亮也对着他甜甜地笑了笑。“真好，我决定从今天起就称这里为女和月母国，月亮的国度。”帝俊笑着对常羲说道。

常羲召唤来她那九只神鸟拉着的神车，对帝俊说：“天帝，帮我把女儿们抱上来，我要带它们去银河里梳洗。”帝俊忙抱起小月亮递给常羲，笑道：“好好好，银河最适合作为我漂亮的小月亮们的梳洗地了！”

帝俊陪着常羲，带着十二个小月亮在银河中梳洗。十二个小月亮长得一模一样，在泛着银色光辉的银河中被梳洗得洁白明亮，常羲为它们换上了漂亮的小裙子。

不同于太阳哥哥们的活泼热情，十二个月亮妹妹乖巧听话，它们被母亲常羲安排在太阳落山之后，大地陷入黑暗时，为大地送去微光。

因为生下了十二个月亮，常羲被人们称为月亮女神。常羲主要负责调和阴阳，就是让新生的小月亮们配合小太阳们轮流出现，有序衔接。这样，凡间的人们才能根据太阳和月亮的升起落下安排作息。为此，常羲安排好了

十二个小月亮的出现次序。

住在女和月母国的天神鵷管理日月出现的时间。每到交接的时间，他会在大地的东北角召唤大风。大风刮过，月亮女神就知道该送月亮女儿出门了。她帮着月亮在银河中梳洗打扮，换好新衣服。之后，驾着她那九只神鸟拉着的神车，送女儿去夜空中。白昼渐渐在月亮的光芒中隐去。

十二个月亮非常爱漂亮，每次出现在天空中，都会展示自己不同的样子，有时候是圆月，有时候是月牙，有时候又只露出半张脸。

每当一个月亮女儿完成任务，常羲会接走疲惫的月亮女儿并带她去银河里梳洗。她会用泛着星光的银河水，洗掉月亮女儿身上的尘埃，把月亮女儿打扮得光彩照人。

原文

《山海经·大荒西经》：有女子方浴月。帝俊妻常羲生月十二，此始浴之。

《山海经·大荒东经》：东北海外，又有三青马、三骓[①]、甘华。爰有遗玉、三青鸟、三骓、视肉、甘华、甘柤。百谷所在。有女和月母之国。有人名曰鵷——北方曰鵷，来风曰狻（yǎn）——是处东北隅以止日月，使无相间出没[②]，司其短长。

注释

①骓：毛色青白相间的马。②是处东北隅以止日月，使无相间出没：他就在大地的东北角控制太阳和月亮，使它们不交相错乱地出没。

弓箭的发明者般

山海档案

zhōng róng guó rén
中容国人

族　类：人

身　份：帝俊的后代

特　征：吃野兽和果实，能驱使四种野兽

所在地：中容国

山海档案

bān
般

族　类：神

身　份：少昊的儿子，弓箭的发明者

特　征：喜欢发明创造

所在地：东夷部落

帝俊当上天帝之后，不仅召回了派往人间的恶神与怪兽，还为世间带来了新的太阳与月亮。此外，帝俊还派了很多能干的子孙和手下下凡帮助凡人重建家园。

农神后稷和台玺带着天上的百谷降临凡间。台玺负责培育百谷，后稷负责将百谷分给大地上的凡人，教会他们如何种植。后稷的孙子田神叔均是在大地上诞生的。他不仅继承了祖辈管理土地、种植百谷的能力，还召唤来一头头牛，发明了牛耕的方法，减轻了凡人们耕地的辛苦。

帝俊的儿子中容在凡间建立了中容国。中容国人以吃野兽和树木上的果实为生。他们继承了帝俊的部分神力，能驱使四种野兽，分别是豹、虎、熊、罴。中容国人经常会召唤野兽来帮助其他凡人重建家园。

在后稷、台玺、叔均和中容国人的帮助下，人们走向更文明富足的时代。台玺和叔均还建立起了以种地闻名的西周国。

另一方面，一直到处游历的般也来到了凡间。般是少昊的儿子，是所有兄弟中最不起眼的那一个。他既不像掌管春天的句芒和掌管秋天的蓐收一样天赋异禀，也不像穷奇那样生性恶劣。他是少昊众多儿子中最像凡人的那一个。

有一天，般在森林中追赶野鹿。他抄起一块石头，对着几米外的野鹿砸去，只听见一声惨叫，鹿被砸伤了脚，一瘸一拐地逃离。般迅速跑过来，想抓住受伤的野鹿。然而，心急的他没注意到层层叠叠的树叶之间横着一根粗壮的树枝，等离近了才看见。他用力侧身，却不想迎风翻飞的衣角被树枝牢牢挂住。般忙停下脚步，扯回衣服，树枝也跟着弹回原状。就在这一瞬间，般的脑袋里蹦出了一个大胆的想法。

他捡起地上的石头，放在树枝上，随后用力拉树枝，对准正在逃跑的野鹿，直到树枝发出已经被拉到极限的吱吱声，才松开树枝。只见石头被树枝弹出去，在空中画出一条弧线，精准地击中野鹿。

般忙跑了过去。他忍不住感叹，好家伙，这次石头飞出的距离比他刚刚徒手扔出的距离远了好多！自小喜欢动手和发明的般思考着用树枝弹射石头的方法。他找到各种树木，尝试各种方法。他把树枝弯曲成弧形，用一根藤条绑住树枝两头，将其取名为“弓”，又把小石子磨尖，固定在削尖的树枝的一头，将其取名为“箭”。最后在他的不断尝试下，般发现将箭搭在弓上射出，不仅射程远，还能瞬间刺穿野兽。

般不仅自己用弓箭在森林中捕猎，还教会了人们如何使用弓箭。弓箭不仅让人们更轻松地在森林中狩猎，还成了人们保护自己的武器。发明了弓箭的般也被赐予封地，被奉为弓箭之祖。

原文

《山海经·海内经》：少皞①生般，般是始为弓矢。

《山海经·大荒东经》：有中容之国。帝俊生中容，中容人食兽、木实②，使四鸟③：豹、虎、熊、罴。

注释

①少皞：即少昊。②木实：树木的果子。③鸟：此处指兽。

新的交通工具

山海档案

番（pān）禺（yú）

族类：人

身份：帝俊的后代

特征：喜欢发明创造

所在地：东夷部落

山海档案

钩（gōu）蛇（shé）

族类：蛇

身份：吃人、牛、马的怪蛇

特征：像蛇，长数丈，尾巴有钩

所在地：大江

山海档案

吉（jí）光（guāng）

族类：人

身份：帝俊的后代

特征：喜欢发明创造

所在地：东夷部落

帝俊的另一个后代番禺听从帝俊的安排，也来到大地，帮助凡人们重建家园。番禺留在了大江边，这里的人们临水而居，以捕鱼为生，几代人都离不开家门口的大江。只是就算这里的人们水性再好，也没办法游过宽广的大江，只能在岸边水浅的地方捕鱼。

然而水浅的地方鱼毕竟有限，有时候捕捞的人多了，浅水区的鱼便不够捕了。每当这个时候，人们只能挨饿。有人想捕捞更多的鱼，尝试着游到更远一点的江中，却被江水卷走，失去了宝贵的生命。还有的人不幸遇到了在江中生活的一种怪蛇，被拖入深水。传言这种怪蛇长数丈，尾巴上有钩，常在水中钩取岸上的人、牛和马等吃掉，十分凶残。因此，人们把这种怪蛇称为钩蛇。

如果谁家有亲人住在大江两岸，那么他们要团圆一次，得走上很远很远的路。从小擅长游泳，继承了帝俊一部分神力的番禺，可以长时间在水中不换气，因此他能游到更远的地方，捕捞更多、更大的鱼。他常常把自己抓来的鱼分给村民们。

可是他一个人的力量毕竟有限，他有时候想，要是能让其他村民像他一样游到更远的地方，能自由地往来于江河上，那该多好。这样大家就不用饿肚子了。

番禺想起小时候曾经去过曾祖帝俊在卫丘南面的那片竹林，那里生长着参天的竹子。他记得小时候，自己和小伙伴们曾趁帝俊不注意，偷偷砍断过一根竹子。他们小小的身躯挤在竹子里，那空心的大竹子竟然能带着他们在江中漂流。

此时，番禺有了想法。他也不出去捕鱼了，而是转头跑到森林中，挑选大树砍伐起来。他按照记忆中大竹子的模样，在木头中间挖出凹槽。一开始，番禺特制的木槽并不能带他在江河中漂流太远，村民们也怕他被大浪卷进水中，纷纷劝他放弃。

可是，下定决心的番禺在不断的尝试中，逐渐做成了他的特质木槽。在无数次的下江练习中，他学会了如何驾驶木槽应对浪涛和如何控制方向、速度，并且乘坐木槽战胜了水中吃人的钩蛇。番禺终于征服了眼前宽广的江河，并给自己发明的木槽起名为“船”。

看着成功驾船在江河上横渡和游历的番禺，越来越多的人跑来向他学习船的制造方法。船的出现彻底改变了人们靠下河游泳捕鱼的原始办法，带着人们走向了更繁荣的时代。

发明了船的番禺被赐予封地。几十年后，番禺的孙子吉光延续了番禺爱

思考、喜欢发明创造的优点，发明了另一种交通工具。吉光观察到人们在陆地上只能靠两条腿走去很远的地方，靠双手扛货物，实在太辛苦。他很想发明一种工具，来帮助人们出行和运货。吉光把自己关在屋子里思考了三天三夜，最后从涿鹿大战中黄帝发明的指南车中受到启发。他想，用轮子来代替双脚行走和驮运货物，应该会方便很多。于是，吉光找来木头，做成了第一架可以载人、运货的车，改变了人类的原始交通和运货方式。

船和车快速风靡整个天下。交通方式的改变，使人类从原始社会进入更文明的时代。

原文

《山海经·中山经》：又东一百五十里，曰岷（jū）山。江水出焉，东流注于大江①，其中多怪蛇②，多鰲（zhì）鱼。

《山海经·海内经》：帝俊生禺号，禺号生淫梁，淫梁生番禺，是始为舟。番禺生奚仲，奚仲生吉光，吉光是始以木为车。

注释

①大江：指长江。②怪蛇：郭璞认为应是钩蛇，它通常在水中钩取人、牛、马来吃掉。

琴、瑟和舞蹈诞生

山海档案

yàn lóng
晏龙

族　类：神
身　份：帝俊的儿子，琴的发明者
特　征：白衣飘飘，耳朵敏锐
所在地：司幽国

山海档案

sī yōu guó rén
司幽国人

族　类：人
身　份：帝俊的后代
特　征：擅长弹琴、跳舞
所在地：司幽国

山海档案

dì jùn bā zǐ
帝俊八子

族　类：神
身　份：帝俊的儿子
特　征：威严庄重，耳朵特别灵敏
所在地：天界

晏龙是帝俊的儿子，他听从父亲的旨意来到凡间，帮助人们重新建立自己的家园。有一年，天下大旱，粮食收成不好。为了填饱肚子，晏龙跟着部落里的人进山打猎。可是，因为干旱，山上的很多植物都枯死了，缺少食物的动物们都跑了。

他们一行人躲在草丛后面观察，直到天黑，连只鸟都没看见，更别提什么大型动物了。大家又累又饿，可是如果抓不到什么猎物，他们回去也只能挨饿，于是只好守在原地，不敢离开。

等在原地的晏龙无聊地拨动弓弦玩，没想到这弓弦在晏龙的拨动下，竟然发出了不同的声音。晏龙生下来耳朵就十分灵敏，能分辨出高低不同的音调。他一边拨弄着手里的弓弦，一边认真听着，寂静的森林中回荡着晏龙拨弄弓弦的声音。

晏龙在天界的时候，曾经见过太子长琴弹奏乐曲，但太子长琴的琴是仙物，需用神力才能弹奏，凡人是用不了的。晏龙玩着弓弦，想着用人间的材料制造出让凡人也能弹奏的琴，那凡间也能充溢美妙的音乐了。于是，他回到家中后，立刻研究起弓弦发出的声音来。他找来一块木板，把弓弦卸下来，钉在木板上，认真调试着弦。经过无数次的调试和改进，他手中的器具发出了好听的声音。就这样，凡间的第一把琴诞生了。他按照记忆里太子长琴弹奏的曲子弹奏起来，果然林间的猛兽都被晏龙的琴声吸引过来。后来，晏龙教会了村民们弹琴，他们经常会在宴请宾客的时候弹奏乐曲。凡间自此有了音乐。

晏龙经常弹奏出动听的乐曲，这吸引了帝俊的另外八个儿子。他们和晏龙一样，喜好音乐，耳朵特别灵敏，常常跑来听晏龙弹琴。他们发明了钟和磬。晏龙会邀请这八个兄弟敲钟击磬，和他合奏。

钟、磬的声音非常洪亮，配合着晏龙的琴声，总是能传到很远的地方。这八个兄弟陶醉在音乐中非常高兴，即兴摇摆起自己的身体来。他们跟着音乐摇摆，现场编成了一段舞蹈。后来他们常根据不同的音乐编出不同的舞蹈。凡人们被他们欢快的舞蹈所吸引，纷纷模仿。从此，舞蹈也开始在凡间流行起来。

人们大丰收的时候会载歌载舞地庆祝；家中有人去世时也会跳舞祭奠；祭祀神明的时候也会边舞边祈祷；就连小伙子看上哪家漂亮的姑娘，也会用唱歌跳舞的方式表达自己的爱意。歌舞成了人们表达自己内心情感的重要方式。

后来，晏龙的儿子司幽建立了司幽国。司幽国的人都会弹琴，会跳舞。他们种植黍，吃野兽肉。他们继承了帝俊的部分神力，能够驱使四种鸟雀。每当大丰收的时候，他们就会围着篝火，弹起琴，伴随着音乐翩翩起舞。

原文

《山海经·海内经》：帝俊生晏龙，晏龙是为琴瑟。帝俊有子八人，是始为歌舞。

《山海经·大荒东经》：有司幽之国。帝俊生晏龙，晏龙生司幽。司幽生思士，不妻；思女，不夫。食黍，食兽，是使四鸟。

凡间的首领尧

山海档案

yáo
尧

族　类：神

身　份：凡间的首领

特　征：贤明，简朴

所在地：人间

在天神的帮助下，凡间的人们逐渐回归了正常生活，并且由于增添了许多发明，凡人们的生活更好了。

当时，尧担任凡间的首领。尧的母亲叫庆都。有一年春天，庆都陪着父母出门游玩。中午时，空中有大风刮过，平静的湖面突然变得波涛汹涌。庆都抓紧摇晃的小船，生怕自己掉进水里。

就在这时，人群中传出一声惊呼，庆都顺着声音的方向，看见天空中竟然出现了一条火红色的巨龙！庆都大惊，自从颛顼去世之后，龙就已经在这世界消失了很多年。然而，这条突然出现的巨龙在天空中不断翻腾，灼热的气息扑面而来，竟是如此真实。

第二天，天空中又出现了一条小一点儿的赤龙。夜晚，庆都睡觉时梦见前一天看见的赤龙从天空中俯冲进她的家里，她与巨大的龙头四目相对。这样真实的场景吓醒了庆都。

原本以为自己只是做了个梦，但是被河水浸湿的衣服又让庆都感到很疑惑，梦中的赤龙就溅了她一身水。最重要的是，庆都身旁的墙壁上出现了一张小男孩的画像，那也是赤龙在她的梦境中画出来的。

这之后没多久，庆都就怀孕了。后来她生下了一个男孩，男孩和墙壁上的画像长得一模一样，她给这个孩子取名“尧”。小尧一直跟在母亲身边，住在外祖父的国家里，也随了外祖父的姓——陶唐氏。尧常常梦见自己是条翱翔在天空中的红色巨龙。

后来尧管理天下，开始整合散落在各地的部落，挑选了一批像鲧（gǔn）、羿这样的能人异士辅佐自己治理天下，同时大力支持后稷、台玺发展农桑。

尧刚开始管理天下的时候，发现人们不知道什么时候应该耕种。他特

地请了三位天神帮助凡人。

一位天神去明都观察太阳怎么从北方向南方运行。这位天神由此发现了一年中白天时间最长的那天，尧把那天命名为夏至。

去西方昧谷的天神每天观察日落，由此发现了白天和夜晚时间一样长的那两天，尧把那两天分别定为春分、秋分。

还有一位天神去了北方的幽都山，观察太阳是怎么从南方移回北方的，最终发现了白天时间最短的那天，尧把那天命名为冬至。

根据这样的推算，尧最后把一年定为三百六十六天，制定了一套农耕时历，人们可以据此来安排耕地、播种。

尧对香气特别敏感，还发明了酒。他把龙定为天下的图腾。

虽然当了首领，尧却一直很简朴。他总说只有和那些艰苦的人们过一样艰辛的生活，才能真正明白他人的疾苦，才能真正知道怎么帮助人们改善生活。

原文

《山海经·海外南经》：狄山，帝尧葬于阳[①]。

注释

①阳：山的南面。

骄傲的太阳金乌们

山海档案

féi yí
肥遗

族类：鸟或蛇

身份：预示旱灾的怪鸟或怪蛇

特征：有的长着六只脚和四只翅膀；有的像鹌鹑，长着黄身子、红嘴

所在地：太华山、浑夕山、彭毗(pí)山、英山

山海档案

bì bì
獙獙

族类：兽

身份：预示旱灾的怪兽

特征：像狐狸，有翅膀，叫声像鸿雁鸣叫

所在地：姑逢山

山海档案

sān zú jīn wū
三足金乌

族类：神

身份：帝俊和羲和的儿子

特征：长着三只脚，能照耀大地

所在地：汤谷

尧正在自己的家中整理着人们反映的意见，只见农神后稷抱着一条怪蛇跑进来，兴奋地把手里的怪蛇捧起来："首领，你看这是什么！"

只见它有着黄色的身子、红色的嘴。尧想了想，说："这是英山上的肥遗蛇吧！"后稷笑道："对，就是它！这英山上向阳的地方有很多赤金，在太阳照不到的地方有很多铁矿。当年人们上山采矿时发现了这种蛇。"

后稷笑嘻嘻地说："这肥遗蛇很特别，它的肉能治好疯癫病，还能杀死体内的寄生虫。今年也不知道怎么回事，肥遗蛇特别多。"

尧若有所思地盯着走出门的后稷。肥遗是一种特别的怪兽，有多个种类，有的像鸟，有的像蛇。这一年来，不只是英山上的肥遗，各地的肥遗都泛滥了。有人告诉他，太华山脚下的田地里最近开始闹"蛇灾"，到处都是长了六只脚、四只翅膀的肥遗蛇。它们本来只出现在太华山上，数量也不多，但今年不知道怎么回事，已经泛滥到了山脚下的村庄里。

还有浑夕山和彭毗山，这两座北方的山脉地理环境很像，山上都寸草不生。浑夕山盛产铜和玉石，而彭毗山盛产金和玉石，这两座山里常年都有大批寻宝人，但是今年却没人敢上山，就是因为山中的肥遗蛇泛滥，山路上到处都是，让人下不去脚。

不仅是肥遗，这一年天空中的颙鸟也成群结队地出现，平时很难见到的獙獙也纷纷出来觅食。獙獙是生活在姑逢山上的一种怪兽，长得像狐狸却有翅膀，叫声像鸿雁鸣叫。

肥遗、颙鸟和獙獙有一个共同点，就是它们出现在哪里，那里就会发生大旱。因此，尧特地派了田祖叔均去看看是不是旱神女魃复出，在乱施法术。然而回来的叔均却说和女魃没关系，他去的时候，女魃正在和烛龙聊

天，并没有作法。

此时，天空中的毕方也开始泛滥，尧有些忧心地看着正在天空中吞吐火焰的毕方，喃喃自语："不是旱神女魃乱施法术，那会是谁呢？总感觉会有大事发生！"

正如尧担心的那样，确实有大事发生了。原来如今的异象和羲和的儿子十个太阳有关。十个太阳跟在西王母身边学习，并被封为神使。成为西王母神使的它们得到了不少神的恭维，这助长了它们骄傲的心理。

一想到自己是照耀天空的太阳，又跟在西王母身边学了很久的仙术，还是她的神使，骄傲的太阳觉得自己长大了，不用再听妈妈太阳女神羲和的话了。每个太阳都觉得自己才是最闪耀的，它们不再遵守规定，开始争着出现在天空中。人们有时候会看见天空中突然出现三四个太阳，有时候是五六个，最后十个太阳谁也不服谁，竟然一起出现在天空中。

原文

《山海经·西山经》：又西六十里,曰太华之山，削成而四方，其高五千仞①，其广十里，鸟兽莫居。有蛇焉，名曰肥遗，六足四翼，见则天下大旱。

《山海经·西山经》：又西七十里，曰英山，其上多杻橿（niǔ jiāng）②，其阴多铁，其阳多赤金……有鸟焉，其状如鹑，黄身而赤喙，其名曰肥遗，食之已疠（lì）③，可以杀虫。

《山海经·北山经》：又东三百里，曰彭毗之山，其上无草木，多金玉，其下多水。蚤林之水出焉，东南流注于河。肥水出焉，而南流注于床水，其中多肥遗之蛇。

《山海经·北山经》：又北百八十里，曰浑夕之山，无草木，多铜玉。嚣水出焉，而西北流注于海。有蛇一首两身，名曰肥遗，见则其国大旱。

《山海经·东山经》：又南三百里，曰姑逢之山，无草木，多金玉。有兽焉，其状如狐而有翼，其音如鸿雁，其名曰獙獙，见则天下大旱。

注释

①仞：古代长度单位。②杻橿：杻，一种像棣树的树，能用来造车。橿，一种木质坚硬的树，也能用来造车。③疠：瘟疫，癞病。

山海档案

xuán gǔ guó rén

玄股国人

族类：人

身份：玄股国的原住民

特征：有两条黑色的大腿，穿鱼鳞制成的衣服，能召唤两只鸟

所在地：玄股国

山海档案

yǔ shī qiè guó rén

雨师妾国人

族类：人

身份：雨师妾国的原住民

特征：皮肤漆黑，两只手各拿一条蛇，左耳上挂青蛇，右耳上挂红蛇

所在地：雨师妾国

天空中的十个太阳

当十个太阳同时出现在天空中，人们终于意识到了太阳的可怕。十个太阳释放的能量，催生了狂暴的热浪，热浪迅速席卷大地上的人们。

飞速上涨的高温和能穿透一切的太阳风暴……十个太阳像住在天空中的张开血盆大口的怪兽一样，吞噬着大地上的一切。十个太阳炙烤着大地，河水被蒸发殆尽，露出干涸的河床。最先撑不住的是住在汤谷附近的黑齿国人。黑齿国中，田地里成片成片的黍被烤焦。在天空中飞满了颙鸟和肥遗的时候，所有黑齿国人终于忍受不了了，他们整理行囊，召唤来鸟雀，撤离了这片土地，准备逃去太阳照射不到的地方。

第二批离开家园的是玄股国人。他们原本住在汤谷附近，长着黑色大腿，喜欢穿鱼鳞制成的衣服，吃海鸥，常有两只鸟伴其左右。他们眼看着地面变得一天比一天烫，空气变得稀薄，到处都笼罩着白气——那是土壤被阳光炙烤后蒸发的水分。缺少水源和食物的玄股国人再也忍受不了了，他们召唤来两只鸟，对着邻国的雨师妾国人说：“快逃吧，再这样下去，我们都会被太阳晒死！”

雨师妾国位于汤谷的北边，是最接近汤谷的国度。因为处在十个太阳旁边，雨师妾国常年笼罩在高温中。由于常年暴露在阳光中，雨师妾国人都有着一身漆黑如炭的皮肤。平时如果雨师妾国人不睁眼睛，不露出洁白的牙齿，不在夜晚点燃篝火，根本不会被找到，他们能彻底地融入夜色中。他们平时在左耳朵上挂着青蛇，在右耳朵上挂着红蛇；有的人喜欢两手各握一条蛇，有的人喜欢两手各拿一只乌龟。

原本雨师妾国人是能够在炎热的环境中生存的。但是，十个“火球”同时出现在天空，天上下起天火，无数太阳之火飞速砸向大地，空气中充斥着巨大的热量，森林里到处都是熊熊烈火。来不及逃跑的动物和人们被活活烧死，雨师妾国沦为一片火海，不少国人躲进山洞和地下。

躲进山洞和地下的雨师妾国人缺水和食物，饥饿的他们只能吃掉自己手里仅剩的蛇。这些侥幸存活下来的雨师妾国人来不及庆祝自己的幸运，就开始感到呼吸困难，因为太阳使空气变得十分稀薄。

人们只能绝望地祈求上天，祈求众神拯救他们。白天成了人们最恐惧的时候，谁也不知道自己还能熬过几个这样的白天。人们在每个黑夜中祈祷白天能迟点儿出现，他们甚至想永远生活在黑夜中。

原文

《山海经·海外东经》：雨师妾在其北，其为人黑，两手各操一蛇，左耳有青蛇，右耳有赤蛇。一曰在十日北，为人黑身人面，各操一龟。玄股之国在其北，其为人股①黑，衣鱼食鷗（ōu）②，两鸟夹之③。一曰在雨师妾北。

注释

①股：大腿。②鷗：同“鸥”，海鸥。③两鸟夹之：有两只听从驱使的鸟在他们身边。

厌火国人

山海档案

mín
鴖

族类：鸟

身份：带在身上可防火的鸟

特征：像翠鸟，有红色的嘴

所在地：符禺山

山海档案

yàn huǒ guó rén
厌火国人

族类：人

身份：厌火国的原住民

特征：长着野兽的身体，皮肤黝黑，能吐火

所在地：厌火国

山海档案

huò dòu
祸斗

族类：兽

身份：吃火的怪兽

特征：形状像狗，喜欢吃火

所在地：厌火国

在十个太阳的照射下，河湖纷纷干涸，不少森林里燃起熊熊大火，有的地方甚至看不到生命的迹象。

当黑夜过去，十个太阳争先恐后地再次升起时，整片天空都是刺眼的强光，无数人在绝望中哀嚎。但看着满是烈火与焦土的大地，人们又能逃向哪里？

在这种极端情况下，能存活下来的人极少。就算是不死不灭的不死国人，也只能躲在幽深的地下洞穴中艰难求生。虽然他们拥有不死不灭的身体，就算受伤也能快速愈合，但是每次被热死的那份经历太过痛苦。他们不是被热死，就是被烈火焚烧而亡，然后死而复生。这样反反复复的死亡与复

活把那份对太阳的恐惧深深刻进了他们的灵魂里。

不死国人只敢在夜晚外出打猎。为了安全，他们捕了一些鴖。鴖是一种生活在符禺山上的鸟，它的外形像翠鸟，有着红色的嘴巴。把这种鸟带在身边，可以抵御烈火。

此时，不死族的附近诞生了新的国度，那就是厌火国。没人知道厌火国人是怎么出现的，这是一批有着野兽的身体，浑身肌肤漆黑的怪人，他们以火焰和焦炭为食，嘴巴里能吐出火焰。

厌火国人总是成群结队地出现在熊熊烈火中，大口地吞噬火焰和焦炭。他们的身边还总跟着一种能吞火的黑狗，厌火国人管这些黑狗叫“祸斗”。祸斗和厌火国人一样，以火焰为食，也能像厌火国人一样吐出火焰。

沦为一片火海的大地成了厌火国人、祸斗的乐土。没过多久，大地上不少地方都能看见厌火国人和祸斗的身影。他们喜怒无常，时而吞噬火焰，救助被火所困的人们，时而滥喷火焰，甚至喷到人们艰难生存的地下避难所中。

原文

《山海经·海外南经》：厌火国在其南，其为人兽身黑色，火出其口中①。一曰在讙朱东。

《山海经·西山经》：其鸟多鴖，其状如翠而赤喙，可以御火②。

注释

①火出其口中：据《本草集解》，厌火国人和食火兽都能吃火炭，食火兽名叫祸斗。②御火：防火。

守护凡间的女丑

山海档案

dāng hù
当扈

族　类：鸟

身　份：能让人不眼花的怪鸟

特　征：长得像雉，用胡须起飞

所在地：上申山

山海档案

nǔ chǒu
女丑

族　类：人

身　份：女巫

特　征：穿青色的衣服，乘大蟹

所在地：东海

山海档案

dà xiè
大蟹

族　类：蟹

身　份：女丑的宠物

特　征：背脊宽广，体型巨大

所在地：东海

遍地火海，光芒刺眼，只有吃了当扈肉的少数人逃到了东海边。当扈是上申山的一种怪鸟，像雉，凭借胡须飞行。据说吃了它的肉，眼睛就不会昏花。虽然这些人到了海边，但仍然难以摆脱厄运，因为只要太阳能够照射到的地方，就有灾祸。海水不断蒸发，海平面越来越低，大片的水下礁石露出水面。

大量水分蒸发的大海早已不适合动物生存，海面上漂浮着密密麻麻的鱼、乌龟及其他各种海洋生物的尸体。

这惊动了生活在东海附近的女丑。她是女巫，拥有神力，喜欢穿青色的衣服，经常骑着自己的龙鱼到处游历。她还有一只大蟹，大蟹的背脊非常宽广。它常年趴在东海的海底睡觉。女丑生活在大蟹的背脊上，是大蟹的主人，时常命令大蟹带她去她想去的地方。

眼看汹涌的天火无限逼近，就在人们绝望之时，蔚蓝色的海水不断汇集并将人们围了起来，原来是女丑和大蟹用神力召唤海水，护住了人们。然而，那猛烈的太阳火焰竟然能将海水烤得冒泡，蓝色的大海被烤得滚烫，海水中的人们越发感到窒息。

女丑看了眼天空中的太阳，想制止它们。只见她攥紧拳头，对着大蟹命令道："进攻！"大蟹从海中冒了出来，带着喷涌的海水冲破火焰，挥舞着蟹钳，刺向天空中的太阳。

太阳们也没想到，海中竟然蹦出一只大蟹。惊怒之下，它们猛地发出金光，放出更为猛烈的火焰刺向大蟹。海水与火焰在空中碰撞，大蟹那被海水包围着的庞大身躯在火焰的舔舐下快速升温。热浪灼得人们近乎窒息，眼看着大蟹青色的壳都要被烧红了。躲在海水中的人们开始担心，女丑和大蟹能战胜太阳吗？

女丑吸来海水攻向太阳，救下了大蟹。她想利用海水困住太阳，然而海水却在太阳的炙烤下飞速蒸发。就连女丑那青色的衣裙上都冒出了白色的水蒸气。她的体力在炙烤中被不断消耗，她明白自己与太阳相比力量悬殊，这一战没有奇迹出现的话，她就会死。

十只太阳发出更刺眼的金光，女丑知道只有拼死一搏了，她召回大蟹，让它守护好岸边的难民，而一身青衣的她带着翻滚的海水，冲进太阳的光芒中。

大蟹带着难民上岸逃跑。海水在天际蒸发，女丑从空中跌了下来，她失败了，付出了自己的生命。她还保留着死去时的模样——右手挡住面庞，直

对着十个太阳。被太阳杀死的女丑静静地躺在丈夫国北面的山上，这件事惊动了天界。

原文

《山海经·西山经》：又北百二十里，曰上申之山，上无草木，而多硌（luò）石，下多榛（zhēn）楛（hù），兽多白鹿。其鸟多当扈，其状如雉，以其髯（rán）①飞，食之不眴（xuàn）②目。汤水出焉，东流注于河。

《山海经·海外西经》：女丑之尸，生而十日炙杀之。在丈夫北。以右手鄣（zhàng）③其面。十日居上，女丑居山之上。

《山海经·大荒东经》：海内有两人，名曰女丑。女丑有大蟹。

注释

①髯：胡须。②眴：通“眩”，眼睛昏花。③鄣：遮挡，遮掩。

山海经里的神话世界 4

天下洪水

梦入紫川 著
懒语 绘

四川教育出版社

神射手羿的使命

山海档案

yì
羿

族类：神

身份：神射手

特征：左臂比一般人长，擅长射箭

所在地：凡间

女丑的死惊动了众神。太阳女神羲和也知道自己的儿子们闯了祸，驾着六条神龙拉着的神车飞到天空中，对着十个太阳喊道：“孩子们，快跟我回去认错吧！”

然而体会到自己力量强大的太阳金乌们听不进去母亲的劝说，没有一个愿意跟着母亲回去。尧为此头疼不已，找来一位新神——神射手羿，准备让他去处理这个难题。

羿原本是位擅长射箭的天神，大家喜欢称呼他大羿。他强壮威武，左臂比一般人长，射箭总是能百发百中。帝俊看重他的才能，把世界上诞生的第一把弓赐给了他。

这把弓是弓箭始祖般创造的神器。弓是赤红色的，散发着淡淡的红光；箭羽是白色的，是用神鸟身上最华丽的羽毛制成的，散发着银色的光芒。传说将这赤红色的神弓和白色的神箭搭配使用，便拥有穿透一切的神力。

帝俊把这件威力强大的神器赐给了羿，希望他拿着这把神弓，去守护大地上的凡人们，帮助他们战胜各种艰难困苦。只是帝俊没想到自己亲手赐给羿的弓，最后会被用来对准自己的儿子们。

尧不希望这样的事情发生，看着背着神弓和神箭走进来的高大威猛的羿，艰难地开口道：“太阳金乌们的事情，你已经知道了。这次我想请你去帮助大地上的凡人。你愿意吗？”

羿恭敬地说：“请您放心，我一定会完成任务的！”尧说：“这是一个充满挑战的任务，如果你觉得很为难，可以拒绝我。”他看向羿身后熠（yì）熠生辉

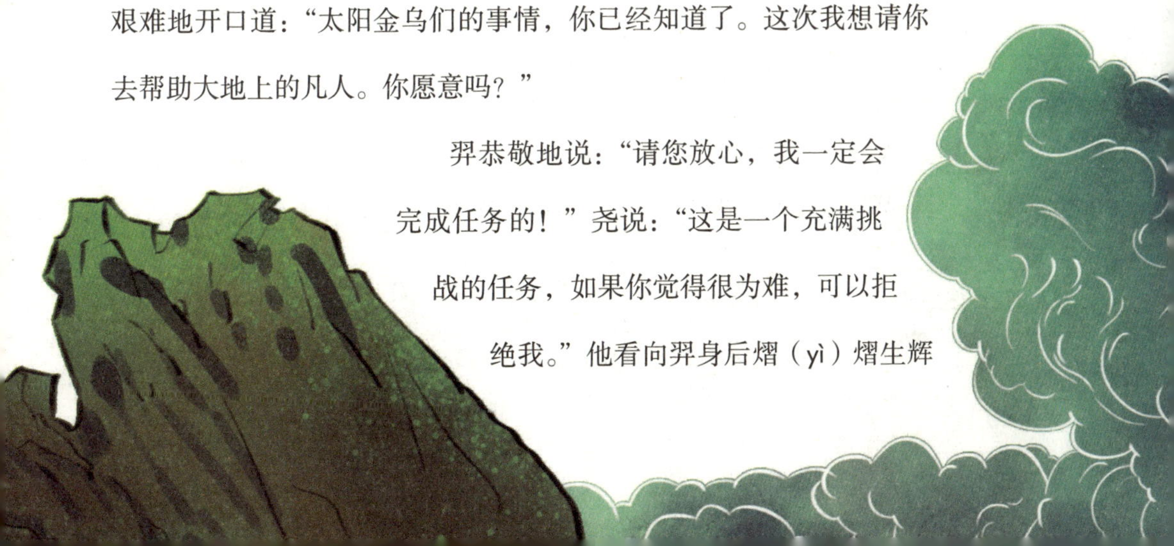

的神弓和神箭，感慨地说："毕竟这神弓和神箭是天帝赐给你的，他一定不想看见你用他赐给你的武器去对付他的孩子们。你也不想做这种事情。"

羿握紧了拳头，看向尧，说："我不想伤害太阳金乌们。可是眼下大地上到处都是火海，我每天都能从风中听见大地上传来凡人们的哭喊声，他们在向我们求救。"

羿又苦恼地说："一边是信任我、帮助我的天帝，一边是身处火海中日夜向我们求救的凡人们。我无法对那些求救的声音充耳不闻，但是要帮助凡人们，又很可能会伤害天帝的孩子们。我每天都处在这样两难的选择中。我明白您的心情，您肯定也希望拯救凡人们，但又不想伤害天帝的孩子们。"

尧叹了口气，说："一定是我做得不好，才出了这样的事情。羲和女神已经去劝说太阳金乌们了，但是没有金乌愿意从天上下来，所以我只能派你去。你最终可能还是会不可避免地和太阳金乌们一战。眼下，大地上已经经不起折腾了，只有你的神弓和神箭可以保护凡人们。"

羿点点头，说："我明白。天帝十分伟大，他开创了这个文明的时代。而且天帝对我有恩，我不应该伤害他的孩子们。可是，现在我们要拯救凡人们，让天下重新恢复安宁，也就顾不了这么多了。"

羿准备出发时，尧告诉他，有很多凶兽趁着十日并出时出来祸乱人间，他可以先去斩杀这些凶兽，然后再劝说太阳金乌们。羿答应了。

原文

《山海经·海内经》：帝俊赐羿彤弓素矰（zēng）①，以扶下国，羿是始去恤下地之百艰②。

注释

①彤弓素矰：红色的弓和白色的箭。②恤下地之百艰：此处指帮助大地上的人民应对各种艰难困苦。

被羿斩杀的凶兽

山海档案

záo chǐ
凿齿

族　类：兽
身　份：吃人的凶兽
特　征：长着像凿子一样的长牙
所在地：寿华之野

山海档案

jiǔ yīng
九婴

族　类：兽
身　份：能喷水吐火的凶兽
特　征：长着九个脑袋，有九条命，能喷水吐火
所在地：北狄凶水

山海档案

dà fēng
大风

族　类：神
身　份：北海海神禺强
特　征：有着人的面孔和鸟的身子
所在地：北海

羿来到昆仑虚东边的寿华之野。此时正是夜晚，羿准备先打几只猎物送给附近的村民，白天再劝说太阳金乌们。可是等他背着猎物来到村子时，看到整个村子都被浓雾笼罩着，看不见一点篝火。

羿心里一紧，放下猎物，拉开长弓，向浓雾射出一支带着神力的箭。浓雾破开后，羿看见村民们恐惧地蜷缩在一起。有人看见羿，忙用手势示意他安静。

羿还没来得及上前问清楚发生了什么，就听见背后传来猛烈的咆哮声，村民们都瑟瑟发抖。羿转过身，看到一个巨大的黑影向这边移动。等黑影近了，他才发现，那竟然是一头长着凿子一样的长牙的凶兽凿齿！

羿瞬间就明白了，是凿齿把附近的村民们都抓了起来当它的食物。想到这里，愤怒的羿拉开神弓，射出神箭。神箭释放出刺眼的光芒，如闪电般飞向凿齿，凿齿被锋利的光芒刺伤，转身逃跑，羿对着它逃跑的身影又射了一箭，杀死了它。

得救后的村民们告诉羿，这里不止凿齿一种凶兽，自从十个太阳同时出现在天空中，大地上就出现了很多为害人间的凶兽。羿想起尧的话，决定先去收拾这些凶兽，再去劝说十日。

羿的下一个目标是北狄凶水中的九婴。听村民们说，九婴原本住在凶水深处，长着九个

头，既能喷水，又能吐火。九婴一直在水底沉睡，因而人们以为它只是个传说。直到十日同时出现在天空中，高温把凶水烧得几乎沸腾，受不了高温的九婴跳上了岸，开始攻击凡人们。

羿赶到的时候，九婴正在凶猛地攻击凡人们。羿张弓搭箭，带着银色光芒的神箭射向九婴。九婴的九个脑袋齐齐张开血盆大口，有的吐出巨大的火球，有的喷出巨大的水球，火球和水球纷纷砸向神箭。羿知道九婴有九条命，于是使用连环箭法，射出九支带有神力的箭，九支箭先后射中了九婴的九个头。九婴就这样死在了羿的神箭下。

羿赶了很久的路后到了青丘之泽。他听说这里有只叫大风的怪物，能用黑色风暴散播怪病。据说没人见过它真正的样子，只看见过它巨大的翅膀。羿刚赶到一个村子里，就看到远处一阵黑色风暴朝村子逼近。

“就是这样的怪风让村里的人都得了怪病！”有村民惊恐地说。羿对着席卷而来的黑色风暴射了一箭，银色的光芒就像闪电一样刺穿了黑色风暴。

风暴消散后，只见无数只被海水包裹着的灵龟出现在人们面前。空中出现了两条巨大的青蛇，接着青蛇上方出现了一个人面鸟身的天神——原来是海神禺强。

颛顼去世后，颛顼的辅佐神禺强就离开天界隐居起来。禺强是传说中力量强大的神，羿以为他是来帮助自己的，高兴地向他打招呼，却发现他正贪婪地盯着自己手上的神弓。

此刻的禺强浑身散发着黑气，十分奇怪。意识到情况不对的羿刚想开口，就见灵龟纷纷围了上来，禺强也挥动翅膀，黑色风暴随之从地面升起，人们瞬间被包裹在风暴里无法动弹。有人艰难地喊：“他就是大风！就是他

带来了风暴和怪病。”

羿十分震惊，曾经守护天下的海神禺强此刻却成了人们口中的怪物。他大喊着禺强的名字，回应他的却是灵龟的撕咬。禺强继续挥动翅膀，掀起更多更大的风暴，周围变得一片昏暗。

是什么力量让禺强失去了理智？羿立刻高举神弓，瞄准禺强，可是下一秒，远处的禺强竟然出现在羿面前，一脚将羿踢飞了数十米。猛烈的风暴又扑向羿，羿吃力地射箭抵挡着。

羿的额头上满是冷汗，他知道自己抵挡不住这样强大的力量。他看着身后人们期盼的眼神，一个想法从他心头冒出。他忽然恭敬地朝禺强身后喊道：“颛顼帝！”

听到颛顼的名字，失去理智的禺强有了一瞬的错愕，就在他回头之际，羿拉弓蓄力，向他射出一支神箭。不等禺强反应过来，神箭已化作牢笼将他困在其中。

羿用神箭化作的牢笼把禺强困在青丘之泽。接着，羿将消息传递给尧，请他想办法处理失去理智的禺强。

原文

《山海经·海外南经》：羿与凿齿战于寿华之野，羿射杀之。在昆仑虚东。羿持弓矢，凿齿持盾，一曰持戈。

《淮南子·本经训》：逮至尧之时，十日并出，焦禾稼，杀草木，而民无所食。猰貐、凿齿、九婴、大风、封豨、修蛇皆为民害。尧乃使羿诛凿齿于畴华之野，杀九婴于凶水之上，缴大风于青邱之泽，上射十日而下杀猰貐，断修蛇于洞庭，禽[1]封豨于桑林。万民皆喜。置尧以为天子。

注释

①禽：通“擒”。

巴蛇吞象

山海档案

bā shé
巴蛇

族类：蛇

身份：能吞象的巨蛇

特征：有着黑色的身体和青色的脑袋

所在地：巴国和朱卷国附近

山海档案

bā guó rén
巴国人

族类：人

身份：伏羲的后代

特征：能驱使小蛇

所在地：巴国

山海档案

zhū juǎn guó rén
朱卷国人

族类：人

身份：凡人

特征：朴实、勇敢

所在地：朱卷国

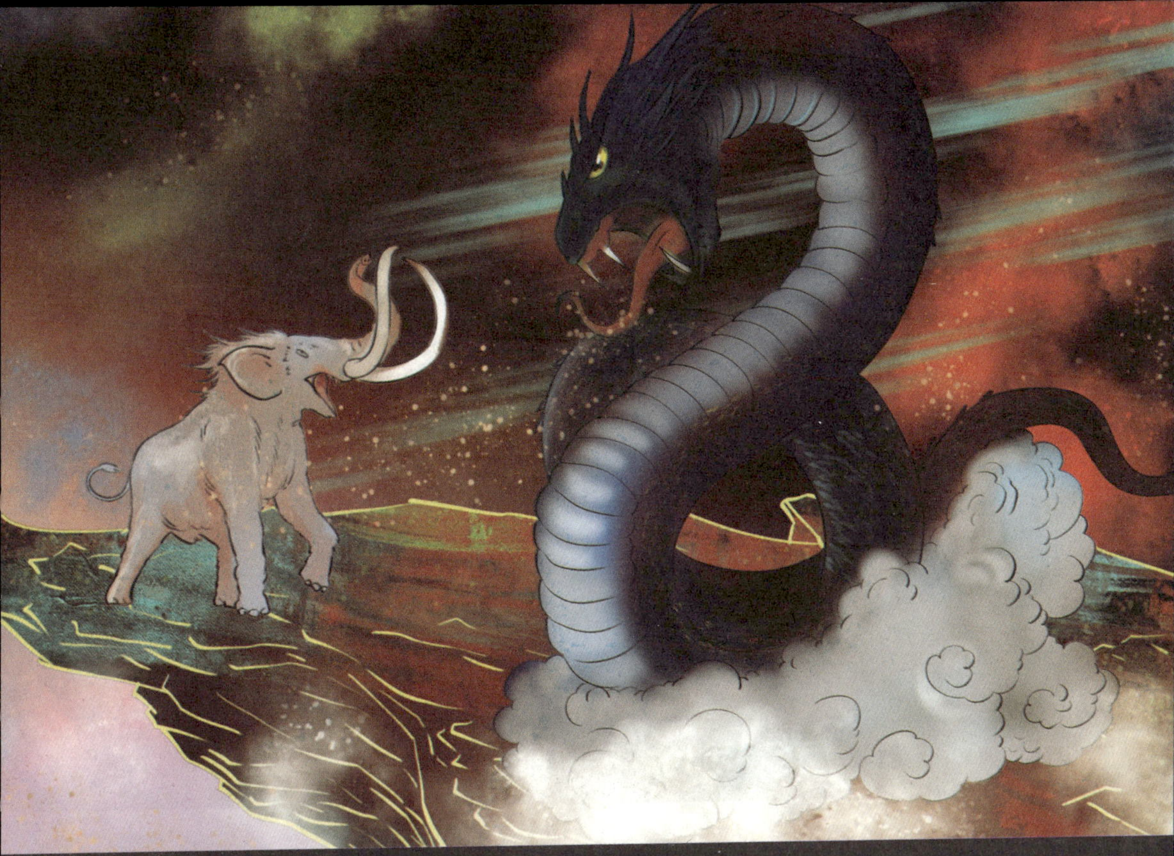

身躯比连绵的山脉还要巨大、一抬头就能遮天蔽日的巨蛇出现在西南方的巴国和朱卷国附近。巨蛇的蛇身是黑色的，蛇头是青色的，人们称它为巴蛇。

巴蛇曾经吞下过附近的一头巨象，它整整消化了三年才将巨象的骨头吐了出来。附近的朱卷国人十分害怕巴蛇，但也没有多少人真的见过巴蛇，有人说它沉睡在大地深处，还有人说它早就死了。

住在朱卷国附近的巴国人是青帝伏羲的后代，他们继承了伏羲的部分神力，能驱使小蛇。当年，伏羲生了咸鸟，咸鸟生了乘厘，乘厘生了后照。后照来到西南这片土地，创建了巴国。继承了祖先神力的巴国人，听到邻居朱卷国人说起关于巴蛇吞象的恐怖传说也没有丝毫害怕，甚至把巴蛇看成自己国家的守护神，毕竟他们的先祖伏羲就是位人首蛇身的天神，他们自己还能驱使小蛇。

长久的安宁让人们几乎忘记了巴蛇的存在，都只把它当成一个传说。然而，当天空中十个太阳同时出现、大地裂开、地火喷涌而出时，那条传说中的巨蛇重新出现了。它那巨大的身躯逼近了朱卷国，经过的地方，地动山摇。朱卷国人恐惧地叫道：“那是巴蛇！”

看到自己的国家面临危险，连一向喜欢蛇的巴国人都露出了凝重的表情。他们明白这条巨蛇是异类，无法沟通，无法被驯服，随时会毁了他们的国家。意识到这些后的巴国人迅速驱使小蛇和朱卷国人组成军队，抵抗巴蛇的攻击。然而在巴蛇面前，他们的军队太弱小，他们发出的火球打在巴蛇巨大的身躯上，甚至无法烧伤巴蛇的皮肤。

眼见巴蛇畅通无阻地前进，朱卷国人和巴国人束手无策。就在这时，奇迹发生了，一支散发着银色光芒的神箭狠狠刺向巴蛇。神射手羿出现在众人面前。

巴蛇被突如其来的银色箭光逼退。羿微微吐出一口气，心想：还好赶上了，没造成什么伤亡。

羿高举神弓站在巴蛇面前，数支神箭射向巴蛇，箭花在巴蛇巨大的身躯上炸裂，痛得巴蛇发出低沉的嘶吼声。巴蛇张开血盆大口，朝着羿的方向凶狠地咬了过去。

巴国人忙驱使数不清的小蛇挡在羿的身前。这些小蛇不断撕咬着巴蛇。羿在巴国人的掩护下，又朝巴蛇射出了一箭。闪烁着银色光芒的神箭化为巨大的利刃，直直地穿过巴蛇黑色的身躯，并斩断了巴蛇的蛇尾。

愤怒的巴蛇发狂般地冲向羿，朱卷国人纷纷向它扔出巨石掩护羿。羿又一次射出神箭，这次闪着银色光芒的神箭就像白色的闪电刺入巴蛇的蛇身，巴蛇慢慢倒下了。人们高声欢呼，心中的恐惧也随着巴蛇的死亡而消散。

原文

《山海经·海内南经》：巴蛇食象，三岁而出其骨，君子服之，无心腹之疾[①]。其为蛇青黄赤黑。一曰黑蛇青首，在犀牛西。

《山海经·海内经》：西南有巴国。大皞生咸鸟，咸鸟生乘厘，乘厘生后照，后照是始为巴人……又有朱卷之国。有黑蛇，青首，食象。

注释

①君子服之，无心腹之疾：有才德的人服食了它，不会心痛和肚子痛。

羿射九日

山海档案

cháng shé
长蛇

族　类：蛇

身　份：吃人的怪蛇

特　征：身上长着猪毛，叫声像敲梆子的声音

所在地：大咸山

这些天，羿翻过山川，走过荒漠，射杀了许多怪物。他见到大量被烤焦的农田和被烧焦的森林，人们的生活过得十分悲惨。这都是十个太阳同时出现在天空中造成的。他尝试劝说十个太阳，但太阳们对他的劝说无动于衷。

无奈的羿到了东海边，对着天空中的太阳们再一次说道：“太阳们，你们睁开眼看看大地上惨烈的景象吧！我真的不想对你们出手！”

火红的太阳里浮现出一只只三足金乌，其中一只金乌笑着说：“我们是天帝的儿子，你敢对我们出手？”

另一只金乌笑道：“别跟他多说了，让我来教训他！”说着，它挥动羽翼，天空中落下了无数天火，刺眼的光芒和奔涌的热浪狠狠地向羿袭来。可这些攻击根本伤不到羿，只见他高举神弓，射出神箭，神箭在空中急速变大，将天火斩灭。

太阳金乌们又挥动羽翼，原本藏在大地深处的烈火，随着它们的召唤，从地底钻了出来，直冲云霄。在烈火中，太阳们迅速变大，就连连绵的山脉在它们面前，都微小得几乎看不见。那还是太阳吗？人们愣在原地，仰望着天空中这急速变大的太阳。在这震撼的景象前，人们根本生不出抵抗或逃跑的念头，只有一种无法言说的恐惧在心头盘旋。

太阳金乌们的嘴角扬起挑衅的笑意，它们要让羿见识见识什么是真正的力量，完全不考虑这样疯狂的攻击会给这片大地带来什么样的灾难。

看着身后害怕的人们，羿再也不能容忍。他默默地对着神弓说了句：“天帝，对不起。”接着他发动神力，高举神弓，将澎湃的神力汇聚在神箭上。神箭以肉眼可见的速度在空中变大，很快追上了一个太阳。神箭射中了这个太阳。其他太阳金乌十分震惊，它们不明白区区一个射手怎么能射中太

阳呢？羿又射出第二箭，神箭一刹那分裂成无数道箭光，再次射中那个太阳。这个太阳中了两箭后，慢慢被分解。

其他太阳金乌十分愤怒，纷纷要为死去的兄弟报仇。无奈的羿连射几箭，只见火红和银白的光在空中交织，刺得人睁不开眼。太阳们就这样一个个被射中并分解，太阳金乌们也一个接一个地死去，落在大地上，化为了焦土。

羿看着天空中仅剩的一只太阳金乌，开口说：“还打吗？”最后剩下的太阳金乌害怕极了，急忙摇头，但又愤怒地说：“你杀了天帝的九个儿子，你会遭到报应的！”

羿无奈地笑了，说：“我知道，但是我不后悔，你最好老老实实地待在天空中，为大地和万物带来光明。否则我不会放过你！”

射掉九个太阳的羿，神力开始衰减，但他不敢停歇，因为他听说原本被封印在弱水中的凶兽猰貐也跑了出来，危害人间。

猰貐是天神窫窳幻化而成的怪兽，一直被关在弱水中，这次十个太阳出现在天空中，蒸干了用来关押它的弱水，使它得以重见天日。

羿赶到的时候，看见猰貐正在追赶村子里的人们。羿张弓搭箭，对准正在发狂的猰貐，一箭射中了它原本抓着村民的爪子。猰貐对着羿发出一声长啸，冲向羿，想牢牢地困住羿，抢夺他手上的神弓。

羿目光坚定地攥紧神弓，并将神力注入神弓。还没等猰貐反应过来，带着银光的神箭就刺穿了它的身体，猰貐那巨大的身躯瞬间破碎。

夕阳落下，羿的手臂已承受不住神弓的力量，大火焚烧般的痛楚在他的手臂蔓延，羿疼得昏迷过去。村民们这才反应过来，纷纷奔向了英雄羿。

从昏迷中醒来后，羿看着自己被包扎起来的双手，喃喃自语道："这就是射落太阳的代价吗？"平心而论，猰貐并不是他对战过的最厉害的怪兽，甚至比不上失去理智后变成大风的禺强。可是这一次，他却战得十分吃力，因为他的神力正在逐渐消失，他无法再像以前一样自如地驾驭神弓和神箭了。

休息了一会儿后，羿又开始赶路了。他知道，远方还有人们需要他的帮助。

正在赶路的羿突然感到脚下的大地开始震动。他望向不远处的村落，发现整个村落似乎都在晃动。让大地震动的是一群逼近村落的封豨（xī）。那是一种长得像野猪、体型却远比野猪高大的怪兽，喜欢吃人。

从十个太阳同时出现在天空中开始，森林里经常发生火灾，这惊动了沉睡在森林深处的封豨。大火烧毁了它们原本的食物，它们从森林中冲了出来，到处毁坏村庄，伤害人类。

从没见过如此多封豨的羿喃喃自语道："竟然会有这么多封豨！"他不敢耽误时间，举箭射向奔跑中的封豨，原本凶狠的封豨被一只只射杀。等杀死所有封豨后，羿又急忙上路，向着大咸山的方向赶去。一路走来，他听到路上不少难民说，北方的大咸山里有条叫长蛇的吃人怪蛇。

羿在天空中看见过大咸山，那座山外形很奇特，竟然是四方形的，山上寸草不生，有很多玉石。他没想到这座山里竟然会有吃人的怪蛇。听人们说那蛇的身上长着猪毛，叫声像敲梆子的声音。

刚爬上山，羿就听到不远处传来鼓声和惨叫声。羿跑过去，看见一条几十米长的怪蛇正在发出敲梆子一样的声音。羿明白，这就是人们口中所说的长蛇。

长蛇紧紧缠着几个人，张开了血盆大口，人们惊恐地闭上了眼。突然，犹如银色闪电的神箭射中了缠着村民的蛇尾。羿大喊：“快逃！”

被激怒的长蛇张开血盆大口，刺鼻的气味扑面而来。只见长蛇喷出的酸液将周围的泥土腐蚀得滋滋冒泡。“不对！”羿敏锐地察觉到，这条蛇喷出来的酸液有麻醉的作用。

趁着意识清醒，羿弯弓搭箭，射出神箭。神箭在半空中变成无数支小箭，一齐射向长蛇。长蛇用巨大的身躯卷起沙石仍然无法阻挡迎面而来的箭雨，就这样被羿射杀在大咸山上。

原文

《庄子·秋水》引《山海经》：羿射九日，落为沃焦。

《山海经·北山经》：北二百八十里，曰大咸之山，无草木，其下多玉。是山也，四方，不可以上①。有蛇名曰长蛇，其毛如彘豪②，其音如鼓柝（tuò）③。

注释

①是山也，四方，不可以上：大咸山是四方形的，人无法攀爬上去。②彘豪：猪脖子上的长毛。③柝：古代巡夜报更时用的梆子。

河伯冰夷的恶行

山海档案

冰(bīng)夷(yí)

族　类：神

身　份：掌管黄河的水神

特　征：有着人的面孔和鱼的身子，驾着两条龙

所在地：从极之渊

因为射落了九个太阳，又接连杀死这么多怪兽，羿的身体受到很大损伤。他已经失去了回到天界的神力，所以选择在凡间隐居。隐居期间，羿娶了美丽的凡人女子嫦娥为妻，过上了凡人的日子。

一天，羿外出打猎，碰到了一些逃难的女子。从她们口中，羿知道了在三百仞深的从极之渊中，生活着一个作恶多端的河伯。这河伯掌管着黄河，每年都要求黄河两岸的人们献上美貌的少女。如果人们不满足他的要求，他就会发起滔天的黄河水淹没黄河两岸的村落。

羿以前见过这位河伯。他叫冰夷，是位面容白皙、长相英俊的河神。冰夷有着人的面孔和鱼的身子，有一条漂亮的大鱼尾，经常驾着两条龙到各处游玩。冰夷是黄河中的河神，当年应龙在涿鹿大战中立了大功，被黄帝封为掌管天下水系的天神。这惹怒了掌管黄河的冰夷。

不愿被应龙管束的冰夷和应龙大战了一场，不过小小河神哪里是应龙的对手。冰夷败在应龙手下，从此以后只能服从于应龙。不过冰夷十分贪恋美色。

令羿没有想到的是，应龙隐居凡间后，脱离应龙管束的冰夷竟然开始威胁凡人送美女给他。看不惯冰夷行为的羿准备亲自去管管这件事。

羿一连在黄河边徘徊了几天，都没有看见冰夷的身影，连跟在他身边的两条龙也没看见。察觉到冰夷或许是有意躲着自己，羿也犯起愁来。突然，羿看到洛神驾着云赶来。洛神本来是个有绝世美貌的凡人，被冰夷抢去做了他的妻子。后来，她死在了洛水中，死后成了掌管洛水的女神。

这些年，洛神也忍受不了冰夷的恶行，几次劝说冰夷不要残害无辜百姓，冰夷都听不进去。她知道羿是来找冰夷的，便来为羿指路。洛神开始施法，只见黄河水在洛神指向的地方翻涌开来，分出了一条路。羿和洛神一起

沿着路进入黄河深处，突然听见少女们此起彼伏的哭声。

羿惊讶地问洛神："冰夷到底抓来了多少人？"洛神无奈地摇摇头，说："我也不知道，只知道他每年都会强迫黄河两岸的人们向黄河水中投下美貌的少女，已经持续几年了。"

洛神突然指了指河水上方盘旋的龙，说："冰夷在那里！"羿朝着龙的方向喊道："冰夷，不要再伤害黄河两岸的人们了！"

听到羿的喊话后，藏在两条龙后的冰夷露出脸来，骄傲地笑道："羿，你跑到我这里来多什么事？你有什么资格管我！"说着，他荡起鱼尾，身边的两条龙也跟着他的动作发出龙啸，黄河水凝成水蛇，嘶吼着向羿冲去。

羿忙将洛神护在身后，举箭对准水蛇。带着银色光芒的神箭迅速变大，不仅击碎了咆哮而来的水蛇，还射中了冰夷巨大的鱼尾，吓得冰夷不敢还手。

羿冷冷地看向冰夷，说："赶紧把这些人放了，不要再伤害两岸的人们，否则我真的对你不客气了！"

冰夷被羿的神箭射伤，无奈之下只好放走捉来的少女们，并答应羿以后不再伤害黄河两岸的人们。

原文

《山海经·海内北经》：从极之渊，深三百仞，维冰夷恒都焉①。冰夷人面，乘两龙。一曰忠极之渊。

注释

①维冰夷恒都焉：只有河神冰夷长期住在那里。

羿的徒弟逄蒙

山海档案

páng méng
逄蒙

族　类：人

身　份：羿的徒弟

特　征：善射

所在地：羿和嫦娥家附近

山海档案

cháng é
嫦娥

族　类：神

身　份：羿的妻子

特　征：美丽温柔、乐于助人

所在地：原与羿住在凡间，后飞入月宫

和冰夷的战斗让本就在强撑的羿的身体变得更加虚弱，他被身上的巨大痛苦折磨着。

无奈之下，羿向传说中神秘莫测的西王母求助。西王母不忍心看着这样一位英雄就此陨落，派青鸟送来一粒不死药，并告诉他，只要吃下去就能重新回到天界。可是此时的羿不想离开自己的妻子嫦娥，于是就把西王母送来的不死药交给了嫦娥，让她收起来。

这件事情被羿的徒弟逄蒙知道了。当初羿射九日，处死大量凶兽，拯救了无数凡人，成了人们心目中的英雄，很多人想拜他为师，跟他学习射箭，其中就有逄蒙。逄蒙的天赋非常高，他是仅次于羿的神箭手。羿爱惜逄蒙的才华，把他留在身边，还把自己掌握的射箭本领全部传授给了他。

只是逄蒙虽然聪明勤奋，品行却不好。他骄傲自大，贪婪奸诈，总想着学会羿的本领，取代羿在人们心中的位置。他听说西王母给羿送来了不死药后，就开始计划怎么偷来不死药，从而能长生不死。

这天是八月十五，羿出门打猎，逄蒙假装生病留了下来。送走羿后，逄蒙拿着弓箭闯进羿的家里，逼迫嫦娥交出不死药。认清逄蒙奸诈嘴脸的嫦娥不愿意交出不死药，无奈之下，只能趁逄蒙四处翻找时吞下了不死药。

吃了不死药的嫦娥身体开始变得轻盈，慢慢飞向天空。羿打猎回来后找不到妻子，焦急地外出寻找，却发现她正在向着月宫飞去。羿不停地追着，嫦娥却离他越来越远，最终飞入了月宫。嫦娥在凡间时，常常帮助乡亲们，大家都很喜欢她。后来，人们为了表达对嫦娥的思念，会在每年八月十五这天摆上月饼，对着月亮拜嫦娥。

嫦娥奔月后，羿才知道了逄蒙的真面目。他痛心地问道：“你是我最引

以为傲的徒弟，为什么要这样做？！”逢蒙嚣张地看着羿，说：“我只是想要不死药，要不是嫦娥吃了它，我还用得着在这里跟你啰唆？”

“你！”从没见过逢蒙这一面的羿被气得说不出话来，他没想到自己多年来悉心教导的徒弟是个贪婪奸诈的小人。他更没想到的是，逢蒙突然拿起手上的弓箭对准了自己。逢蒙阴险地笑道：“这天下的神箭手，只有我一个就好了，没有你，我就是天下第一了。”

一代英雄羿倒在了血泊中。他这一生经历多次大战，却没想到，最后自己没死在战场上，而是死在了自己最信任的徒弟手里。

原文

《孟子·离娄下》：逢蒙学射于羿，尽羿之道①，思天下惟羿为愈己②，于是杀羿。

注释

①尽羿之道：完全掌握了羿的射箭技巧。②思天下惟羿为愈己：想到天下只有羿胜过自己。

丹朱和舜

山海档案

丹朱（dān zhū）

族　类：人

身　份：尧的大儿子

特　征：棋艺高超

所在地：丹水

山海档案

舜（shùn）

族　类：人

身　份：颛顼的后代，尧的继承人

特　征：心地善良

所在地：历山

尧的大儿子丹朱是在西王母的祝福下出生的，尧十分宠爱他。但尧管理着凡间的大小事务，十分繁忙。在平息了十个太阳同时照耀大地的灾难后，来不及休息的尧又忙着指导凡人们农耕。因此，尧真正陪伴丹朱的时间并不多。

直到丹朱因为调皮闯了祸，他才发现这个原本聪明机灵的孩子竟然已经变成一个游手好闲的少年。想到丹朱将来很可能要继承自己的帝位，尧决定亲自管教丹朱。

尧想，自己要先稳住丹朱的心性。他决定先教丹朱射箭打猎。可懒散惯了的丹朱不喜欢打猎，尧看他学得不上心，便说：“既然你不喜欢打猎，那我教你一些其他的吧。”说着，他用短刀在文桑这种珍贵的木料上画了十几道横线和十几道竖线，又用犀角、象牙等贵重材料制成黑白两色的棋子。他把黑色的给丹朱，自己留下白色的，然后说：“这是石子围棋，其中蕴含着行军征战、治理天下的道理。你如果能把它玩明白，就非常厉害了。”丹朱学得很快，展现出了惊人的围棋天赋。尧又将自己率领部落征战的兵法谋略融入围棋中，传授给丹朱。

没过多久，丹朱就成了闻名天下的棋圣。尧非常欣慰，笑着对自己的妻子散宜氏说：“原本还担心丹朱这个孩子不学无术呢，没想到他竟然是个围棋天才。看来他能够接替我的帝位。”

可惜的是，成为棋圣的丹朱变得骄傲自满，觉得整个天下都没有比他更聪明、更有谋略的人，还常常用自己在围棋中领悟到的谋略来算计别人。这让尧很痛心，他派后稷把丹朱送去丹水做诸侯。送走丹朱后，尧下决心找到一个心怀大爱、能把天下人的幸福看得比自己更重要的人来当自己的继承者。大家都推荐心地善良的舜。

舜是颛顼的后代，他的先祖穷蝉是颛顼的儿子。穷蝉是灶神，他总是藏在人们做饭的灶台旁偷听别人的隐私，每年年底会跑到颛顼面前说别人的坏话。因此他被颛顼惩罚，被贬到了凡间。

舜的父亲瞽（gǔ）叟这一代已经完全和凡人没什么两样了。舜降生那一天，夜空中北斗七星的天枢星异常明亮，晃得瞽叟的妻子握登氏睁不开眼。握登氏在天枢星光芒的包围下生下了舜。看着天空中的北斗七星，瞽叟想起了先祖颛顼的诞生，传说颛顼出生的那天，北斗七星中的瑶光星十分明亮。瞽叟想：也许自己这个孩子以后也会是个大人物吧！

舜很小的时候，母亲就去世了，父亲瞽叟娶了新的妻子。没多久，新妻子就为瞽叟生下了一个儿子，取名为象。瞽叟非常喜爱小儿子象，却常常虐待舜，一不高兴就动手打舜。象和自己的母亲也虐待舜，总是让他干最重的活儿，还只让他吃剩饭。

邻居们看不下去，都劝舜离开。但是舜始终不计较这些，仍旧孝顺父亲，照顾弟弟。但后来，瞽叟和象竟想害死舜，无可奈何的舜才离开了家乡。

舜在历山找了块地住下来，每天耕地播种，热情地帮助邻居们。原本当地的人总会为了争夺肥沃的土地打架，可是他们看见舜天天热情地帮助大家耕地而不求回报，都开始意识到自己的不对，纷纷效仿舜，争着帮助邻居耕地。舜还经常去雷泽捕鱼，人们围绕在舜的周围，受他的影响，互相推让最好的捕鱼位置。很多人都愿意挨着舜居住，人们都喜欢听从舜的意见。

舜擅长做陶器，常常去黄河岸边做陶器。因为舜的加入，陶匠们的制陶技术得到了飞速提升。舜善良淳朴的品德不断影响着人们，他每去一个地方，都会使那里的人们变得团结友爱，互帮互助。那个地方也会因为舜的到来而很快壮大，发展成一个大城市。

尧了解了舜的经历后，觉得舜确实更适合成为他的继承者。但是尧也知道舜的家庭情况，知道他的父亲、继母和弟弟都不是什么好人。尧很想知道舜会怎么处理他和家人的关系，能既不违背孝道又不被品行不好的家人所影响。这是尧对舜最后的考验。

原文

《竹书纪年》：后稷放帝朱于丹水。

《史记·五帝本纪》：虞舜者，名曰重华。重华父曰瞽叟，瞽叟父曰桥牛……以至舜七世矣。自从穷蝉以至帝舜，皆微为庶人。舜父瞽叟盲。而舜母死，瞽叟更娶妻而生象。象傲。瞽叟爱后妻子，常欲杀舜，舜避逃……舜耕历山，历山之人皆让畔；渔雷泽，雷泽之人皆让居；陶河滨，河滨器皆不苦窳。一年而所居成聚，二年成邑，三年成都。

娥皇女英

山海档案

é 娥 huáng 皇

族类：人

身份：尧的女儿

特征：拥有龙鳞制成的龙裳羽衣

所在地：洞庭山

山海档案

nǚ 女 yīng 英

族类：人

身份：尧的女儿

特征：拥有凤凰羽毛制成的鸟工羽衣

所在地：洞庭山

尧有两个女儿——娥皇和女英，她们常常住在洞庭山上。洞庭山是座有很多宝藏的仙山：山上满是黄金，山下有很多银和铁；山中长着梨树、橘子树等果树，还长着很多兰草、芎䓖（xiōng qióng）等有芳香气味的草；山中还住着许多怪神和怪鸟。

洞庭山上的怪神样子像人，身上缠绕着蛇，左手和右手也都握着蛇。娥皇和女英各有一件带着神力的羽衣。姐妹俩总是穿着羽衣去潇湘的渊潭中游玩。从澧（lǐ）水和沅（yuán）水吹来的风，交汇在潇湘的渊潭，那地方是九条江水汇合的中心地带。娥皇和女英每次出入渊潭的时候，都会有狂风暴雨相伴。

她们是尧最宠爱的女儿，聪明貌美，端庄大气。尧看重舜的仁慈善良，想考验他能不能成为自己的继承者，就把自己这两个女儿一起嫁给了他。尧悄悄告诉娥皇和女英，让她们考察舜的品行和能力。

舜娶了娥皇和女英后，带着她们在河边住下，姐妹俩非常喜欢温柔的舜。很多被舜的善良感染的人纷纷追随而来，搬到舜的住所附近居住。尧很欣赏舜为百姓做出的贡献，赏赐给他绨（chī）衣、琴和成群的牛羊，还专门派人给他修筑了仓库。看到舜过着富足的生活，他的父亲瞽叟、继母和弟弟象都找上门来。

舜没有因为他们曾经想杀死自己而怨恨他们，仍旧收留了他们。娥皇和女英贤

惠地照顾他们。舜的父母和弟弟看见村里人都非常尊敬舜，也不敢再像以前那样欺负他，但是他们非常嫉妒舜拥有的一切，总想将其据为己有。

这一天，瞽叟和象商量着怎么杀掉舜，好霸占他的家产和妻子。他们决定骗舜去修补谷仓的屋顶，等他爬到屋顶就放火烧谷仓来烧死他。

这个计划被女英知道了，但她不知道该如何告诉舜。等舜要去修谷仓屋顶的时候，女英忙叫住舜，拿出自己的仙女羽衣披在舜的身上，说：“这是我的羽衣，名叫‘鸟工’。它是一件神器，由凤凰神鸟的羽毛制成，穿上它就能在天空中飞翔。”

舜问道：“这么贵重的衣服，你应该穿在自己身上，给我干什么？何况我只是去修补谷仓的屋顶，不需要在天空中飞。”女英没有想好怎么和舜解释，只能说：“你以前经常出意外，不是被烧就是跌落悬崖，这次去谷仓的屋顶那么高的地方，我担心你。你穿上我的羽衣，回来再还给我就行。”舜答应了。

舜修屋顶的时候，果然谷仓起了火。还好舜穿着女英的鸟工羽衣，从着火的谷仓上飞了下来。

象和瞽叟一看他们的计划失败，就又想了一个杀害舜的方法。他们建议舜去挖井，准备趁他不注意时把井口堵上。这个计划被娥皇知道了，她不知道该如何告诉舜。在舜要去挖井的时候，娥皇拿出了自己的仙女羽衣披在舜的身上，说：“这是我的羽衣，名叫‘龙裳’，是用龙鳞制成的宝物。你穿上它，在大海和地底也能畅通无阻。”舜笑了笑，说：“我只是去挖井，不需要能在大海或地底畅通无阻的羽衣。”娥皇说：“上次去修屋顶，你就遇到了大火。这次万一再出什么意外呢？你还是穿上吧。”舜答应了。

舜正在挖井的时候，发现井口被堵上了。但他穿着娥皇的龙裳羽衣，顺利地从地下逃了出来。

想害死舜的瞽叟和象，这次彻底被震慑住了。他们觉得有什么强大的神力在保护着舜，因此再也不敢轻易地招惹他了。

原文

《山海经·中山经》：又东南一百二十里，曰洞庭之山，其上多黄金，其下多银铁，其木多柤（zhā）梨橘櫾（yóu），其草多葌（jiān）、蘪（méi）芜、芍药、芎䓖。帝之二女居之，是常游于江渊。澧沅之风，交潇湘之渊，是在九江之间，出入必以飘风暴雨。是多怪神，状如人而载蛇，左右手操蛇。多怪鸟。

丹朱的失败

山海档案

驩兜（huān dōu）

族　类：神

身　份：颛顼的后代，鲧的孙子

特　征：有着翅膀和鸟嘴

所在地：驩头国

山海档案

猼訑（bó shī）

族　类：兽

身　份：佩戴它的皮毛可以让人无所畏惧的野兽

特　征：长得像羊，有九条尾巴、四只耳朵，眼睛在背上

所在地：基山

山海档案

驩头国人（huān tóu guó rén）

族　类：人

身　份：颛顼的后代

特　征：有着翅膀和鸟嘴，战斗力强

所在地：驩头国

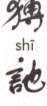

尧有意让舜当继承者的消息逐渐传开，也传到了在丹水的丹朱耳中。“我是父亲的长子，为什么他不选我？”丹朱想不通为什么父亲选舜为继承者。他记得父亲第一次教他下围棋时那么认真地告诉他，围棋里蕴含着带兵打仗、治理天下的方法，让他好好学，可父亲却转头选了舜当继承者。愤怒的丹朱把棋盘狠狠地摔到了地上。

丹朱小时候总是见不到父亲，大家告诉他，他的父亲是凡间之主，每天都很忙，身为儿子的他要体谅父亲。等他长大一些后，开始有人嘲笑他什么都做不好。可无论他怎么努力，还是练不好射箭打猎。后来他开始和一群恶神混在一起，也就在这时，那个忙碌到让他一年都见不了几面的父亲出现了。父亲并没有因为他练不好射箭打猎就放弃他，反而改教他下围棋，夸赞他在围棋上的造诣。成为棋圣的丹朱逐渐得到了大家的肯定。大家悄悄议论他会不会成为尧的继承者。

后来，他被父亲派来丹水。勇敢善战却多次叛乱的驩头国是最让父亲担

心的部落。驩头国人原本生活在毕方鸟东边，靠在大海上捕鱼为生，即便在最汹涌的海浪里，他们强壮的羽翼也能助他们抵御海浪。为了征服驩头国，丹朱娶了驩头国首领的女儿为妻。驩头国人的祖先驩兜是颛顼的后代，长着一对宽大的翅膀和一张鸟嘴。驩头国人继承了他们祖先的外形和能力，骁勇善战。

丹朱知道自己被父亲放弃后，心中不服，决定和舜争夺帝位。他说服了驩头国的首领，开始统领驩头国大军来抢夺天下。

丹朱的叛乱是尧没有想到的，他原本只是希望自己这个担不起天下大任的儿子能好好在丹水生活。尧决定亲自去结束这场闹剧。他把管理天下的重任交给了舜后，就身披战甲，带着大军赶赴战场。

丹朱让驩头国人都佩戴上猼訑的皮毛。猼訑是基山上的一种怪兽，长得像羊，有九条尾巴、四只耳朵，眼睛生在背上。丹朱知道佩戴猼訑的皮毛可以让人无所畏惧。他派人找来了很多猼訑，用它们的皮毛做成香囊。佩戴了猼訑皮毛的驩头国人果然无所畏惧，变得更加勇猛。

尧带着大军赶到时，看到丹朱正率领着驩头国人攻击士兵和平民们。尧没想到丹朱会变得这么残暴，痛心地问："为什么？"丹朱不满地质问道："为什么你不把帝位传给我呢？我要让你看看我有多强大。"

丹朱的话音刚落，他身边的驩头国人就举箭对准尧的大军。后稷先一步站了出来，用双手抚摸大地，顿时耀眼的绿光照亮了半个天空，粗壮的藤蔓源源不断地从大地中长出来，形成了一道道屏障，将士兵和平民们保护起来。

丹朱冷笑了一声，说："上火球！"无数火球砸向藤蔓组成的屏障。这时，尧先一步拔剑冲了出去，他召唤出一条巨龙。驩头国人射出的箭都被尧的剑气斩断。

丹朱知道自己不擅长近战，连忙指挥军队后退。然而巨龙在尧的指示下突破层层防线，直接冲向丹朱，来不及躲避的丹朱被红色的巨龙缠住，任凭他怎么努力也无法挣脱。

大战结束，尧远远地看向丹朱，说："你输了，收手吧！"

原文

《山海经·南山经》：又东三百里，曰基山，其阳多玉，其阴多怪木。有兽焉，其状如羊，九尾四耳，其目在背，其名曰猼訑，佩之不畏[①]。

《山海经·海外南经》：讙头国[②]在其南，其为人人面有翼，鸟喙，方捕鱼。一曰在毕方东。或曰讙朱国。

《山海经·海外南经》：三苗国在赤水东，其为人相随[③]。一曰三毛国。

《山海经·大荒北经》：西北海外，黑水之北，有人有翼，名曰苗民。颛顼生驩头[④]，驩头生苗民，苗民厘姓，食肉。

注释

①佩之不畏：佩戴它的皮毛就不会感到恐惧。②讙头国：即驩头国。③其为人相随：此国的人相互跟随前行。④驩头：即驩兜。

来自柜山的怪鸟

山海档案

zhū
鴸

族类：鸟

身份：丹朱死后化成的鸟

特征：长得像猫头鹰，脚像人手，出现的地方总是有很多被放逐的人才

所在地：柜山

山海档案

xiāo míng zhú guāng
宵明、烛光

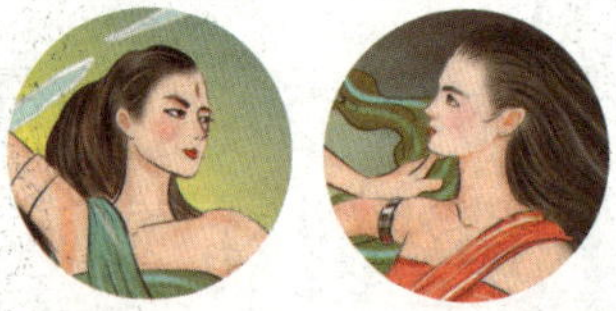

族类：人

身份：舜的女儿

特征：浑身笼罩着白光，出现的地方总是风调雨顺、百姓相处和睦

所在地：黄河边的沼泽

动弹不得的丹朱被关进了囚车，尧却高兴不起来。这场大战赢得太顺利了，他了解丹朱，不相信丹朱会这么轻易被打败。

不出尧所料，丹朱其实是假装失败被抓，准备趁尧的军队松懈时，带着驩头国军队将他们一网打尽。驩头国人一直埋伏在暗处等丹朱的消息。

队伍走到南海的时候，舜带着娥皇、女英过来了，这还是丹朱第一次见到舜。娥皇和女英带着食物来看丹朱，丹朱并不理会她们。到了晚上，舜来看丹朱。舜把饭推进囚车，说："吃点吧，你的父亲、妹妹们都很担心你。"丹朱不理会他。舜也不生气，说："如果你是为了帝位，我可以跟你约定，如果我真得到了帝位，我会立刻退位让你来接任。""你以为我这么好骗吗？"丹朱冷笑道。舜诚恳地说："你如果不相信，我可以对天发誓。"丹朱看舜不像在骗他，就问："你真愿意把帝位让给我？"舜点点头，说："只要你答应我造福天下，我愿意把帝位让给你。"

丹朱想，舜一定是个没遇到过什么苦难的人，否则也不会这么天真，便

问：“你为什么愿意把帝位让给我？”舜回答道：“因为这样你就能好好吃饭了，你的亲人们也不会难过了。”丹朱反问道：“我父亲放弃了我而选择了你。他怎么会关心我？”

“其实他非常在乎你。”舜肯定地看向丹朱，“你可能想不到，其实我非常羡慕你。我很小的时候，母亲就死了。从那以后，我父亲就不喜欢我。他总是打我。后来，他娶了新的妻子，他们的孩子——也就是我的弟弟，不止一次地想害死我。可是我并不恨他们，因为他们是我的亲人。”他在丹朱的错愕中继续说：“我一直想有个温暖的家，父亲也能教我下棋，妹妹们也会担心我，所以你不知道我有多羡慕你。”

原来舜也经历了这么多苦难，但他仍旧这么仁慈善良。丹朱惭愧地低声问道：“这场大战，死了很多人吧？”不等舜反应过来，丹朱忽然吹响暗号，无数驩头国人出现在天空中。丹朱一脚踢开牢笼，在大家以为这些驩头国人要进攻的时候，丹朱却命令他们放下武器，说：“我们投降。”

丹朱在赶来的尧面前低下了头，说："父亲，对不起。我已经铸成了大错，我愿一人承担所有罪责。"说完，他就跳入身旁的南海中。死后的丹朱被埋在了苍梧山北面，但他的灵魂化为了鴸。鴸长得很像猫头鹰，却长着人手，声音像鹌鹑的叫声，常年生活在柜山。鴸出现的地方，会有很多被流放的人才。丹朱的后人一直留在了驩头国中。

丹朱的死对尧打击很大，他觉得是自己没有教好丹朱，没有给丹朱足够的父爱，才导致了悲剧的发生。整日沉浸在自责和难过中的尧，身体也一天不如一天。

这一切也让舜十分难过。他觉得尧和丹朱父子离心是因为他，于是产生了不再接任帝位的想法。舜的女儿宵明、烛光得知此事后，专门从黄河边赶来劝慰他。宵明和烛光是舜的妻子登比氏所生。登比氏生宵明和烛光的时候，整个屋子都闪着耀眼的光，二人出生后，身上也总是笼罩着柔和的白光。舜认为，这两个女儿是上天赐给他的神女。

宵明和烛光后来到了黄河边的大沼泽中居住。她们相貌秀美，为人和善。她们自带的神光能够照到方圆百里的地方，使这些地方风调雨顺，百姓相处和睦。这次听闻父亲的事，她们一起赶来劝说。在两个女儿的劝慰下，舜的心情也渐渐好转，他明白了自己该以天下为重。

原文

《山海经·海内南经》：苍梧之山，帝舜葬于阳，帝丹朱葬于阴。

《山海经·南山经》：有鸟焉，其状如鸱而人手，其音如痺（pí）①，其名曰鴸，其名自号也，见则其县多放士②。

《山海经·海内北经》：舜妻登比氏生宵明、烛光，处河大泽，二女之灵能照此所方百里。一曰登北氏。

注释

①痺：类似鹌鹑。②放士：被放逐的人才。

突然出现的灵猴

山海档案

lèi
类

族　　类：兽

身　　份：让人不会产生妒忌心的灵兽

特　　征：长得像狸猫，有人的头发，雌雄同体

所 在 地：chán 亶 yuán 爰山

山海档案

wěi
蜼

族　　类：兽

身　　份：能预报下雨的长尾猴

特　　征：长得像猕猴，仰着鼻子，尾巴很长

所 在 地：gé 鬲山

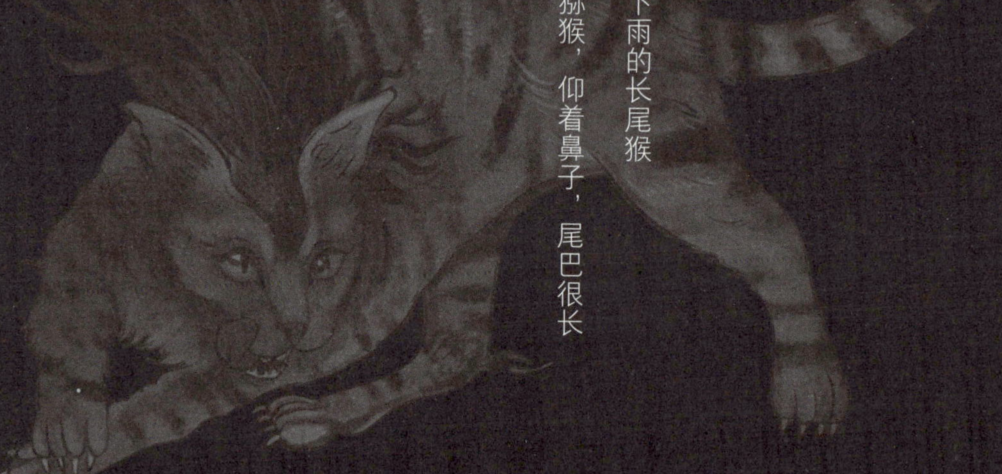

这一年，人们在南方的深山里发现了一种像狸猫的怪兽。舜高兴地抱了一只给尧看，只见这只怪兽雌雄同体，长着人的头发。尧看着舜怀中的怪兽问：“这是什么？”

舜笑着说：“这是在亶爰山发现的类。”帝尧不解地问：“我记得亶爰山上既没有水，也不生长什么植物，而且那座山特别险峻，几乎无法爬上去。你怎么去爬那座山了？”

舜笑道：“其实特别巧。我们当时路过亶爰山，在山下吃了当地村民特制的烤肉。吃完烤肉后，原本一直不和的战士竟然开始互相道歉、友爱相处了。”看见尧好奇地盯着自己，舜接着说道：“我问了当地村民才知道，他们是用亶爰山上的灵兽类的肉制作的烤肉，吃下类的肉的人不会再有妒忌之心。”

尧点点头说：“这确实是好事。应该教人们烹饪、食用这种肉。如果人

们都没有了妒忌之心，那天下就没有这么多纷争了。”说到这里，他又想起了丹朱，要是能早点发现类就好了，如果当初丹朱能吃下类的肉，是不是就不会发生后面的大战了？

舜看出了尧的伤心，说：“前一阵，娥皇和女英去苍梧山看过丹朱了，那里长满了密密麻麻的大树。”尧点了点头，转头看向窗外的大雨。他忽然看到树上趴着一种长得像猕猴的怪兽，似乎想到了什么。那猴子浑身黄黑色，鼻子上仰，尾巴很长。因为下雨，它把尾巴塞进了上仰的鼻子中。

尧问舜：“你知道这是什么吗？”舜回答道：“这是生活在鬲山上的蜼？”看着尧点了点头，舜惊讶地问道：“什么时候有这么多蜼了？都到这里来了？”尧说：“这其实才是我更担心的事情。蜼是种能准确预报下雨的灵猴，这些天，蜼一直在预报下雨。”

舜也忧心起来，看着窗外的大雨，心想，雨已经连续半个月没有停过了。因为今年的雨水格外多，舜还特别找雨神计蒙问过原因。令他惊讶的是，计蒙告诉他，今年的很多雨根本不是他降下的。

舜还想去问问冰夷，是不是他降雨太多。不料因为连日降雨，黄河水泛滥，冰夷正在治理水患。一看这样，舜就知道这连绵不断的雨肯定也不是冰夷降下的。而且无论计蒙还是冰夷，都没有办法使雨停下来。舜一直在追查这些雨是谁下的。这样一个能随意降雨且不受冰夷和计蒙控制的天神会是谁呢？

尧说："虽然现在还没出什么事情，但是我们不能掉以轻心。这样不断地降雨是会引发水患的。在没有弄清到底是谁在降雨之前，我们要做好预防水患的准备。"

原文

《山海经·南山经》：又东四百里，曰亶爰之山，多水，无草木，不可以上。有兽焉，其状如狸而有髦（máo），其名曰类，自为牝（pìn）牡[①]，食者不妒[②]。

《山海经·中山经》：又东五百里，曰鬲山，其阳多金，其阴多白珉（mín）[③]……其兽多犀、象、熊、罴，多猿、蜼。

注释

①自为牝牡：它有雌雄两种生殖器官，可以自行交配。②食者不妒：吃了它就不会产生妒忌的心理。③珉：像玉的石头。

洪水暴发的前兆

山海档案

长右（cháng yòu）

族　　类：兽

身　　份：预示着水灾的凶兽

特　　征：长得像猴，有四只耳朵，声音像人的呻吟声

所在地：长右山

山海档案

合窳（hé yǔ）

族　　类：兽

身　　份：预示天下水灾的凶兽

特　　征：长得像猪，有着人脸，身体为黄色，尾巴为红色

所在地：剡（shàn）山

雨已经连着下了一个多月，却仍没有停下来的迹象，甚至最近这几天下得更猛烈了。舜来看望尧的时候，注意到窗外的大树上已经爬满了蜼。舜忽然发现这些蜼中还趴着另外一种怪兽。

那怪兽数量不多，混在蜼群中很好辨认。它们没有蜼黄黑色的皮毛，长了四只耳朵，时不时发出像人的呻吟声一样的声音。舜一时想不起来在哪里见过这种怪兽，只能感叹一句道："怎么又来了奇怪的怪兽？"他的话引起了尧的注意。尧顺着舜的方向看去，看到了那长着四只耳朵的怪兽，顿时眉头紧皱："这是长右！它原本生在长右山上，出现在哪里，就预示着那里将发生水灾。"

正当尧和舜看着窗外的长右烦恼的时候，后稷提着一头野兽走了进来。那野兽长着猪的身体、人的面孔，身上是黄色的，但尾巴是红色的，能发出和婴儿声一样的叫声。后稷看着尧和舜疑惑的眼神，解释道："这是村民在田地里抓住的野兽，我觉得有必要带来给你们看看。"

尧问："这是什么野兽？"后稷回答道："这是生活在剡山上的合

窳，吃人，也吃虫和蛇。合窳的数量很少，而且只生活在剡山深处。但是最近不知道为什么，合窳的数量猛增。估计是剡山上的虫、蛇等都被吃光了，所以饥饿的合窳开始下山攻击村民。”他看向尧和舜，说：“合窳出现预示着天下将暴发大洪水。加上最近一直在下大雨，我很担心。”

尧皱眉问道：“你知道合窳都在哪里出现过吗？”后稷说道：“凡间出现了很多合窳伤人的事情。合窳这么频繁地出现，难道意味着整个天下都会暴发洪灾吗？我不太相信会发生这样的事情。”

尧叹了口气，说：“也不是不可能的事。看这雨势，如果真的发生了，那一定是一场毁天灭地的大灾难！”他看向舜，问：“还没有查出来是谁在降雨吗？”舜无奈地摇了摇头，回答道：“都查遍了，没有哪位神明在降雨。更糟糕的是，众神也无法停止降雨，这雨来得太怪了。”

尧无奈地说道：“除了我们能找到的这些神明外，还有两位天神能够降雨。如果真的是他们两位做的，那众神之中，确实也没有谁能够阻止他们。”舜开口道：“您是说应龙和共工？自从涿鹿大战后，应龙就隐居在凡间。这么多年来，没有谁再见过应龙了，甚至没有谁能确定应龙是不是还活着。”

后稷点头附和道：“对呀。共工自从撞断不周山后也失踪了。自那以后，没有谁再见过他，甚至都不确定他是否还活着。”

尧摇了摇头，说：

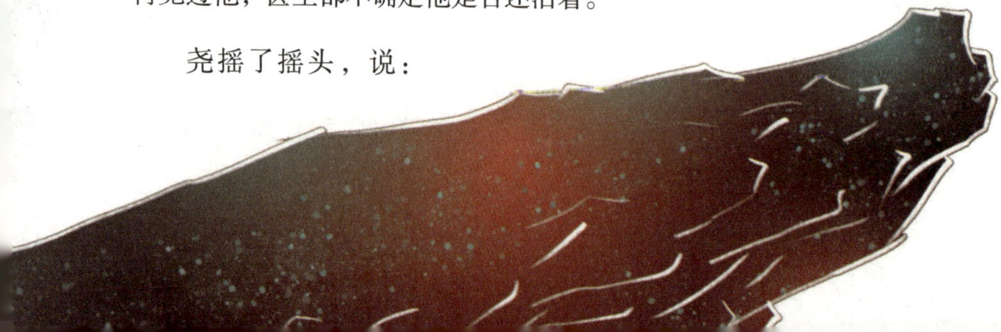

“应龙和共工都还活着，我能感觉到他们微弱的神力。只是不知道如今不间断的降雨跟他们两位是不是有关系。”

原文

《山海经·南山经》：东南四百五十里，曰长右之山，无草木，多水。有兽焉，其状如禺而四耳，其名长右，其音如吟[1]，见则其郡县大水。

《山海经·东山经》：又东北二百里，曰剡山，多金玉。有兽焉，其状如彘而人面，黄身而赤尾，其名曰合窳，其音如婴儿。是兽也，食人，亦食虫蛇，见则天下大水。

注释

①其音如吟：它的声音像人的呻吟声。

大洪水暴发

山海档案

蠃（luó）鱼（yú）

族类：鱼

身份：预示着水灾的鱼

特征：有着鸟的翅膀，声音像鸳鸯的叫声

所在地：濛（méng）水

山海档案

鸱（chī）

族类：鸟

身份：出现在死人身边的怪鸟

特征：有着三个身体

所在地：三危山

山海档案

化（huà）蛇（shé）

族类：蛇

身份：预示着水灾的怪蛇

特征：有着人的面孔、豺狼的身体和一双羽翼，声音像人的斥骂声

所在地：阳山

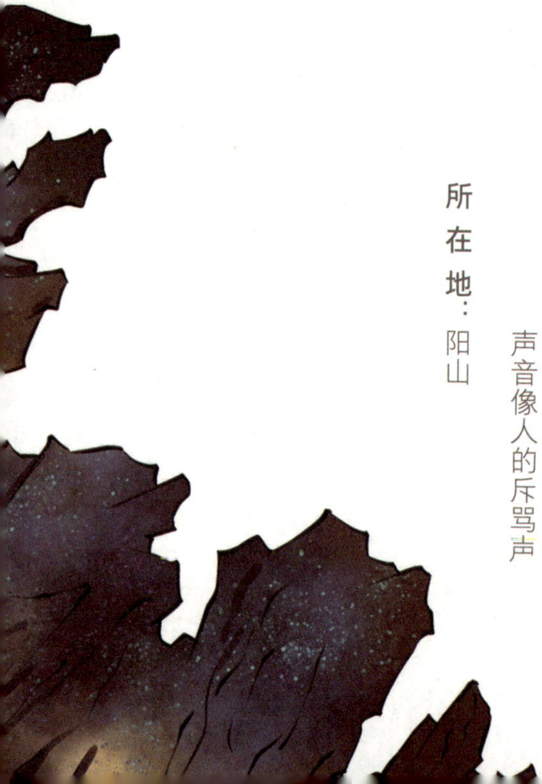

猛烈的暴雨使河水暴涨。住在河边的人们看着不停升高的水位十分担忧，但他们不知道，更大的灾难即将来临。

村里的一个小孩子突然叫道：“咦？那是什么鱼？”旁边的老人将视线移过去，发现上涨的河水中跳动着一种以前没见过的鱼。这种鱼的身体和普通的鱼差不多，却长着一双鸟的翅膀，发出鸳鸯一样的叫声。老人突然想起，这是蠃鱼，原本生活在邽（guī）山下的濛水中，现在却出现在这里。听说这种鱼出现在哪个地方，那个地方就会发生大洪水。

更令老人感到不安的是，他们的村子里落满了长着一个脑袋、三个身体的怪鸟鵸，几乎每家的屋顶上都有。鵸长得有点像雕。这种鸟被认为是不祥

的，原本生长在三危山，一般出现在死人身边，传说它们会引领亡者的灵魂走向阴间。此刻，在他们的村子里到处都是这种鸟，好多村民都冒着大雨出门查看。

然而不等村民们反应过来，大地突然剧烈地摇晃起来。人们看见不远处的河面卷起巨浪，巨浪疯狂地向他们席卷而来。惊慌的人们甚至都来不及逃跑就被瞬间吞没。

与此同时，另一边的一个村子里，由于被大山阻挡了视线，村民们并不知道灾难即将来临——在他们看不到的大山的另一面，洪水如猛兽般奔涌而来。突然，村民们听到远处传来了吵架声，他们纷纷停下手中的事情抬头去看。只见一些长着人脸、有着豺狼身体和鸟的翅膀的长蛇张开羽翼，在地面迅速爬行，冲向人群，并发出像人在斥骂一样的声音。这群原本住在阳山上的化蛇在众人的震惊中，飞快地从他们身边爬过，就好像在逃离什么一样。事实上，化蛇能预示水灾。

紧接着，大地开始剧烈地震动，人们惊恐地看着离自己不远的高山上，巨石不断地滚落下来，随后，滔天的洪水仿佛猛兽般淹没了高山，向他们冲来。灾难来得太突然，从来没见过大洪水的人们，惊慌地四处奔逃。

跑得快的一批人捡回了性命。幸存下来的人们拼命地爬向高处，看着自己的村子被洪水淹没，心中充满了悲伤。然而没休息多久，他们又发现，更大的洪水朝他们呼啸着奔涌而来。

原文

《山海经·西山经》：濛水出焉，南流注于洋水，其中多黄贝，蠃鱼，鱼身而鸟翼，音如鸳鸯，见则其邑大水。

《山海经·中山经》：又西三百里，曰阳山，多石，无草木。阳水出焉，而北流注于伊水。其中多化蛇，其状如人面而豺身，鸟翼而蛇行①，其音如叱呼②，见则其邑大水。

《山海经·西山经》：有鸟焉，一首而三身，其状如鸈（luò），其名曰鵸。

注释

①蛇行：像蛇一样蜿蜒前行。②叱呼：大声呵斥。

山海档案

gǔn
鲧

族　类：神

身　份：黄帝的孙子，禹的父亲

特　征：治理洪水

所在地：天界

山海档案

fěi
蜚

族　类：兽

身　份：预示着瘟疫发生的凶兽

特　征：长得像牛，有着白色的头和蛇的尾巴，只有一只眼睛

所在地：太山

下凡治水的鲧

大地变成一片汪洋，幸存下来的人们失去了家园，有的在树枝上生活，有的只能随着洪水漂泊。

尧终于找到了降下这无休止大雨的神明，却也等来了一个坏消息。

有着人的面孔、蛇的身体和一头火红色长发的水神共工无可奈何地对尧说：“并不是我故意降下大雨，这一切都是上天的安排。”

尧无奈地问：“为什么会这样？”共工无奈地摇了摇头，说：“我也不知道。但是这大雨暂时是不会停了。你还是回去想想怎么应对洪水吧。”

无奈的尧回到自己的住处，问大家：“你们有谁能治理洪水？”大家几乎异口同声地推荐鲧。尧知道鲧是黄帝的孙子，当年黄帝的儿子骆明生下了白马，白马就是鲧。鲧小时候经常化身成黄龙在天空中玩，是位仁慈的天神。尧找到鲧，问：“你愿意去治理洪水吗？”

这些天，鲧躲在云层后，看见了洪水给凡间带来的灾难。而且，随着洪水暴发，缺少食物的猛兽们也开始攻击人类。鲧十分不忍，但一时也没想出好办法。如今作为凡间之主的尧亲自来问他能不能去治水，鲧立即点头答应。

来到凡间的鲧被眼前惨烈的景象所震撼：天空中满是引领亡魂的怪鸟鸱，浓雾笼罩着水面，到处都是绝望的哭喊声。

鲧毫不犹豫地举剑砍向百米巨浪，但一浪高过一浪的洪水很快就将鲧的神力消耗得差不多了。

鲧心乱如麻，他没想到洪水如此猛烈，即使他耗尽神力也无法阻止大浪袭来，于是心里萌生了退意。然而，下一秒，他的衣角就被一双稚嫩的小手抓住，孩子带着哭声的求救像鞭子一样打在他的心上。想要保护人们的强烈想法，让他体内的神力在此刻爆发。鲧召唤出金光笼罩住众人，一点点地将人们送到离这里最近的高山上。送走最后一个人后，鲧才松了口气。

有个自称是村长的人走来表示感谢，然而话还没说完，滔天洪水又像野兽一般汹涌地扑了过来。就算体力已经到了极限，鲧还是再次发动神力，挡住了洪水。但鲧清楚，这只是暂时的，凭他的神力，是无法对抗这滔天的洪水的。

突然，鲧发现附近的洪水正渐渐消失，露出来大量枯萎的草木。他以为洪水退去了，还没来得及高兴，就发现枯萎的草木旁有只野兽。这野兽长得像牛，却有一条蛇的尾巴，整个头是白色的，只有一只眼睛。鲧认出这是来自太山的怪兽蜚。蜚走过水，水就会干涸；走过草，草就会枯死；它一出现，就预示着天下会发生大瘟疫。

鲧连忙去附近的村子查看，发现村民们都倒在地上哀号，身上长满了奇怪的斑点。鲧知道，洪水带来的除了洪灾，还有瘟疫。他暗下决心，不能让洪水和瘟疫这样肆虐下去。

原文

《山海经·海内经》：黄帝生骆明，骆明生白马，白马是为鲧。

《山海经·东山经》：又东二百里，曰太山，上多金玉、桢（zhēn）木。有兽焉，其状如牛而白首，一目而蛇尾，其名曰蜚，行水则竭，行草则死①，见则天下大疫②。

注释

①行水则竭，行草则死：（它）走过的地方，水会干涸，草木会枯死。②见则天下大疫：（它）一出现，天下就会发生严重的瘟疫。

一种神奇的土壤

山海档案

dì 帝 tái 台

族类：神

身份：喜欢宴饮的天神

特征：性格温和，拥有能防止邪毒侵袭的帝台之棋

所在地：休与山、鼓钟山

山海档案

xī 息 rǎng 壤

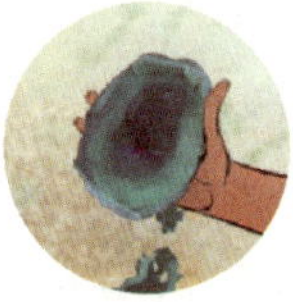

属性：天帝花园的神土

特征：能够不断自我生长

所在地：天帝的花园

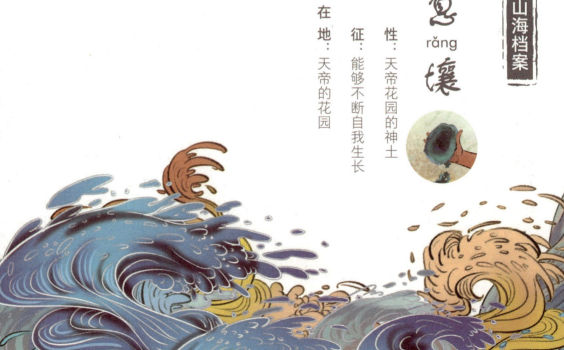

鲧记得天帝的花园中有一种名叫息壤的东西。那是一种神奇的土壤，小时候的鲧亲眼见到落在息壤上的种子眨眼间就长成了参天大树，树上还结出了新鲜的果实。他也曾见到天帝在地上扔下一小块息壤，息壤瞬间就变成了巍峨的高山。天帝曾说息壤是天界的宝物，用一点少一点。

鲧望着面前滔天的洪水，想着如果能拿到息壤的话，应该可以治理洪水。但鲧听说这次的洪水是上天用来惩罚凡间的，因此自己肯定拿不到息壤。思来想去后，鲧决定去天帝的花园里偷息壤。

鲧避开了看守的天神，偷偷来到天帝的花园。他蹑手蹑脚地走过堆满玉石的峭壁，在一处不起眼的角落挖了半天，终于挖出了一小块息壤。鲧小心翼翼地把息壤装进口袋，匆匆飞向凡间。

鲧回到凡间后，朝着汹涌的洪水扔下了息壤，大地剧烈颤动，只见汹涌的洪水中闪烁着金光。息壤仿佛有生命般生长起来，不断变大，不一会儿，竟然变成了一座山丘，很快又变成了巍峨的高山。

鲧发现洪水越汹涌的地方，息壤就生长得越快。不断生长的息壤暂时挡住了汹涌的洪水。人们从高山、峭壁上走下

来，从树枝上跳下来，庆祝劫后余生。

人们惊喜地发现，在这些突然出现的高山上耕种，庄稼、蔬菜和果树生长得飞快。感染瘟疫的人们吃了这些新种出的粮食和果蔬，身上的斑点也渐渐消失，恢复了健康。

洪水被阻挡住后，鲧担心人们没完全摆脱瘟疫的侵扰，又去了休与山，向天神帝台借来了帝台之棋。帝台是个很温和的天神，平时隐居在休与山和鼓钟山。他日常的爱好就是敲钟击鼓，和诸神一起摆宴喝酒。帝台之棋是休与山上的石子，颜色是五彩的，上面有很多斑纹，形状像鹌鹑蛋。这种石子是帝台用来向众天神祈祷的。服食了这种石子，可以不受邪毒侵袭。

帝台被鲧治水救人的精神感动，给了他很多帝台之棋。鲧拿去给人们食用，人们因此变得更加健康。

然而就在这个时候，天界中，天帝严肃地看向众神，说：“是谁盗走了

我的花园里的息壤？”火神祝融走了出来，说：“最近凡间突然长出了许多高山，有没有可能和息壤有关？”

祝融的话引起了天帝的注意。他记得半个月前，鲧曾经来过天界看望他，因早已不问世事，他就没见鲧。听说，鲧离开前去过他的花园，而且鲧最近又在凡间治水。想到这里，天帝很是生气。

愤怒的天帝对火神祝融说：“鲧偷盗息壤是死罪。你去捉拿他，把他带到羽郊处死。”

原文

《山海经·海内经》：洪水滔天。鲧窃帝之息壤①以堙（yīn）②洪水，不待帝命。帝令祝融杀鲧于羽郊。

《山海经·中山经》：中次七山苦山之首，曰休与之山。其上有石焉，名曰帝台之棋，五色而文，其状如鹑卵，帝台之石，所以祷百神③者也，服之不蛊④。

《山海经·中山经》：东三百里，曰鼓钟之山，帝台之所以觞⑤百神也。

注释

①息壤：一种能够不断自我生长的土壤。②堙：堵塞。③祷百神：向百神祈祷。④服之不蛊：人吃了它可以不受邪毒侵袭。⑤觞：向人敬酒，这里指设酒席招待。

守护羽郊的神鸟

山海档案

鷖（yì）鸟（niǎo）

族　类：鸟

身　份：有五彩羽毛的鸟

特　征：群飞起来可以遮住一方天空

所在地：蛇山

鲧继续在凡间治理各地的洪水，不断消耗神力去操控息壤。就在此刻，从天空落下滚滚火焰，火焰中走出了一位身边盘旋着两条火龙的神明——火神祝融。祝融看向正在操控息壤填堵洪水的鲧，说："你偷盗息壤，我奉命前来捉拿你。"

鲧没有反抗，只是点点头，说："知道了。等我一会儿，填堵好这里的洪水，我就跟你走。"其实，从他盗窃息壤的那一刻起，他就知道自己将面临什么，但是他不后悔。

祝融燃起熊熊火焰，看向鲧，说："现在就跟我走吧。"鲧刚想开口说点什么，就见一些被自己救下来的村民跑了过来，挡在了他的面前。

鲧愣在了原地。一直以来，他没什么出众的才能，也没做过什么大事。他总是独来独往，直到遇到了治理凡间的尧。尧夸他能干，认为他是个仁慈的神明，经常请他帮助自己做事。

于是，鲧开始帮助凡人们，为他们做些力所能及的事。所以这次，尧问他愿不愿意来治理洪水时，他毫不犹豫地答应了。

他救出了被困在洪水中央、漂泊无依的人们，帮助他们重建家园。在这个过程中，他找到了自己的价值。鲧疲惫地想，虽然洪水还没治理好，但救下这么多人，也算是值了。

鲧看着身边试图和祝融对抗的村民们，更加觉得自己做的事情都是正确的。他跳过那些村民，走到祝融面前，说："我跟你走。"

祝融第一次感觉自己做了坏事，但他没有办法，只能带走鲧。他们一路上穿行在刺骨的寒风中，来到了太阳照射不到的羽山之郊。在只能依靠烛阴照亮的羽郊，山川、大地都是灰色的，到处都是黑色的生灵，黑色的飞鸟在盘旋，漫山遍野开满了黑色的花朵，就连河里的水也是黑色的。

祝融叹了口气，说：“天帝命我在此斩杀你，你还有什么话要说吗？”鲧闭上眼，苦笑着说道：“我唯一的遗憾是没有完全治理好洪水。若有来生，我希望能治理好洪水，让凡人们过上安宁的生活。”祝融点了点头，不再答话。随着燃烧着火焰的巨剑落下，鲧被处死在了羽郊。

羽郊不远处的北海中有一座蛇山。蛇山上生长着一种有五彩羽毛的鸟，名叫翳鸟。翳鸟群飞起来可以遮住一方天空。鲧死在羽郊后，翳鸟经常成群结队地飞到鲧的肉体上方盘旋。它们群飞起来像一条巨大的毯子，五彩的羽毛发出五彩的光芒，照亮了黑暗的羽郊。

原文

《山海经·海内经》：北海之内，有蛇山者，蛇水出焉，东入于海。有五采之鸟，飞蔽一乡①，名曰翳鸟。

注释

①飞蔽一乡：群飞起来可以遮住一方天空。

禹的治水方案

山海档案

禹（yǔ）

族类：人

身份：鲧的儿子，舜的继承人

特征：能控制息壤，懂得治水

所在地：凡间

山海档案

狸力（lí lì）

族类：兽

身份：预示着有繁重的水土工程的野兽

特征：长得像小猪，爪子像鸡爪，声音像狗叫

所在地：柜山

鲧带着遗憾死去后，原来可以阻挡洪水的息壤被天帝收走了，息壤化成的高山也慢慢消失。凡人们在洪水的肆虐下，流离失所，饱受苦难。

在羽郊发生了一件怪事。鲧死后，他的肉体竟然保持着他死时的模样，整整三年都没有腐烂。天帝听说了这件怪事，派祝融去羽郊查看。祝融到了羽郊后，看到鲧的周遭笼罩着翳鸟发出的五彩光芒，仿佛他只是昏睡过去了。突然，祝融注意到鲧的肚子中有什么东西在动，忙抽出神器吴刀剖开了鲧的肚子。

祝融不可置信地从鲧的腹中抱出了一个婴儿。婴儿离开鲧的身体后，鲧开始浑身发光，最后化为黄龙，落入了一旁的深渊中。祝融看着怀里的孩子，知道这个孩子是鲧留给天下的一个希望。仿佛是在回应祝融一般，婴儿的哭声格外洪亮。祝融将婴儿托付给凡间的一对夫妇抚养，并给他取名为禹。

鲧死后，再也没有合适的能治理洪水的神。尧在去世前一直牵挂着洪水的治理，最终带着遗憾离开了，被埋葬在苍梧山南面。

成为首领的舜对洪水也十分头疼。就在这个时候，禹走进了舜的视野。刚成年的禹继承了父亲鲧治理洪水的能力，从小就对与治水相关的知识特别着迷，还常常救助被困在洪水中的人们。他听说舜在寻找能够治理洪水的人，忙自告奋勇，想要完成父亲的遗愿。

舜看到长得像鲧的禹，十分感慨，拍了拍他的肩膀，说："我相信你的能力，但是你要先跟我说说你治理洪水的计划。"

禹点点头，胸有成竹地说："我研究了父亲治理洪水的方法，发现有一个很大的弊端。"看着疑惑的舜，禹继续说道："父亲喜欢用障水法，就是利用息壤的力量阻挡洪水，这样会导致洪水越积越高，时间久了洪水仍然会

高过山体，淹没村落，所以我建议治理洪水应以疏通为主。”

舜听后眼前一亮，说：“你这个方法很特别。明天我就召集大家来商议，你好好准备一下，到时候详细说说你的治水方法。”

第二天，禹对大家详细讲了他治理洪水的思路。众人看着这个头脑清晰、信心十足的少年，仿佛看到了当年的鲧。在得到众人的一致认可后，舜郑重地把治理洪水的任务交给了禹。

禹带着人们奋战在对抗洪水的第一线。他知道，面对洪水，只筑起高高的堤坝是不行的，必须学会疏导。他萌生了修建水渠的想法。此刻，禹正紧张地筹备着自己的方案。

舜端着一盘香喷喷的烤肉走了进来，对禹说：“你已经忙了一个早上了，先吃点东西填饱肚子。”禹被眼前的美味吸引，吃了一块，觉得十分鲜嫩可口。禹忍不住问：“这是什么肉？好香啊！”

舜笑了笑，说：“这是最近饱受洪水困扰的人们的饭桌上出现的一道新菜肴。这种肉能给人们提供对抗洪水所需的力量，正是此刻的人们的最佳选择。”

禹笑着说："这种美味出现得真及时！"舜也笑了，说："在洪水泛滥的现在，缺少食物的人们已经很久没有吃到这种美味了。"

禹问舜："最近我都在这里筹备治水方案，外面发生了什么特别的事吗？"舜回答道："有一件事很有意思。柜山附近的村民在离洪水不远的山丘上发现了一种怪兽。这种怪兽体型不大，长得像小猪，爪子像鸡爪，发出的叫声像狗叫。它们成群结队地出现在人们的视野中。有些老人认出了这种怪兽是来自柜山的狸力。狸力的数量原本并不多，只生活在深山里。它们大量下山出现在人们面前往往预示着将出现非常繁重的水土工程。"

禹听到这里眼前一亮，说："这么说，这次修水渠的方案一定可以施行。不然，不会有这么多的狸力出现在人们的视野中，这是它们在提醒我们！"

舜坚定地点点头，说："我相信一定是这样的！而且还有一个好消息。天帝感念于你父亲和你为民治水的情怀和付出，同意我们治理洪水，还将息壤借给我们使用。明天，应龙、陆吾这些神明都会来帮助我们治理洪水。"禹惊奇地说："真的吗？我们现在正需要他们的帮助，尤其是应龙，她掌握天下水系，有了她的帮助，治水成功指日可待！"

原文

《山海经·海内经》：鲧复生禹。帝乃命禹卒布土以定九州①。

《山海经·南山经》：英水出焉，西南流注于赤水，其中多白玉，多丹粟。有兽焉，其状如豚，有距②，其音如狗吠，其名曰狸力，见则其县多土功③。

注释

①布土以定九州：铺土（治理洪水），并划定九州的区域。②距：鸡足。③见则其县多土功：（它）出现在哪个县，那里就一定会有繁重的水土工程。

共工的愤怒

山海档案

zhì
彘

族类：兽

身份：吃人的凶兽

特征：有着老虎的身子和牛的尾巴，叫声像狗叫，大量出现便预示着会发生洪水

所在地：浮玉山

山海档案

shèng yù
胜遇

族类：鸟

身份：预示着洪水发生的鸟

特征：长得像长尾野鸡，有着长长的尾巴和红色的羽毛，叫声像鹿鸣

所在地：玉山

禹总结了父亲鲧治水的经验，避开其不足之处，决定顺着洪水和地势，采用以疏导为主的治水方法。

远道而来的众神被禹的奇思妙想所震撼。见识过鲧用息壤堵塞洪水的他们没想到还可以这么治理洪水，纷纷支持禹。连已经消失许久的应龙也站了出来，拍拍禹的肩膀，说："这个方法好，有什么需要我做的，尽管跟我说！"众神一看应龙这么说，纷纷表示会尽力帮助禹。

禹从没想过自己治水的方法会得到众神这么热烈的回应，虽然他有信心说服众神，但是他没想到会这么顺利。禹出生时，父亲就死了。他从其他神明口中知道了父亲是个怎样的人：偷窃息壤，治水失败，最后被火神祝融处死在羽郊。因此，他一直担心众神会质疑他治水的资格和能力。

看着众神信任的目光，禹详细地分配了工作。他请应龙带着群龙去导引江河湖海的洪水，请火神用烈火驱散沿途的猛兽与毒蛇，又请求陆吾、英招带着神兽旋龟与自己率领的凡间百姓一同填平深沟，加固堤坝。

因为禹提出了这个巧妙的治水方法，加之众神的合力配合，洪水得到了有效的治理，人们眼看着就要迎来洪水退去的希望。

然而，洪水的逐渐退去惹怒了共工。原本降下洪水惩罚凡人就是上天的意思，如今众神都在天帝的默许下帮着凡人治水，仿佛他是那个制造麻烦的恶神，众神则是拯救凡人的英雄。一想到这里，水神共工就感到愤怒。他决定给众神一点厉害看看，让他们明白只要他水神共工不点头，谁都别想让洪水退去。

就在这段时间里，凡间出现了新的异兆。先是南方大地上出现了成群结队的吃人的怪兽，这怪兽有着老虎的身子、牛的尾巴，发出狗的叫声。这是

生活在浮玉山上的一种叫彘的怪兽。它们原本数量稀少，很少下山，如今却成群结队地冲进了山下的村庄。大量村民为了躲避怪兽，开始逃离自己的家园。

另一边，西方大地的天空中开始飞满怪鸟。这种怪鸟长得很像野鸡，有着长长的尾巴和红色的羽毛，叫声像鹿鸣。它们是原本生活在玉山上的一种名叫胜遇的鸟，以水里的鱼为食，相传它们出现的地方会发生水灾。

如今天空中胜遇泛滥，水里的鱼几乎都被吃了，很多抓不到鱼的村民不得不忍受饥饿。这些消息传到禹的耳朵里，他忍不住皱起了眉头，眼看着治水工程进展顺利，怎么又出现了这么多彘和胜遇呢？难道有更大的水灾在前面等着他吗？

原文

《山海经·南山经》：又东五百里，曰浮玉之山……有兽焉，其状如虎而牛尾，其音如吠犬，其名曰彘，是食人。

《山海经·西山经》：有鸟焉，其状如翟[1]而赤，名曰胜遇，是食鱼，其音如录[2]，见则其国大水。

注释

①翟：长尾的野鸡。②其音如录：它鸣叫的声音像鹿鸣。

众神的帮助

山海档案

伯夷父（bó yí fǔ）

族　类：神

身　份：炎帝的后代，颛顼的老师

特　征：勇敢、刚直

所在地：华山

山海档案

于儿（yú ér）

族　类：神

身　份：夫夫山山神

特　征：手里握着两条蛇，身体四周发出淡金色的光芒

所在地：夫夫山

本来已逐渐退去的洪水又铺天盖地地席卷而来，大地上几乎又变成了一片汪洋。洪水淹没了昔日热闹的村落，村民们又变得无家可归，到处漂泊。

协助禹治理洪水的众神面对这汹涌的洪水，既惊诧又灰心。难道在这场对抗洪水的战争中，他们失败了吗？一个单薄的身影站了出来，他是个从出生起就立志对抗洪水的人，哪怕他力量弱小，也从没想过放弃。正是这样的坚持，让禹赢得了众神的信任和支持。众神相信他能治理好洪水，也都愿意听他的安排。

应龙看着漫天的洪水，率先走了出来："这是共工干的，我去对付他。"禹忙上前阻止道："不行。您有更重要的事情要去做。您要带着群龙去疏通河道，这才是最重要的。"

应龙无奈地说："我知道。可是共工是能跟颛顼帝争天下的天神，他的力量太过强大，我们必须阻止他。""我来阻止共工，你们赶紧撤离。"说话的是一直没开口的伯夷父。他是炎帝的后代，又与共工有血缘关系，还做过颛顼的老师，常年住在华山上。

"可共工神力强大，又是第一代神明，而且他还与您有血缘关系。"禹焦虑地说道。伯夷父笑着回答："正因为他与我有血缘关系，我才是最适合阻止他的神。没有谁比我更了解他了。"伯夷父笑着安慰摇头的禹说："我一定会尽全力阻止他的。你放心。"

"我和你一起去。"说话的神手里握着

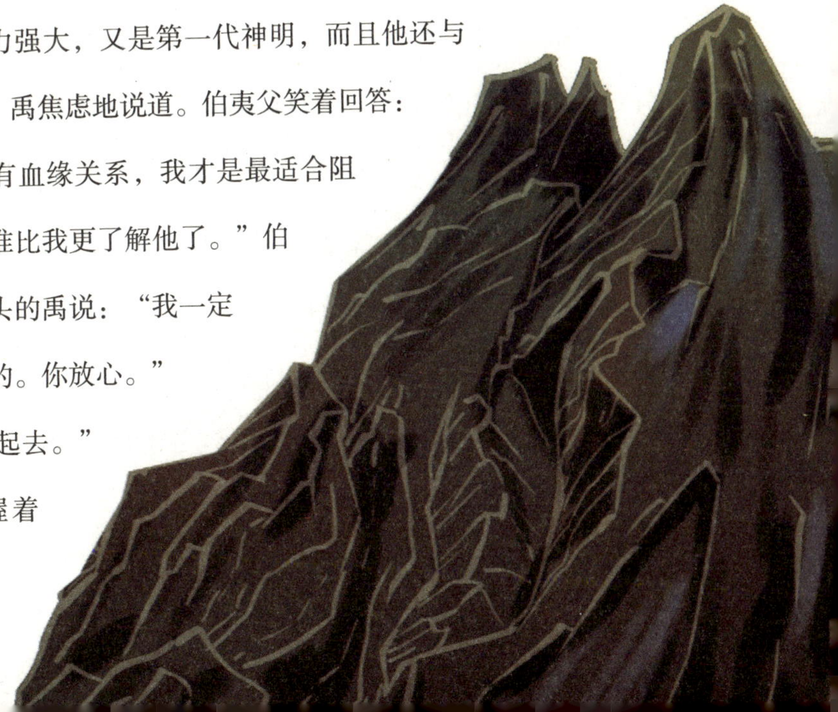

两条蛇，四周散发着淡金色的光芒。他是夫夫山的山神于儿，经常在江水的渊潭里游玩，这次见洪水给天下带来这么大的灾难，便主动前来帮助禹治水。

禹忍不住拍了拍他们的肩膀，说：“我们等你们胜利的好消息。”

穿过洪水后，伯夷父和于儿来到了共工面前。看着还在不停地召唤洪水的共工，他们没有犹豫，开始发动神力，阻止共工的行为。

在伯夷父和于儿的神力驱动下，洪水凝聚成“猛兽”冲向共工。虽然共工的水剑很快，但前一刻被斩杀的“猛兽”在水中一荡，又重新冲向他。

滔天的洪水中，“猛兽”越来越多。共工在召唤洪水的同时，还需要应对来自四面八方的“猛兽”的攻击。突然，于儿在“猛兽”的掩护下，从洪水中冲了出来，挥舞着手中的蛇攻向共工。

只听一声巨响，共工被打飞出去。共工笑了笑，抬头看向伯夷父与于儿，说："你们这些小辈确实有点能耐。不过，这次我召唤出的洪水远比上次的凶猛。你们想战胜它可没那么容易了！"说完，共工便大笑着飞走了。

原文

《山海经·海内经》：伯夷父生西岳，西岳生先龙，先龙是始生氐羌，氐羌乞姓。

《山海经·中山经》：又东一百五十里，曰夫夫之山，其上多黄金，其下多青、雄黄，其木多桑楮，其草多竹、鸡鼓。神于儿居之，其状人身而手操两蛇，常游于江渊，出入有光。

共工的手下相柳

山海档案

xiàng liǔ
相柳

族　类：神

身　份：共工的手下

特　征：有着九个脑袋和蛇的身子

所在地：共工台西面

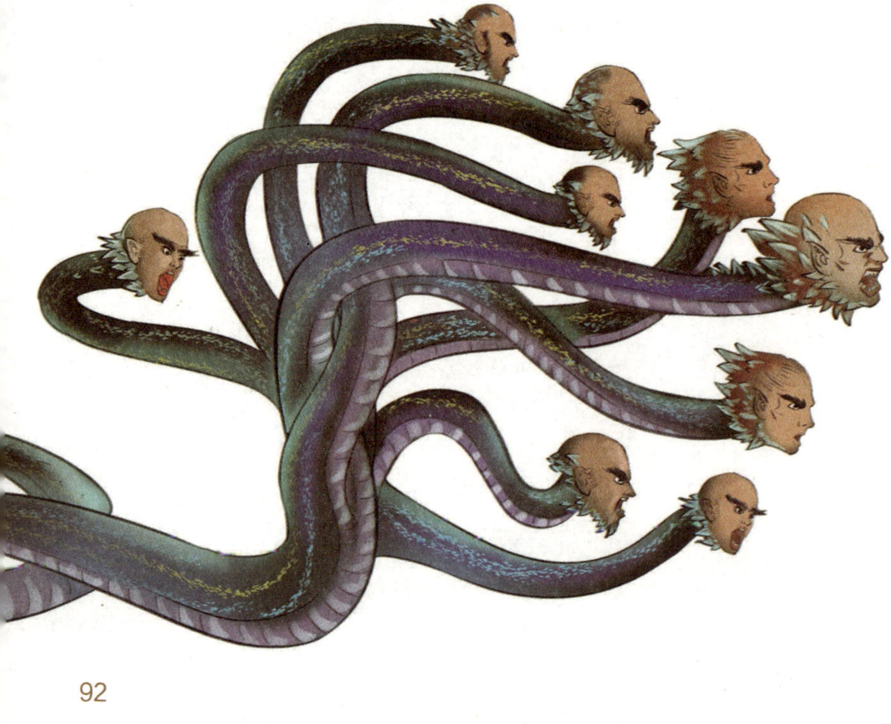

另一边，禹正率领众神修建水渠。突然，一头凶兽跳出来拦住了他们。只见那凶兽有着巨大的蛇身，长了九个脑袋。这凶兽经过的地方，水渠被毁坏，变为一片沼泽。凶兽吐出的水带着浓烈的臭味，连在水泽里生活的动物们都忍受不了，纷纷逃出了水泽。

英招叫道：“那是共工的手下——凶神相柳！”应龙看禹不认识相柳，忙解释道：“共工的手下相柳是难得一见的恶神，住在共工台西面。传说它以凡人为食物，能够不断地吐出毒液。相柳吐出的毒液落在大地上会形成恶臭的沼泽，那气味甚至可以毒死路过的飞禽走兽。由于平时有共工的约束，相柳很少离开深山。”

正说着，一股浓烈的臭味扑鼻而来，相柳的身体突然变大了一圈。只见相柳那九颗巨大的脑袋不停地吐出毒液，它的身体则不停地毁坏周围的水渠和堤坝。天上的飞鸟远远闻到毒液的气息，从空中落了下来；毒液流入河水，毒死了河水中的鱼虾。河边的人们见了相柳，发出惊恐的尖叫声，四散奔逃。

英招和应龙率先挡在了众人面前。应龙召唤出雷电，英招召唤出光箭，雷电和光箭一起对着相柳巨大的脑袋攻了过去。相柳也不回避，晃动着蛇头迎战。

禹发现，其实相柳的战斗力不强，但它释放的毒液却很难对付。这些毒液流入江河会污染水源，流入大地会腐蚀土壤。想到这里，禹觉得还是要速战速决，于是拿出了息壤。禹虽然可以控制息壤，但没用息壤战斗过。看着眼前求救的凡人们，禹在内心祈求息壤的回应，希望息壤能帮助他救助这些无辜的凡人们。

息壤仿佛有生命般在禹的身后汇聚起来，无数泥土巨人从息壤中爬出，冲向九头蛇身的相柳。相柳的一张巨大的蛇口刚刚吐出黑色的毒液，就被息壤堵住，另一个蛇头则张开血盆大口想要吞噬息壤，也被息壤封住了嘴巴。就这样，相柳的九张嘴接连被封住。

应龙和英招见相柳被息壤缠住，立即再次召唤出雷电和光箭，直直劈向相柳。只听轰的一声，相柳的一个蛇头被应声斩落。禹趁机提着剑上前斩杀了相柳。

相柳的身躯倒下后，新的问题出现了：腥臭的血液从相柳的身体中流出来，被这血液浸染的土地像被腐蚀过一样，变得草木凋零，五谷不生；流入河中的血液污染了水体，使河流变成了泛着毒气的死水。禹几次尝试填平这些河道，都失败了，只好把这里挖成一个大池塘，并修建了几座用来祭祀诸神的高台，希望以此震慑住死去的相柳。

原文

《山海经·海外北经》：共工之臣曰相柳氏，九首，以食于九山。相柳之所抵，厥为泽溪[①]。禹杀相柳，其血腥，不可以树五谷种。禹厥之，三仞[②]三沮[③]，乃以为众帝之台。在昆仑之北，柔利之东。相柳者，九首人面，蛇身而青。不敢北射，畏共工之台。台在其东。台四方，隅有一蛇，虎色，首冲[④]南方。

注释

①相柳之所抵，厥为泽溪：相柳所经过的地方，都被挖掘成沼泽和溪流。②仞：用东西填充。③沮：破坏。这里指地面塌陷。④冲：朝着。

山海档案

shēn mù guó rén
深目国人

族　类：人

身　份：共工台附近的原住民

特　征：眼睛深邃，视力好，总举着一只手

所在地：共工台东面

山海档案

lóng guī
龙龟

族　类：兽

身　份：能够抵御毒气的神兽

特　征：有着蛇头和乌龟的身子

所在地：dī 隄水

深目国人

禹修建的高台使相柳流出的腥臭的血液无法扩散，无法再去污染更多的河流和土地。但高台附近的地方还是受到了影响，附近的人们的生活环境也变得十分恶劣。

最先受到影响的是深目国人，他们是这一带的原住民，世世代代生活在共工台东面。这个国家的人长着一双异常深邃的眼睛，能看清水下百米的地方。他们的眼眶很高，眼睛深深陷在眼窝里，总是举着一只手。深目国人常常出海捕鱼，因为能看到水下百米的地方，所以总是能捕到各种各样的鱼。他们发明了很多烹饪鱼的方法，是整个大地上最会做鱼的人。

美中不足的是，深目国的附近总会有九头蛇身的凶神相柳出没，每年都会有一部分国人死于相柳巨大的蛇口，这一直是深目国人最大的危机。然而他们不敢反抗，因为相柳不仅凶猛狠毒，还是水神共工的手下。

这次，禹在深目国附近修筑水渠时，相柳又出现了。深目国人眼看着众神大战相柳，既替众神担忧，又盼着他们能打败相柳。当相柳被最终斩杀时，深目国人振臂欢呼，他们终于不用活在相柳的阴影之中了。然而，他们没高兴多久，却发现带着剧毒的血液污染了大地与河流，还污染了他们赖以生存的海洋。虽然禹带着众神补救，但是看着变黑的海水，深目国人明白

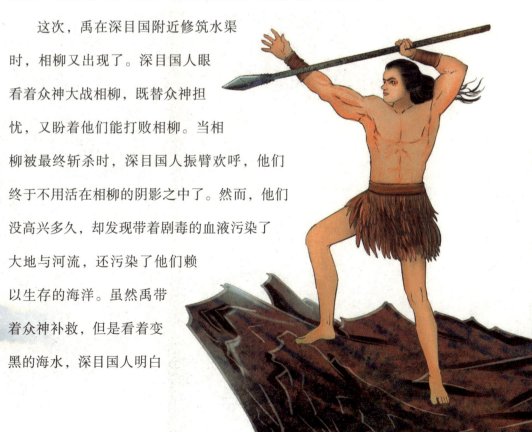

他们短期之内是不能再下海捕鱼了。可是习惯了吃鱼的他们，家中存粮并不多，也不知道能不能撑到海水中和大地上的毒素消散的那天。

就在人们都在焦虑以后该怎么办时，只见远处与天相接的海面上浮现出一片蓝色的光点，在漆黑的海水的衬托下尤为显眼。那些蓝色光点仿佛有生命般贴着海水游了过来。等光点近了，人们才发现那是浮在海面上的乌龟。

这些乌龟很神奇，长着蛇头，龟壳上散发着淡淡的蓝色光芒，而且不怕含有剧毒的海水。深目国人在这里生活了这么久，都没见过这样的神龟。

“那是原本生活在隄水中的龙龟。”说话的是禹，他站在高山上对着深目国人说，“龙龟是一种能够抵御毒气的神兽，它们不怕被毒液污染的海水。你们快爬上这些龙龟的背，让它们带着你们离开这里，暂时去没有被污

染的大海附近生活吧。”

禹看着黑色的海水和陆地不住地摇头叹气，也不知道这些被相柳血液污染的地方什么时候才能恢复生机。禹一抬手，这些龙龟温顺地爬上岸，纷纷跪倒在深目国人面前。深目国人忙带上行李，爬上龙龟宽阔的后背，让龙龟载着他们到没有被毒液污染的地方。

原文

《山海经·海外北经》：深目国在其东，为人深目，举一手。一曰在共工台东。
《山海经·北山经》：隄水出焉，而东流注于泰泽，其中多龙龟。

神秘的九尾狐族

山海档案

jiǔ wěi hú
九尾狐

族　类：兽

身　份：有九条尾巴的神兽，西王母的手下

特　征：叫声像婴儿哭，吃了它的肉不会沾染妖邪之气

所在地：青丘国

山海档案

guàn guàn niǎo
灌灌鸟

族　类：鸟

身　份：长得像鸠的怪鸟

特　征：叫声像人的斥骂声，佩戴它的羽毛可以不被迷惑

所在地：青丘国

山海档案

chì rú
赤鱬

族　类：兽

身　份：能吟唱悦耳歌谣的美人鱼

特　征：有着人的面孔和鱼的身体，吃了它的肉能够不生疥疮

所在地：英水

送走深目国人，禹看着汹涌的洪水，对众神说：“治理洪水这件事，刻不容缓。”应龙率先和禹告别，她要去召唤群龙疏导各地的河道。

禹带着众神继续前进，来到了朝阳谷附近。有着老虎身子、八只脚、八条尾巴、八个脑袋的水神天吴正等在这里。

他看着远道而来治理洪水的禹说：“这里有我就可以了。你们快去青丘国吧，那里的洪水比较严重。”他带着禹走到悬崖上，指着不远处的汪洋，说：“那里曾经是陆地，如今大都被洪水淹没了，只剩几座孤立的小岛。”

禹无奈地叹了口气，说：“竟然这么严重。”天吴说：“你去的时候小心一点。那里有种长着九条尾巴的狐狸，它们会发出婴儿般的哭声引诱猎物靠近，并将其捕杀。”禹惊叫道：“你说的可是神兽九尾狐？它不是西王母的手下吗？”

天吴点点头，无奈地叹道：“正是九尾狐。天下太平的时候，它们被视作祥瑞。但是如今洪水肆虐，猛兽横行，不知道怎么回事，九尾狐都开始吃人了。它们性情凶猛，战斗力非常强，就算是我碰上它们，也要慎重，所以你这次去青丘国一定要小心。”

心情复杂的禹带着众神来到青丘国。这里原本四季如春、瓜果遍地，居民中很多都是神的后代，靠种植五谷、纺织丝绸为生。那是整个大地上少见的乐土之一。

如今，洪水淹没了大半个国度，少数幸存下来的人只能住在高大的树上或山洞里。田地被洪水吞噬，人们只能靠野果充饥，缺少食物的怪兽们开始捕食人类。原本充满欢声笑语的地方，此刻却不见人烟，空中隐隐传来人们无助的哭声。禹看着眼前荒无人烟的景象，心里暗想，神兽九尾狐就是在这

样的环境里开始攻击人类的吧。

就在此时，远处飞来几只长得像鸠的灌灌鸟。这种鸟一直生活在青丘，它们发出的叫声像人的斥骂声。将它们的羽毛佩戴在身上，可以使人不被迷惑。灌灌鸟们冲着禹飞了过来，禹迎上前想要看清楚一点时，突然被一声婴儿般的哭声打断。只见一只浑身雪白、长着九条尾巴的狐狸从暗处扑了出来。禹刚想召唤息壤护住自己，就见九尾狐咬断了离禹最近的一只灌灌鸟的脖子，其他灌灌鸟立刻四散逃去。九尾狐在微光中化为人形，竟是个美丽的少女。少女看着禹说道："这鸟有毒，碰一下就会中毒，你刚刚差点儿中毒。"

禹看见地上被九尾狐咬死的灌灌鸟流出的血是绿色的，说明血液中有剧毒。禹惊讶地问道："怎么会这样？你没事吧？"少女说道："灌灌鸟原本是没毒的，也不知道怎么回事，洪水暴发之后就身带剧毒。不过我们九尾狐天生就不怕这些。"她看着禹身后众神防备的目光，叹道："收起你们的武器吧。我不会攻击你们，虽然洪水暴发后有些九尾狐开始吃人了，但是我不会。"

禹不好意思地搓搓手，说："我叫禹。我们是来这里治理洪水的。"九尾狐不可置信地问道："这样可怕的洪水，你们真的能治理好吗？"看着禹点了头，九尾狐说道："我叫涂山女娇，我父亲是青丘国九尾狐族的首领，我带你们去见他。"

得知禹和众神正在治理洪水，九尾狐族的首领非常兴奋。他亲率狐族协助禹治水。在九尾狐族的配合下，禹带着众神很快治理好了青丘国的洪水，涂山女娇也嫁给了禹。在他们的婚礼上，出现了几百只赤鱬，这些赤鱬一起吟唱着悦耳的歌谣。赤鱬原本是青丘国中的英水里的美人鱼，有着人的面孔

和鱼的身体，能发出悦耳的声音。洪水暴发后，赤鱬也被卷进洪水中，消失了许多年，直到禹治理好了这里的洪水，赤鱬才得以重返家园。

原文

《山海经·大荒东经》：有青丘之国，有狐，九尾。

《山海经·南山经》：又东三百里，曰青丘之山，其阳多玉，其阴多青雘（huò）①。有兽焉，其状如狐而九尾，其音如婴儿，能食人；食者不蛊②。有鸟焉，其状如鸠，其音若呵③，名曰灌灌，佩之不惑。英水出焉，南流注于即翼之泽。其中多赤鱬，其状如鱼而人面，其音如鸳鸯，食之不疥④。

注释

①青雘：一种颜料。②食者不蛊：吃了它的肉，不会沾染上妖邪之气。③其音若呵：它发出的声音像人在斥骂。④食之不疥：吃了它的肉能够不生疥疮。

大人国　小人国

山海档案

dà rén guó rén
大人国人

族类：人
身份：巨人
特征：身材巨大，爱做生意
所在地：大人国

山海档案

xiǎo rén guó rén
小人国人

族类：人
身份：矮人
特征：戴帽子，系衣带
所在地：小人国

婚后不久，禹就要与妻子涂山女娇分开。他不舍地对妻子说：“天下还有太多地方遭受着洪水的侵害。洪水让人们的生活苦不堪言，我必须去帮助他们。”涂山女娇点点头，说：“你去治理洪水吧。我在这里等你回来。”

离开青丘国后，禹带着众神来到了东海之外的大荒中。禹记得这里的大言山是太阳和月亮升起的地方。可惜的是，这里也被洪水淹没了，禹和众神坐在龙龟上根本分不清自己在哪里。只见远处有几个模糊的人影坐在礁石上，禹忙让龙龟带他过去，离近了才看清楚，竟然是几个巨人。巨人们坐的也不是礁石，是被洪水淹没了大半的山顶。

禹开口问道：“请问这是哪里？”巨人们也许是太久没见过外客到访，看见禹和众神都愣住了，半天才回过神来，说：“这里是大人国的入口。你们是谁？”禹忙回答：“我们是来治理洪水的。你说这里是大人国？是波谷山里的大人国吗？那大言山在哪里？”

一个巨人抬起巨手指了指远方的洪水，说：“那里就是大言山原本的位置，洪水淹没了那里，所以你们现在看不见了。你说你们是来治理洪水的？你们真的能治理好洪水吗？”

禹看着巨人们不相信的眼神，立刻召唤起息壤，加高了不远处快被洪水淹没的山头。巨人们不可置信地看了看禹，又看了看远处的山头，欣喜地伸出他们宽大的手掌，示意大家跳上他们的手心，并说：“快上来，我们带你们去见我们的国人。”禹踩在巨人柔软的掌心中，抱住巨人的大拇指，看着他巨大的身体在洪水中艰难前行，不断上涨的洪水已经淹到了巨人的胸前。

等他们走到城中的时候，只见巨人们三五成堆地聚在一起。整个巨人国面积很小，人却很多，显得异常拥挤。巨人对着禹叹了口气，说：“这里原本是大人国的巨人集市，是我们以前做买卖的地方，也是整个国家最高的地方。洪水淹没了我们大部分土地，如今只剩下这里了。再淹下去，我们都不知道该躲到哪里去了。还好等到你们来治理洪水了。”

他这话一出，就听见有惊喜的尖叫声响起：“有人来治理洪水吗？我在做梦吗？”禹和众神顺着声音看去，只见又有一个巨人走了过来，说话的却是他手掌上托着的一个矮人。那矮人戴着帽子，系着衣带。一旁的巨人解释道：“他是隔壁小人国的靖人，他们的国家又叫周饶国。洪水刚暴发的时候，他们就骑着麻雀来我们这里避难了。”禹笑着伸手捧起靖人，说：“这不是做梦，交给我们吧！”听说禹要治理洪水，巨人们纷纷响应：“我们也来帮忙。”

大家说干就干。被应龙召唤来的神龙在最前面疏通河道，禹带着众神在后面操控息壤，巨人们扛着树桩和巨石跟在他们后面。在禹的指挥下，大家默契地配合着挖起了水渠。

没过多久，洪水就沿着水渠流动起来。看着不断下降的水面，众人都欢呼起来。巨人们拿出了珍藏的美酒，靖人们拿出了特制的美食，大家一起庆祝洪水的退去。

原文

《山海经·大荒东经》：有波谷山者，有大人之国。有大人之市，名曰大人之堂。有一大人踆（cūn）其上，张其两臂。

《山海经·海外东经》：大人国在其北，为人大，坐而削船。

《山海经·大荒东经》：有小人国，名靖人。

《山海经·海外南经》：周饶国在其东，其为人短小，冠带[①]。

注释

①冠带：戴帽子系衣带，一般说来是文明的象征。

丈量世界的竖亥

山海档案

shù hài
竖亥

族　类：人

身　份：禹的手下

特　征：迈出的步子特别大

所在地：凡间

山海档案

jī gōng guó rén
奇肱国人

族　类：人

身　份：擅长制作器械的人

特　征：有一只手臂和三只眼睛

所在地：奇肱国

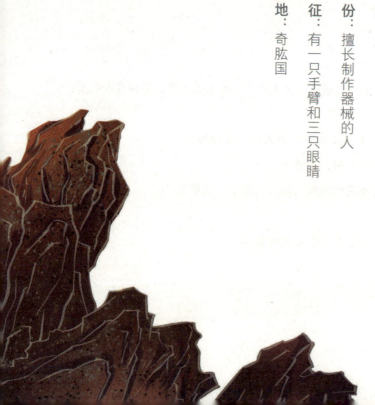

禹和众神离开大人国的时候，遇到了冰夷和伯夷父。伯夷父看到禹忙说：“共工已经被陆吾带回了天界，听说被天帝流放到幽州了。”冰夷则捧着一卷图纸，对禹说：“听说你们在治理洪水，我给你们带来了一卷河图。上面记载着整个大地上大大小小的河流水系，应该能够帮到你们。”

禹欣喜地接过河图，让竖亥收好。竖亥是禹十分信任的手下，擅长行走，迈出的步子特别大。除了这次跟着禹到各国治理洪水，他还有一个任务就是丈量大地的宽度，并和禹一起记录他们走过的每个国家。

正当他们讨论着往哪个方向走的时候，就见远处的天空中突然出现了一只奇怪的飞鸟。它离近后，他们才发现那不是飞鸟，而是一辆飞在天空中的木车。木车里探出一个人，这人有着三只眼睛、一只手臂，额头中间的眼睛和下面的还略有不同。

竖亥率先认出了这人，说：“竟然是奇肱国人！据说他们是世界上最擅长发明的一群人，总是能做出许多神奇的器械。”奇肱国人也注意到了他们，忙伸头问道：“请问这里的洪水是怎么退却的？我上次来这里的时候，这里还是一片汪洋呢！”

禹回答道：“是我们治理好的。”奇肱国人忙请求道：“那你们能跟我去一趟奇肱国吗？我们国家的洪水正在肆虐，请救救我们。”禹一口应承，带着众神骑着巨龙，跟在奇肱国人的飞车后面。在路上，禹和众神了解到，奇肱国人靠着自己发明的器械，在洪水泛滥的时候，阻挡、消除了部分洪水。但是随着洪水逐年上涨，即使奇肱国人制造的巧妙器械能够排水，也快支撑不住了。奇肱国中的很多人纷纷坐着飞车去各地寻求治理洪水的办法。

没多久，大家就来到了奇肱国。映入眼帘的是个十分繁华的地方：街道上商铺林立，飞车纵横，还有人骑着金色眼睛的白马。竖亥认出了这种马，说：“这不是犬封国的吉量吗？据说骑上这种马，可以获得千年的寿命。”

奇肱国人点点头，说：“这马最开始只有犬封国有，我们的祖先后起乘着飞车去那里带回来两匹。”大家跟着奇肱国人飞到了奇肱国的边境。禹在这里看见了奇肱国人修建起的高高的堤坝。奇肱国人指了指堤坝，说：“这就是我们抵御洪水的设施。但是洪水不断上涨，势必会很快淹没堤坝，彻底摧毁我们的国家。”

“交给我们吧。”禹说。禹派竖亥带着巨龙沿着河图上标记的方向疏通河道，他自己操控着息壤跟在身后修筑堤坝，奇肱国人也纷纷乘着飞车赶来帮着疏通河道。有的奇肱国人跟在禹的身后操控高大的木头巨人搬巨石、树干来修筑堤坝。有了这些神奇器械的帮助，奇肱国泛滥的洪水很快就被治理好了。

原文

《山海经·海外东经》：帝命竖亥步，自东极至于西极，五亿十选[①]九千八百步。竖亥右手把算[②]，左手指青丘北。一曰禹令竖亥。一曰五亿十万九千八百步。

《山海经·海外西经》：奇肱之国在其北，其人一臂三目，有阴有阳，乘文马。有鸟焉，两头，赤黄色，在其旁。

注释

①选：即万。②算：通“筭（suàn）”，指古代计算用的算筹。

南极风神因因乎

山海档案

因(yīn)因(yīn)乎(hū)

族　类：神

身　份：风神

特　征：身材高大

所在地：南极

山海档案

巫(wū)臷(zhí)民(mín)

族　类：人

身　份：舜的后代

特　征：都姓盼(fén)，身材高大

所在地：臷民国

禹带着众神离开奇肱国的时候，奇肱国人专门按照竖亥的要求打造了一把能丈量大地的尺子交给竖亥，还驾着飞车送了他们一程。

也不知飞了多远，禹看见天空中远远飞来一群大鸟，等飞近了，才发现是一群浑身长满羽毛的羽民国人，他们身后跟着的是三身国人。

羽民国人和三身国人也看见了飞车里的禹和众神，欣喜地叫道："神来拯救我们了！"禹和众神跟着三身国人和羽民国人向他们的国家飞去。没过一会儿就看见汪洋中的几座小岛上住满了皮肤黝黑、看不出年纪的不死国人。禹问道："这里是不死国？"

有人回答道："是的。洪水先淹没了这一带的三身国和羽民国，我们不断迁徙，退到洪水淹不到的地方。如今只剩地势最高的不死国还没有被洪水淹没了。”岛上的人们看到远到而来的禹和众神，纷纷拿出自己国家最好的东西来招待他们：不死国人拿出了不死果和不死泉水，羽民国人拿出了珍藏的仙果，三身国人拿出了特质的黄米糕。

禹捧起一杯不死泉水，好奇地问：“这就是传说中的不死泉水？喝了它真的能长生不死吗？”不死国人摇了摇头，说道：“要长时间喝才有效果，喝一杯是不行的。你们可以多吃点不死果，这种果子可以修复伤口。”正说着，就见身材高大的因因乎用风卷着一群人走了过来。

因因乎是南极的风神，能操控那里来往的风，人们把从那里吹来的风叫作乎民风。他看见禹和众神后，高兴地说：“我听见风中传来的声音，知道你们来这里治理洪水，我特地来助你们一臂之力。”他指了指身后的那群人，说：“他们是巫臷民，是舜的后代，也是过来帮忙的。”

当年，舜的儿子无淫被舜贬到了臷这个地方，无淫的子孙后代建立了臷民国，他们也被称为巫臷民。这些人身材高大，都姓朌。臷民国是为数不多的接近天界的地方，神鸟们在这里自由自在地飞舞，各种神兽也和睦地居住在这里。臷民国土地肥沃，谷物自然生长。巫臷民们不自己纺织，自然有衣服穿；不从事耕种，自然有五谷吃。

可是如今，禹看着眼前这一眼望不到尽头的洪水，甚至都分辨不出臷民国在哪里，不由感慨人间乐土臷民国也无法躲过洪灾。禹不敢耽搁，立刻开始治理洪水。他让应龙召唤的神龙跟着竖亥，将河图上记录的河道一一疏通。

因因乎召唤出乎民风，乎民风卷起禹召唤出的息壤沿着水流的方向筑起堤坝；羽民国人、三身国人和巫臷民跟在他们身后，抱着巨石、树干等填补缺口；不死国人在后方将不死果熬制成果酱，送给忙碌的众神和众人，给他们补充体力。

在大家的共同努力下，洪水慢慢退却，露出了被淹没的土地和村庄。竖亥临走前，丈量了这一带的山川河流，并和禹一起记录下这些国家和土地。看着越来越多的山川和国家被记录下来，禹和竖亥都忍不住感叹：这几年他们竟然已经走过了这么多国家。

原文

《山海经·大荒南经》：有神名曰因因乎——南方曰因乎，来风曰乎民，处南极以出入风。

《山海经·大荒南经》：有臷民之国。帝舜生无淫，降臷处，是谓巫臷民。巫臷民朌姓，食谷，不绩不经，服也①；不稼不穑（sè），食也②。爰有歌舞之鸟，鸾鸟自歌，凤鸟自舞。爰有百兽，相群爰处③。百谷所聚。

注释

①不绩不经，服也：不从事纺织，自然有衣服穿。②不稼不穑，食也：不从事耕种，自然有粮食吃。③相群爰处：群居在一起。

迟到的神明

山海档案

guàn xiōng guó rén
贯匈国人

族　类：人

身　份：山神防风氏的后代

特　征：人人胸前都有一个大洞，战斗力强

所在地：贯匈国

带着众神成功治理完洪水的禹回到了家乡。禹没有辜负舜的期望，出色地完成了治水的任务。在这个过程中，禹还将大地、山川等都记录下来，并将天下划分成九州。治水成功后，禹将九州图册献给了舜。因为这些出色的表现，禹成了舜最器重的人，被定为舜的继承者。

光荣完成使命的禹交接完一切，就忙着回家和三年没见的妻子团圆，而一早得到消息的涂山女娇早已抱着儿子等在门口。

禹走到家门口，看着迎上来的妻子和儿子，高兴地叫道："我终于回来了。"涂山女娇将儿子推入禹的怀里，笑道："你还没抱过孩子吧。他叫启，是咱们的儿子。"禹有些激动，紧张地抱着幼小的启，这让他第一次有了家的感觉。禹以前一直是一个人，很渴望有一天能拥有自己的小家。看着眼前妻子和孩子的笑脸，禹知道这个愿望实现了。

几年后，舜的身体出现了状况，不久就去世了。禹遵循舜的遗愿，将他葬在了苍梧山南面，和沉睡在山北面的丹朱做伴。娥皇、女英因为太过思念死去的舜，夜夜哭泣，她们的泪水洒落在门前的竹林里，久而久之，那里的竹子染上了像泪痕的斑点。后人称这种竹子为湘妃竹。没过多久，娥皇和女英就随舜离开了这个世界。禹将她们葬在了舜的身边。

禹成了新一任天下之主，竖亥、伯益成了他的得力手下。刚即位的禹在会稽山上召集众神和各部落首领开会，讨论天下大事。

等大家到齐后，禹环顾四周，发现山神防风氏还没有来。大家等了许久，仍然没看见防风氏的身影。禹很愤怒，他知道防风氏一直不满他继承舜的位置，却没想到防风氏能胆大到不准时参加这种讨论天下大事的会议，这明明就是一点儿也不把他放在眼里。禹担心自己无法树立威信，无法让大家

听命于自己，以致不能更好地管理天下。

等防风氏慢慢地来到开会的地方时，愤怒的禹没有给防风氏解释的机会，毫不犹豫地斩杀了防风氏。防风氏死后，禹严肃地告诉在场的众神和部落首领们："不要拿治理天下的事开玩笑。"

防风氏死后，他的一些后代对禹怀恨在心。他们趁禹外出巡游时，准备偷袭禹，为防风氏报仇。但他们的偷袭计划失败了。失败后的他们不想连累其他族人，放弃了抵抗，纷纷用刀刺向自己的胸口来谢罪。

禹欣赏这些人的忠心，也为自己处死防风氏的冲动行为感到懊悔。他原本并不想杀防风氏，可是当时在众神和众人面前，他必须树立自己的威信。

想到防风氏以前的功劳，禹原谅了防风氏的这些后代，并设法帮他们医治。可惜，他们虽然被救了回来，但是胸口的大洞也留了下来，并且一直延续了下去。这些人后来建立了贯匈国。贯匈国人生来胸口就有一个洞，他们十分勇敢，具有很强的战斗力。

原文

《山海经·海外南经》：贯匈①国在其东，其为人匈有窍②。一曰在𢧵国东。

注释

①匈：通“胸”。②窍：洞。

夏朝的诞生

山海档案

xià hòu qǐ
夏后启

族　类：人
身　份：禹的儿子，夏朝的建立者
特　征：喜欢歌舞
所在地：夏后氏部落

山海档案

mèng tú
孟涂

族　类：神
身　份：夏后启的手下
特　征：公正严明
所在地：丹山西面

山海档案

xià gēng shī
夏耕尸

族　类：人
身　份：夏朝将领夏耕的尸身
特　征：手拿盾和戈，保持着战斗姿势
所在地：巫山

继承天下的禹勤政爱民，大力发展生产。这个时期，禹所建立的夏后氏部落成了众多部落中最强大的，主宰天下。人们想推选禹的儿子夏后启成为禹的继承者。

但是，这个时期也涌现出大批有才华和实力的人，他们成为禹的继承者的呼声也很高。一开始各大部落推举掌管刑罚和负责狱讼的皋陶作为禹的继承者。但是令大家没想到的是，禹还在位的时候，皋陶就去世了。后来，又有人想推选伯益作为禹的继承者。作为颛顼的后代，伯益能力强，品德也好。伯益曾经跟着禹去世界各地治水，后来又负责掌管山川和鸟兽，在天界和凡间的声望都很高。

一时之间，大家分成了两派，一派支持能干的伯益，另一派支持继承了禹的能力的启。禹也很为难，他是看着儿子启长大的，儿子的一身本领也是他手把手教的，他相信启有统领天下的能力。但伯益也确实是个有才华和能力的人，舜在位时就很器重他。禹直到去世都没有在启和伯益之间选出自己的继承人。

禹死后，启在九尾狐族和夏后氏部落的帮助下，抢先一步即位。至此，决定天下之主的方法从各部落推选首领的禅让制变成了父亲传给儿子的世袭制，中国的第一个朝代——夏朝由此诞生。启追封自己的父亲禹为夏朝的第一任君王，自己则是第二任君王。

当上君王的启延续了父亲禹治理天下的方式，重用了明辨是非的孟涂。住在丹山西面的孟涂主管巴地的事务，那时候，巴地的村民去孟涂那里告状，孟涂总会把衣服上有血迹的人关起来。

忙碌之余，启喜欢乘着两条龙，穿过层层云雾，飞去位于灭蒙鸟北方的大运山山顶，那里有一片大乐野。在那里，天上层层叠叠的云雾成了启的伞盖，他左手拿着羽毛做的华盖，右手把玩着玉环，身上还佩戴着玉璜，观看

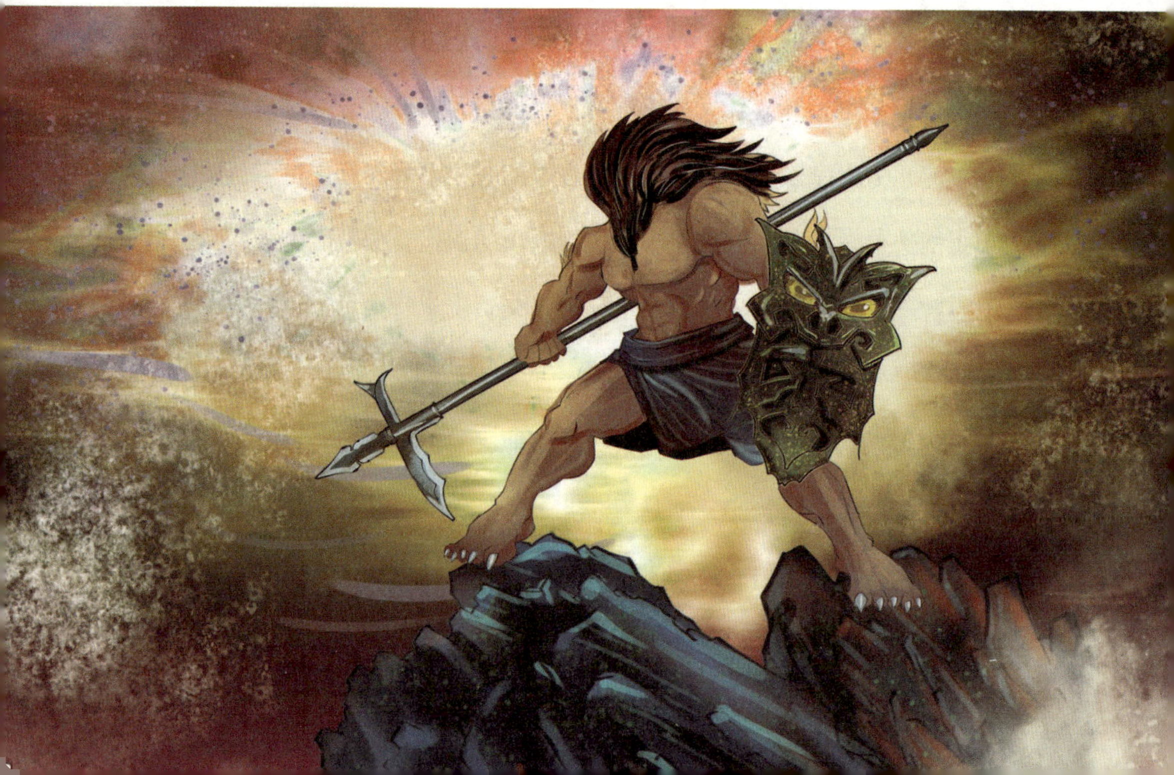

神兽们表演乐舞《九代》。

只是，启太过沉迷音乐，导致他晚年的时候，整个天下又渐渐陷入战乱之中。启死后，夏朝一直处于大大小小的战乱中。到了夏桀这一代，尧的弟弟契的后代成汤在贤相伊尹的辅佐下，一路击败了昆吾国、顾国等大大小小的国家后，杀到了夏桀的面前。成汤在章山击败了夏桀，当着夏桀的面斩杀了夏朝最勇武的将军夏耕。

这一年，夏朝覆灭。成汤在众人的拥护下建立了自己的王朝——商。而被砍了头的夏耕一路逃到了巫山，他还不知道夏朝的覆灭。就算失去了脑袋，他还是一手拿着戈，一手拿着盾牌，保持战斗的姿态，在巫山中徘徊。

原文

《山海经·海外西经》：大运山高三百仞，在灭蒙鸟北。大乐之野，夏后启于此儛（wǔ）①《九代》，乘两龙，云盖三层。左手操翳②，右手操环，佩玉璜。在大运山北。一曰大遗之野。

《山海经·海内南经》：夏后启之臣曰孟涂，是司神于巴，巴人讼③于孟涂之所，其衣有血者乃执之，是请生。居山上，在丹山西。

《山海经·大荒西经》：有人无首，操戈盾立，名曰夏耕之尸。故成汤伐夏桀于章山，克之，斩耕厥④前。耕既立，无首，走（zǒu）厥咎，乃降于巫山⑤。

注释

①儛：通“舞”。②翳：用羽毛做的伞盖。③讼：打官司。④厥：其，这里代指夏桀。⑤走厥咎，乃降于巫山：为逃避战败的罪责，就逃跑到巫山去了。